行政复议法讲义

梁凤云 著

人民法院出版社

图书在版编目（CIP）数据

行政复议法讲义 / 梁凤云著. -- 北京 : 人民法院出版社, 2023.9
ISBN 978-7-5109-3899-3

Ⅰ. ①行… Ⅱ. ①梁… Ⅲ. ①行政复议法－研究－中国 Ⅳ. ①D925.3

中国国家版本馆CIP数据核字(2023)第173713号

行政复议法讲义
梁凤云 著

策划编辑 姜 峤
责任编辑 田 夏
执行编辑 赵 爽
封面设计 尹苗苗
出版发行 人民法院出版社
地 址 北京市东城区东交民巷27号（100745）
电 话 （010）67550607（责任编辑） 67550558（发行部查询）
65223677（读者服务部）
客服QQ 2092078039
网 址 http://www.courtbook.com.cn
E－mail courtpress@sohu.com
印 刷 天津嘉恒印务有限公司
经 销 新华书店

开 本 787毫米×1092毫米 1/16
字 数 318千字
印 张 20.25
版 次 2023年9月第1版 2023年12月第4次印刷
书 号 ISBN 978-7-5109-3899-3
定 价 78.00元

梁凤云 最高人民法院行政审判庭副庭长，第九届“全国十大杰出青年法学家”。中国政法大学法学硕士、博士。中国政法大学、西北政法大学兼职教授。2001年入职最高人民法院。审理了数千件行政案件，审理的案件荣获全国法院首届“百篇优秀裁判文书”一等奖，入选指导性案例、《最高人民法院公报》等。长期从事行政审判司法解释和司法政策工作，承办2015年行政诉讼法司法解释、2018年行政诉讼法司法解释、行政协议司法解释、行政机关负责人出庭应诉司法解释、政府信息公开司法解释、正确确定被告资格司法解释、行政申请再审司法解释等十余部司法解释起草制定工作。全程参与行政诉讼法、行政复议法等法律修改工作。

个人专著有：《行政诉讼讲义》《新行政诉讼法讲义》《行政诉讼法司法解释讲义》《行政协议司法解释讲义》《行政复议法讲义》《行政诉讼判决之选择适用》等10余部。在《中国法学》《法学研究》等刊物发表文章150余篇。荣获中国法学优秀成果奖、董必武青年法学成果奖、应松年行政法学优秀成果奖、中国行政法学三十年优秀成果奖等奖项。

自序：畅通行政救济的主渠道

夫水，柔物也，围之，则泛；堵之，则溢，此其性也。鲧不谙其性，围追堵截，急之于刚猛，固难成功！至禹，察父之败，反其道行之，不围不堵，挖渠疏道，导之以流，使小入于大，大通于海。

——佚名

从事行政诉讼研究，绕不开行政复议袍泽。行政诉讼法制定十年之后，行政复议法出台伴行。两部法律，理念相通，条文相似，风貌彷佛。我在研究行政诉讼法时，会注意行政复议与行政诉讼两种制度之间的差异、侧重和衔接。最近一段时间，参与了一些行政复议法的修订工作，对这个问题也愿意多做一些深入思考。我知道，任何思考，哪怕是深思熟虑成竹在胸，只要行诸文字就已经落伍。所以，写作只能是一种记录，记录过往，记录当下。在前段时间参与修法的过程中，我也会发表一些文章或者意见。这些意见，有的有动静，有的无涟漪，在本书中也会有所展现。我会着重从法官的角度阐述行政复议法。本书就是这样一种观察者的记录。

行政诉讼目前仍然是解决行政纠纷的重要渠道。行政诉讼是司法权对行政权的外部监督，虽是一种有限的监督，却也是一种受到民众信任的监督。举凡行政纠纷的救济渠道，有所谓“大信访，中诉讼，小复议”之结语。以数量计，每年四百万以上涉行政纠纷信访案件，三十余万行政诉讼案件，二十余万行政复议案件。行政复议作为高效便民成本低廉的救济制度，理应成为纾解行政纠纷的首选。特别是行政复议机关往往是上级机关，具有全面的、完整的、有力的管辖权力和救济措施。从世界范围来看，具有健全法律制度的国家往往行政复议是行政救济的主导渠道。但是，中国老百姓用脚投票，更愿意选择作为外部监督机制的行政诉讼。这个问题恐怕不能简单以老百姓健讼来解释和应称。

在最高人民法院工作的二十余年，我审理和处理了数千件案件。这些案件中，相当比例的案件涉及事实认定的问题，这些事实问题没有进入过行政复议程序过滤核实；相当比例的案件经过协调工作化解，而这些协调工作几乎都可以在行政复议程序中完成甚至完成得更好。于是我逐步相信，一个切入实际、符合国情、有效运转的行政复议制度，是能够预防、分流、疏解、化解更多的行政纠纷的。

在行政诉讼程序中，法官行使的是外部监督权力，需要注意权力之间的界限，需要注意法律规定的限制，需要注意国家利益的维护。合法性审查原则既是司法审查的权力，也是司法审查的边界。行政复议程序中，行政复议官员行使的是内部层级监督权力，拥有化解行政纠纷的完整手段。这是行政诉讼所不具备的。因此，一个有效的行政复议制度，必然是老百姓愿意选择行政复议，行政复议官员愿意作出公正裁决的制度。

行政复议制度发挥化解行政争议主渠道作用，有“量”和“质”两个指标。行政复议制度须强力吸纳客观存在的、大量的行政纠纷，确保“量”：行政复议范围须广于行政诉讼，不雷同于行政诉讼；行政复议范围须为行政纠纷，不囿于“行政行为纠纷”；行政复议须倡导先行复议，不放任纠纷成讼；行政复议须开源引流，不设置隐形门槛，等等。行政复议制度须实质化解行政纠纷，确保“质”：行政复议须遵守正当程序，保障当事人公平复议权利；行政复议须回应当事人请求，保证有申请必有回复；行政复议须快慢分道，科学设置审理程序；行政复议须着重调解和解，促进实质化解；行政复议须丰富决定种类，推动案结事了。这些希冀，在这部全新的行政复议法中有了饱满而充分的体现，我也会具体阐述这些内容。

本次行政复议法修订，相当篇幅的内容借鉴了行政诉讼法及其司法解释，使这部法律呈现出“准诉讼程序”的样态。所见的行政法律规范中，鲜有此例。这是立法机关为了强化行政复议公正性所作的努力。熟悉行政诉讼法的人士，一定已经注意到了这一点。但是，从经验来看，准诉讼程序的设计理念有可能束缚行政复议官员的手脚。明确的法律规定一方面是授权赋权，另一方面也是限制约束。我更愿意看到一个不同于行政诉讼的行政纠纷处理机制，行政复议官员不必考虑介入何种深度问题，不必考虑选择何种决定形式问题，而是完全针对实质复议请求，完全针对行政纠纷本身化解。这些愿求，虽然有所体现，仍有进展空间。

行政复议法修订强调了发挥行政复议的“行政性”优势，诸如高效便捷便民利民，应值称许。同时带来的问题是，如何做好行政复议和行政诉讼的衔接。行政复议机关居于原行政行为机关的上级机关地位作出的行政复议决定，原理上属于可以受到司法审查的行政行为。行政复议决定效力是否已经完全覆盖原行政行为、行政复议决定的合法性和原行政行为的合法性内容是否一致、法院如何审查行政复议程序中的原行政行为和行政复议决定、行政复议调解协议的可诉性，等等，均是行政审判工作今后需要深入研究的课题。

这本小册子是我在繁忙的工作之余写就的。它是我对中国行政复议制度变迁的观察笔记，也是我思考今后行政诉讼工作衔接的认识基础。如果没有对行政复议制度作一次较为深入的探求，在未来的工作中可能会出现边学边干、只学不干、不学蛮干的问题。当然，我的思考可能是初步的，甚至可能是粗陋的，祈愿读者诸君不吝教正。窃愿对于行政复议制度的研究关注，能够有利于两种制度的完美融合，有助于两种制度的有机衔接。但愿芸芸众生，普罗大众，能够欣享行政和司法的温暖救济，能够收获来自法治国家的雨露照拂。

梁鳳雲

二〇二三年九月十二日于著封斋

凡 例

凡属于国家法律的，均简称“某法”。例如，《中华人民共和国行政诉讼法》，简称行政诉讼法。

凡属于条例等行政法规的，均加书名号。例如：《行政复议法实施条例》。

2023年9月1日第十四届全国人民代表大会常务委员会第五次会议通过的《中华人民共和国行政复议法》，简称修订后的行政复议法。

《最高人民法院关于适用〈中华人民共和国行政诉讼法〉的解释》，简称《行诉解释》。

《最高人民法院关于审理行政协议案件若干问题的规定》，简称《行政协议司法解释》。

《最高人民法院关于适用〈中华人民共和国民事诉讼法〉的解释》，简称《民诉解释》。

目 录

引　言

2020 年 2 月 5 日，中央全面依法治国委员会第三次会议审议通过《行政复议体制改革方案》，习近平总书记在会上指出："要推进相关法律法规修订工作，发挥行政复议公正高效、便民为民的制度优势和化解行政争议的主渠道作用。"其中，"推进相关法律法规修订工作"主要是指行政复议法及其实施条例的修订。2023 年 9 月 1 日，十四届全国人大常委会第五次会议审议通过了修订后的《中华人民共和国行政复议法》，自 2024 年 1 月 1 日起施行。这是行政复议法颁布实施 24 年后的第三次修订和首次大修，对于充分保护人民群众合法权益，有力保障和监督行政机关依法行使职权，有效发挥行政复议化解行政争议主渠道作用，大力推进法治政府建设，具有十分重要的意义。修订后的行政复议法修订幅度之大，修订条文之多，堪称再造了一部行政复议法。总体而言，修订后的行政复议法实现了以下十个方面的"制度创举"

一、开宗明义，明确行政复议化解行政争议主渠道作用

修订后的行政复议法将"发挥行政复议化解行政争议的主渠道作用"写入立法宗旨，是将中央决策部署贯彻到立法工作中的重要体现。行政复议作为化解行政争议主渠道的法律机制在修订前的行政复议法中没有予以突出。2007 年，《行政复议法实施条例》在制定时，原国务院法制办首次明确提出要"发挥行政复议解决行政争议主渠道作用"。其中，最重要的是要解决"大信访、中诉讼、小复议"的

突出问题。之后，中央对行政复议发挥化解行政争议主渠道作用作了一系列部署。2011 年 3 月中央政治局第 27 次集体学习时，提出要完善行政复议制度，加大复议纠错力度，充分发挥行政复议作为解决行政争议主渠道的作用。2021 年 8 月，中共中央、国务院印发《法治政府建设实施纲要（2021—2025 年）》，其中专门就发挥行政复议化解行政争议主渠道作用作出具体部署。据此，本次行政复议法修订明确将“发挥行政复议化解行政争议的主渠道作用”列为行政复议法的立法宗旨之一。发挥行政复议化解行政争议的主渠道作用，一方面要保证一定数量的行政争议顺利进入到行政复议渠道。这是对行政复议成为化解行政争议主渠道的“量”的要求。另一方面，要保证进入到行政复议程序的案件得到实质性化解。“实质性化解”是对行政复议成为主渠道的“质”的要求。在行政复议法修订过程中，这两个方面的要求得到了充分体现，在提升行政复议案件“量”的方面，进一步扩大了肯定式行政复议受案范围，限缩否定式行政复议排除范围；适度扩大行政复议前置范围；明确行政复议案件的受理和审理程序；明确行政复议繁简分流程序，等等。在提升行政复议案件“质”的方面，明确将调解列为行政复议的基本原则；进一步完善了行政复议管辖体制；强化了行政复议机关的收集调查证据的权力；行政复议案件审理以听取意见程序为原则，书面审查为例外；明确重大案件按照听证程序审理的程序、提请行政复议委员会咨询程序；注重申请人实质请求，丰富行政复议机关处理纠纷的法定方式，等等。

二、拓宽入口，扩大行政复议受案范围

行政复议范围决定着行政复议制度对人民群众合法权益保护的范围和程度。我国行政复议范围采取了概括式和列举式相结合的规定模式。行政复议法首先采取了概括式肯定的方式，明确公民、法人

或者其他组织认为行政机关的行政行为侵犯其合法权益，向行政复议机关提出行政复议申请，行政复议机关办理行政复议案件，适用本法。这一概括式规定，从宏观上确认了行政复议机关受理行政复议案件的范围。在具体列举方面，修订后的行政复议法首先借鉴行政诉讼法的规定，将原条文中的“具体行政行为”改为“行政行为”。同时，明确将行政处罚、行政强制、行政许可、征收征用及其补偿、行政协议、政府信息公开案件等明确纳入到行政复议范围。同时，保障人民群众的权利种类从“人身权、财产权、受教育权”扩展到“人身权、财产权、受教育权等合法权益”，通过兜底条款的立法技术尽可能将所有对人民群众合法权益产生不利影响的行政行为纳入行政复议范围。在行政复议范围排除式规定的“负面清单”中，明确国家行为、规范性文件、行政机关的奖惩、任免决定、行政调解四类事项不属于行政复议范围。与行政诉讼法将附带审查规范性文件放在审理程序的制度安排不同。在行政复议范围部分，明确将规范性文件附带审查纳入到行政复议范围，加大对“红头文件”的审查力度。

三、优化配置，推进相对集中管辖改革

修订前行政复议法确立的“条块结合”的管辖模式，主要基于上下级之间的监督、指挥、指导、领导关系，对于保障人民群众合法权益、监督行政机关依法行使职权，促进法治政府建设起到了积极的作用。同时，修订前的行政复议法确立的管辖制度在行政复议实践中越来越呈现出一定的问题和困难，主要是：行政复议机关呈现散状分布，每个行政复议机关必须配备相应的工作人员、办公场所、办公经费等，在机构设置方面叠床架屋，存在行政复议机关碎片化的问题；由于两个行政机关享有行政复议管辖权，难免在事实认定、法律适用、专业判断等方面出现不同的决定，造成了行政复议案件的“同案

不同判”，存在法律适用不统一的问题；复杂的行政复议的管辖制度，可能导致申请人很难准确找到行政复议机关，不便于人民群众参与行政复议；上级人民政府工作部门对下级人民政府工作部门的强有力指导，进而导致更倾向于维护下级人民政府工作部门的行政行为，部门保护现象严重。这些问题的存在，既浪费了宝贵的行政复议资源，也损害了行政复议的权威性和公信力，必须从行政复议管辖体制上作根本改变。修订后的行政复议法首先明确了县级以上地方人民政府集中行使行政复议管辖权的基本管辖模式。同时，对省级人民政府的同级管辖和派出机关的行政复议管辖权、派出机构行政行为的行政复议管辖等作了明确。在“块块管辖”的基本模式之外，行政复议法还明确了对于省部级行政机关作出行政行为的行政复议，实行同级复议；对海关、金融、外汇管理等实行垂直领导的行政机关、税务和国家安全机关的行政行为的行政复议，实行“条条管辖”；对地方人民政府司法行政部门的行政复议管辖权保留选择管辖等三种例外。

四、促进引流，拓展行政复议前置范围

修订前的行政复议法将救济渠道交由当事人选择，尊重了当事人的选择权，但也加重了当事人的救济成本，加大了行政救济的制度成本。对于当事人而言，如果首先进入行政诉讼要求解决行政处理决定合法性问题，其关于解决行政处理决定合理性的诉求因已经被诉讼羁束就无从救济；对于行政机关而言，行政机关也无法第一时间意识到行政执法中存在的问题和隐患，更无法运用自身权限化解行政争议；对于人民法院而言，进入到诉讼中的许多案件业已经过行政复议，“二次处理”也加重了人民法院的工作负担。据此，修订后的行政复议法明确了“以当事人选择为原则，以复议前置为例外”的模式，

进一步扩大了行政复议的前置范围，将有助于人民群众快捷获得行政复议救济的五种情形，即自然资源确权案件、当场作出的行政处罚决定、行政机关不履行法定职责、申请政府信息公开不予公开等案件，明确为行政复议前置。为了防止出现法律适用不统一的问题，排除了地方性法规对行政复议前置的设定权。同时，明确行政机关在作出行政行为时应当告知人民群众应当先行行政复议的义务。

五、降低门槛，简化优化申请和受理程序

修订后的行政复议法进一步降低了行政复议的门槛，进一步明确保障人民群众寻求行政复议的期限利益。例如，行政机关在作出行政行为时，应当履行教示义务。对于行政机关没有履行教示义务，导致行政相对人超过了 60 天行政复议期限的，应当给予特殊保护。因不动产提出的行政复议申请自行政行为作出之日起超过 20 年，其他行政复议申请自行政行为作出之日起超过 5 年的，行政复议机关不予受理。行政复议法简化了行政复议受理程序，行政复议机关逐项审查之后，认为全部符合复议受理条件的，应当受理。行政复议机关受理的，无需作出任何法律文书，而直接进入行政复议审理阶段。同时，强化行政复议高效便民的优势，强调加强信息化建设，运用现代信息技术，方便人民群众申请和参加行政复议。申请人可以通过邮件或者行政复议机关指定的互联网渠道等方式提交行政复议申请书，也可以当面提交行政复议申请书。为了保障人民群众依法申请行政复议的权利，行政复议法规定了上级行政机关的监督制度，行政复议机关无正当理由不予受理、驳回申请或者受理后超过行政复议期限不作答复的，申请人有权向上级行政机关反映，上级行政机关应当责令其纠正；必要时，上级行政机关可以直接受理。

六、快慢分道，推动审理程序科学化

修订前的行政复议法没有单独规定行政复议的审理程序。对于行政复议案件的审理，行政复议法明确了以书面审查为原则的审理方式，只有在特定情况下才当面听取当事人意见。为了实质化解行政争议，充分发挥行政复议化解行政争议主渠道作用，修订后的行政复议法在兼顾效率的前提下，确保行政复议案件的公正审理，完善了行政复议案件的审理程序。修订后的行政复议法取消了以书面审查为原则的规定，明确规定，行政复议机关受理行政复议申请后，依照本法适用普通程序或者简易程序进行审理。其中，普通程序包括听取意见程序和听证程序。行政复议机构适用普通程序审理行政复议案件，应当当面或者通过互联网、电话等方式听取当事人的意见，并将听取的意见记录在案。因当事人原因不能听取意见的，可以采取书面审查的办法。对于重大、疑难、复杂的行政复议案件，行政复议机关组织的类似法院开庭审理程序的听证程序。修订前的行政复议法没有规定简易程序。如果行政复议案件比较简单，完全按照普通程序审理案件，可能会导致行政复议程序冗长，行政复议成本加大，也不能充分体现行政复议快捷高效的优势。行政复议案件繁简不同，适用行政复议程序亦应当有所不同。不同的行政复议案件，专业领域不同、社会影响不同、复杂程度不同。对于复杂的、社会影响较大的案件应当适用普通程序；对于案情简单的、对当事人权益影响不大的案件则可以通过简易程序实现繁简分流。行政复议法明确，认为事实清楚、权利义务关系明确、争议不大的，可以适用简易程序。即行政复议机关审理被申请行政复议的行政行为是依法当场作出、被申请行政复议的行政行为是警告或者通报批评、案件涉及款额三千元以下、属于政府信息公开案件等事实清楚、权利义务关系明确、争议不大的，可以适用简易程序。此外，当事人各方同意适用简易程序的，也可以适用简易程序。

七、诉源治理，完善红头文件附带审查机制

修订前后的行政复议法规定了一并审查规范性文件制度。即公民、法人或者其他组织认为行政机关的行政行为所依据的规章以下的规范性文件不合法，在对行政行为申请行政复议时，可以一并向行政复议机关提出对该规范性文件的审查申请。由于行政复议法没有对有权处理的国家机关处理的时间作出规定，导致许多涉及法律冲突的问题没有在合理的时间内作出处理，大大影响了行政复议工作的效率。行政复议法规定，接受转送的行政机关、国家机关应当自收到转送之日起 60 日内，将处理意见回复转送的行政复议机关。行政复议机构应当自行政复议中止之日起 3 日内，书面通知规范性文件或者依据的制定机关就相关条款的合法性提出书面答复。修订前的行政复议法没有就行政复议机关对规范性文件合法性审查之后，如何进行处理作出规定。修订后的行政复议法，对此作了规定，即行政复议机关有权处理有关规范性文件或者依据，认为相关条款合法的，在行政复议决定书中一并告知；认为相关条款超越权限或者违反上位法的，决定停止该条款的执行，并责令制定机关予以纠正。

八、实质化解，明确调解和解制度

一般来说，行政复议案件结案方式主要包括作出决定和调解处理两种方式。本次修法过程中，比较一致的意见是，为了实质性化解行政争议，可以考虑将调解作为行政复议的基本原则和基础程序，在立案前和复议决定前均可以按照合法、自愿的原则进行调解。调解作为行政复议的一项基本原则，而非仅仅一项制度，是本次行政复议法修订的一个重点。行政复议法在总则中规定，行政复议机关办理行政复议案件，可以进行调解。调解应当遵循合法、自愿的原则，不得损害

国家利益、社会公共利益和他人合法权益，不得违反法律、法规的强制性规定。行政复议法还规定了行政复议和解制度，即当事人之间通过互谅互让，最终达成意思一致的活动。行政复议法明确当事人在行政复议决定作出前可以自愿达成和解，由申请人向行政复议机构撤回行政复议申请。为了保障当事人合法权益，申请撤回行政复议申请的行为须申请人自觉自愿，不能采取强迫或者其他法外压力强行使申请人撤回行政复议申请。申请人能够证明撤回行政复议申请违背其真实意思表示的，可以再次提出复议申请。

九、力促公正，创设行政复议委员会

党的十八届三中全会提出了改革行政复议体制的要求。中共中央、国务院印发的《法治政府建设实施纲要（2015—2020年）》要求"改革行政复议体制，积极探索整合地方行政复议职责"。与此相适应，按照中央《行政复议体制改革方案》要求，要探索建立政府主导，相关政府部门、专家学者参与的行政复议委员会，为重大、疑难、复杂的案件提供咨询意见。行政复议委员会的设立，有助于提升行政复议的公正性，提高行政复议决定的合法性、说理性，促进矛盾纠纷的实质性化解。对于重大复杂案件，通过专家参与，也能提高复议的公信力。县级以上各级人民政府应当建立相关政府部门、专家、学者等参与的行政复议委员会，为办理行政复议案件提供咨询意见，并就行政复议工作中的重大事项和共性问题进行研究，提出意见和建议。行政复议法明确，对于审理行政复议案件案情重大、疑难、复杂、专业性、技术性较强、申请人对省、自治区、直辖市人民政府作出的行政行为不服以及行政复议机构认为有必要的，行政复议机构应当提请行政复议委员会提出咨询意见。对于行政复议委员会提出的咨询意见，行政复议机构应当准确详细记录。咨询意见代表了行政复议委员会的事实或者法律判断，行政复议机构应当充分尊重。行政复议法遵循“案卷排他主义”原理规定，提请行政复议委员会咨询的行政复议案件，行政复议机关应当将咨询意见作为作出行政复议决定的重要参考依据。

十、回应请求，丰富行政复议决定种类

行政复议决定的类型与行政复议申请人的请求类型直接相关。行政复议发挥化解行政争议主渠道作用，应当首先在“化解行政争议”方面有所突破。“化解”既需要行政复议机关对行政行为的合法性适当性作出评断，也需要关注和回应申请人的申请和请求。“行政争议”既需要行政复议机关对行政法律行为进行审查，还需要针对申请人的申请请求，对行政事实行为、履行法定职责请求、给付请求等作出回应。行政复议法规定的维持决定，与行政复议法修订前保持一致。修订前的行政复议法没有规定驳回复议请求的决定，本次行政复议法修订，采取了与《行政诉讼法司法解释》一致的方法，规定行政复议机关认为被申请人没有相应法定职责或者在受理前已经履行法定职责的，决定驳回申请人的行政复议请求。行政复议机关认为被申请人不履行法定职责的，决定被申请人在一定期限内履行。修订后的行政复议法扩大了变更决定的适用范围，对于存在事实清楚，证据确凿，适用依据正确，程序合法，但是内容不适当；事实清楚，证据确凿，程序合法，但是未正确适用依据；事实不清、证据不足，经行政复议机关调查取证后查清事实和证据等情形的，决定变更。行政复议机关认为被申请行政行为存在主要事实不清证据不足、违反法定程序、适用的依据不合法、超越或者滥用职权的，决定撤销或者部分撤销该行政行为，并可以责令被申请人在一定期限内重新作出行政行为。此外，行政复议法还规定了确认违法决定和确认无效决定等决定形式，构建起完整的、具有监督行政机关依法行政和保护人民群众合法权益丰富意涵的行政复议决定类型体系。

第一讲　总则

行政复议，是指公民、法人或者其他组织认为行政行为侵犯自身合法权益，依法向特定行政机关提出申请，由特定行政机关对行政行为进行合法性和合理性审查并作出相应决定的活动。行政复议是行政机关自我纠正错误的重要监督制度。行政复议有两个基本特点：一是行政复议是基于层级监督的行政救济机制。上级行政机关对下级行政机关的监督主要通过主动的监督和被动的监督进行。行政复议是基于公民、法人或者其他组织的启动而发生的监督，是一种被动的监督。基于层级监督，意味着行政复议属于内部监督，不必也不需要套用人民法院的诉讼程序，使行政复议“司法化”。层级监督意味着行政复议制度是基于上下级行政机关的领导关系设置的，上级行政机关对于下级行政机关的监督是全方位的、深层次的。这种特点也使得行政复议具有行政诉讼所不完全具备的简便、高效、彻底的优势。二是行政复议是基于行政纠纷化解的矛盾解决机制。只有存在行政纠纷，才有通过行政复议这种事后救济机制解决的必要。对于公民、法人或者其他组织而言，如果认为行政行为侵犯其合法权益，行政纠纷就此产生，可以通过行政复议途径予以救济；对于作为被申请人的行政机关而言，行政纠纷产生之后，可以通过行政复议制度发现行政行为的不合法或者不合理之处，进而实质性化解行政纠纷；对于行政复议机关而言，通过行政复议制度发现和纠正被申请人的违法或者不当的行政行为，提升行政机关的执法水平，尽快恢复和稳定行政法律关系，推进官民和谐和社会稳定。

1999 年 4 月，第九届全国人大常委会第九次会议通过了《中华人民共和国行政复议法》，并自当年10月1日起施行。此后，行政复议法分别于2009年8月、2017年9月经过了两次局部的修改。2020年2月5日，中央全面依法治国委员会第三次会议审议通过《行政复议体制改革方案》，习近平总书记在会上指出："要推进相关法律法规修订工作，发挥行政复议公正高效、便民为民的制度优势和化解行政争议的主渠道作用。"其中，"推进相关法律法规修订工作"主要是指行政复议法及其实施条例的修订。行政复议法的修订首先是对总则部分的修订。本讲将对行政复议法修订中对总则部分的重要调整作一阐释。

一、立法宗旨

修订前的行政复议法第1条规定："为了防止和纠正违法的或者不当的具体行政行为，保护公民、法人和其他组织的合法权益，保障和监督行政机关依法行使职权，根据宪法，制定本法。"根据这一规定，行政复议法的立法宗旨主要包括三个方面：一是防止和纠正违法或者不当的行政行为。所谓"防止"，是指通过行政复议案件的个案审理，达到预防和遏止行政纠纷发生的效果。所谓"纠正"，是指通过行政复议案件的审理过程，由行政复议机关或者被申请人行政机关纠正违法或者不当的行政行为。所谓"违法的或者不当的行政行为"，是指行政复议机关须对行政行为的合法性和适当性进行审查，并且一般情况下不受申请人申请请求的限制。这是从行政复议制度的客观法意义上讲的。客观法是指行政复议作为维护客观法律秩序和维护行政法律关系稳定的法律效能。通俗地讲，是指通过行政复议的审理达到"审理一件，规范一片"的法律效能。从这个意义上来说，行政复议既有实质化解行政纠纷的"治已病"效能，还有预防行政纠纷发生的"治未病"效能。二是保护公民、法人和其他组织的合法权益。

行政复议制度既是一项对下监督指导的制度，也是一项保障人民群众合法权益的行政救济制度。毋宁说，这是行政复议制度的核心宗旨。行政机关作出的行政行为对公民、法人或者其他组织合法权益产生了不利影响、造成了损害，都需要对受损的权益进行弥补和恢复，此即所谓“有权利，必有救济”原理。只有公民、法人或者其他组织的合法权益得到保障和维护，才能达到实质性化解行政争议、消除行政纠纷产生根源的目的。三是保障和监督行政机关依法行使职权。行政复议机关通过对行政复议案件的审理，对于认定事实清楚，证据确凿，适用依据正确，程序合法，内容适当的行政行为，可以作出维持决定；对于被申请人没有相应法定职责，或者在受理前已经履行法定职责的，可以作出驳回申请人行政复议请求的决定。行政复议机关对于合法适当的行政行为以及申请人的复议请求理由不成立的，可以作出肯定行政机关行政行为的决定，保障行政机关依法正当行使行政职权。同样，行政复议机关通过对行政复议案件的审理，对于主要事实不清，证据不足，违反法定程序，适用的依据不合法，超越或者滥用职权的行政行为，可以作出撤销决定。对于事实清楚，证据确凿，适用依据正确，程序合法，但是内容不适当；事实清楚，证据确凿，程序合法，但是未正确适用依据；事实不清，证据不足，经行政复议机关调查取证后查清事实和证据的行政行为，行政复议机关可以作出变更决定。此外，行政复议机关还可以作出确认行政行为违法、无效等决定。对于一并审查的规范性文件违法的，也可以依照法定的程序和权限，采取相应的措施予以处理。对于这些违法或者不当的行政行为的否定，有利于强化行政机关依法行使职权的意识，提高行政执法的水平。此外，行政复议机关的行政复议活动也属于行政行为，也需要行政复议法予以保障和监督。例如，行政复议法明确了行政复议机关的法律地位，同时也规定了行政复议法机关的法律责任。行政复议机关不依照本法规定履行行政复议职责，对负有责任的领导人员和直接责任人员依法给予警告、记过、记大过的处分；经有权监督的机关督促仍不改正或者造成严重后果的，依法给予降级、撤职、开除的处分。行政复议机关工作人员在行政复议活动中，徇私舞弊或者有其他渎职、失职行为的，依法给予警告、记过、记大过的处分；情节严重的，依法给予降级、撤职、开除的处分；构成犯罪的，依法追究刑事责任。基此，行政复议法本次修订，在保留原法三项立法宗旨的基础上，又作了重要调整。行政复议法第 1 条规定：

为了防止和纠正违法的或者不当的行政行为，保护公民、法人和其他组织的合法权益，监督和保障行政机关依法行使职权，发挥行政复议化解行政争议的主渠道作用，推进法治政府建设，根据宪法，制定本法。

对于这一条文，需要注意以下几个问题：

（一）增加了“发挥行政复议化解行政争议的主渠道作用”的立法宗旨

明确“发挥行政复议化解行政争议的主渠道作用”立法宗旨是将中央决策部署贯彻到立法工作中的重要体现。行政复议作为化解行政争议主渠道的法律机制在修订前的行政复议法中没有予以突出。2006 年，中共中央办公厅、国务院办公厅印发《关于预防和化解行政争议健全行政争议解决机制的意见》，首次以文件形式指出“行政复议是解决行政争议的重要渠道”，要求将行政争议“化解在基层，化解在初发阶段，化解在行政程序中”。

2007 年，《行政复议法实施条例》在制定时，首次明确提出要“发挥行政复议解决行政争议主渠道作用”。其中，最重要的是要解决“大信访、中诉讼、小复议”的突出问题。就信访与行政复议的关系而言，信访是党和政府联系人民群众的桥梁和纽带，是发现行政争议的渠道，但不是解决行政争议的渠道。实践证明，只有通过行政复议、行政诉讼等法定渠道依法解决行政争议，才能有效平衡利益化解矛盾，保障社会公平正义，减少后遗症。就行政复议与行政诉讼的关系而言，从行政法理论的层面来看，强化行政复议在解决行政争议的作用是必要的。行政机关应当拥有对行政争议的第一次判断权的理论，是行政复议制度存在和发挥作用的基础。行政机关所特有的信息便利、专业优势，以及相对公正的立场，为其迅速化解行政争议提供了可能。因此有必要仔细辨析行政复议和行政诉讼的不同特点和作用功能，使各自的优势都得到有效发挥。总的来看，前者更适合于解决大量的、普遍性、行政管理专业性较强的行政争议；后者更适合于解决为数不多但案件法律关系复杂的行政争议。从实际效果看，通过行政诉讼解决行政争议，维护社会公平正义很重要，但诉讼审理时限长，成本高，而且目前法院的负担也比较重。相比而言，行政复议具有方便群众、快捷高效、方式灵活、不收费等特点和优势，是将行政争议依法及时化解在初发阶段，化解在行政机关内部的重要制度，应当也可能在解决行政争议、化解社会矛盾中发挥“主渠道”的作用。[1] 据此，《行政复议法实施条例》第 1 条规定，为了进一步发挥行政复议制度在解决行政争议、建设法治政府、构建社会主义和谐社会中的作用，根据《中华人民共和国行政复议法》，制定本条例。

之后，中央对行政复议发挥化解行政争议主渠道作用作了一系列部署。2011 年 3 月中央政治局第 27 次集体学习时，提出要完善行政复议制度，加大复议纠错力度，充分发挥行政复议作为解决行政争议主渠道的作用。2020 年 2 月 25 日，习近平总书记在中央全面依法治国委员会第三次会议上明确指出，要推进相关法律法规修订工作，发挥行政复议公正高效、便民为民的制度优势和化解行政争议的主渠道作用。2021 年 8 月，中共中央、国务院印发《法治政府建设实施纲要（2021—2025 年）》，其中专门就发挥行政复议化解行政争议主渠

1 郜风涛主编：《中华人民共和国行政复议法实施条例释解与应用》，人民出版社 2007 年版，第 45~46 页。

道作用作出具体部署。据此，本次行政复议法修订明确将“发挥行政复议化解行政争议的主渠道作用”列为行政复议法的立法宗旨之一。

发挥行政复议化解行政争议的主渠道作用，一方面要保证一定数量的行政争议顺利进入到行政复议渠道。这是对行政复议成为化解行政争议主渠道的“量”的要求。作为化解行政争议法定渠道，行政复议受案范围首先要远远广于行政诉讼受案范围。行政诉讼属于司法权对行政权的外部监督，本身需要具备一定的界限性和谦抑性，不能过于干预甚至替代行政权。行政复议是行政机关系统内部化解行政争议的层级监督机制，对下监督的力度、强度、深度要远远大于行政诉讼。原则上，属于行政诉讼受案范围的案件，也属于行政复议受案范围。例如，修订前行政复议法没有规定而行政诉讼法规定的行政协议案件，即无疑属于行政复议受案范围。同时，“行政争议”的概念也要远远大于“行政行为争议”的概念。对于非行政行为争议的行政争议也应当纳入行政复议受案范围。另一方面，要保证进入到行政复议程序的案件得到实质性化解。“实质性化解”是对行政复议成为主渠道的“质”的要求。“实质性化解”的提法最早源于行政诉讼，目的在于解决行政案件的程序空转问题，实现行政案件的案结事了。2010 年，我在起草全国法院行政审判基层基础工作座谈会有关司法文件时，提出要“致力于行政纠纷实质性解决”。即法院和法官的职能定位应当是化解争议、消除矛盾，努力实现案结事了，法院不仅是依法审判案件的司法机关，更是一个协调化解矛盾的机关；法院在审理案件中不能结案了事，而是要实现案结事了。也就是说，我们所追求的目标应当是法治而不是律制，是纠纷的实质性解决而不是程序性结案。实质性解决行政纠纷，就是要求人民法院在审理案件过程中，必须站在客观公正的立场，在现行法律框架内对当事人争议的实质性问题作出合法、公正、及时和妥善的处理，力争从根本上化解争议。特别是既要注重审查被诉行政行为合法性问题，又要尽可能解决合理性问题，围绕当事人争议焦点和诉讼请求，有针对性地审查和解决当事人之间的实质性问题。充分发挥协调机制化解矛盾争议的作用，努力提高协调的质量和效果。高度注重法官释明权的运用，对当事人的诉讼活动特别是争议的实质性解决，在尊重和保护当事人诉讼权利的前提下，给予必要的解释、说明、指导和引导，以促进纠纷的及时妥善化解。对于上述“行政纠纷实质性解决”问题的讨论，同样适用于行政复议。行政复议发挥化解行政争议主渠道作用，要达到“质”的要求，必须强化行政复议的公正性、专业性，必须重置行政复议审理程序，必须丰富行政复议决定形式和内容，必须强化调解和解的运用等。在行政复议法修订过程中，这两个方面的要求得到了充分体现，主要是：在提升行政复议案件“量”的方面，进一步扩大了肯定式行政复议受案范围，限缩否定式行政复议排除范围；适度扩大行政复议前置范围；明确行政复议案件的受理和审理程序；明确行政复议繁简分流程序，等等。在提升行政复议案件“质”的方面，明确将调解列为行政复议的基本原则；进一步完善了行政复议管辖体制；强化了行政复议机关的收集调查证据的权力；行政复议案件审理以听取意见程序为原则，书面审查为例外；明确重大案件按照听证程序审理、提请行政复议委员会咨询程序；注重申请人实质请求，丰富行政复议机关处理纠纷的法定方式，等等。

（二）增加了“推进法治政府建设”的立法宗旨

行政复议工作是推进法治政府建设的重要组成部分。党和政府始终重视发挥行政复议在推进法治政府建设中的重要作用。2004年，国务院《全面推进依法行政实施纲要》要求：“认真贯彻行政复议法，加强行政复议工作。对符合法律规定的行政复议申请，必须依法受理；审理行政复议案件，要重依据、重证据、重程序，公正作出行政复议决定，坚决纠正违法、明显不当的行政行为，保护公民、法人和其他组织的合法权益。要完善行政复议工作制度，积极探索提高行政复议工作质量的新方式、新举措。对事实清楚、争议不大的行政复议案件，要探索建立简易程序解决行政争议。加强行政复议机构的队伍建设，提高行政复议工作人员的素质。完善行政复议责任追究制度，对依法应当受理而不受理行政复议申请，应当撤销、变更或者确认具体行政行为违法而不撤销、变更或者确认具体行政行为违法，不在法定期限内作出行政复议决定以及违反行政复议法的其他规定的，应当依法追究其法律责任。”2010 年，《国务院关于加强法治政府建设的意见》[1] 进一步要求：“加强行政复议工作。充分发挥行政复议在解决矛盾纠纷中的作用，努力将行政争议化解在初发阶段和行政程序中。畅通复议申请渠道，简化申请手续，方便当事人提出申请。对依法不属于复议范围的事项，要认真做好解释、告知工作。加强对复议受理活动的监督，坚决纠正无正当理由不受理复议申请的行为。办理复议案件要深入调查，充分听取各方意见，查明事实、分清是非。注重运用调解、和解方式解决纠纷，调解、和解达不成协议的，要及时依法公正作出复议决定，对违法或者不当的行政行为，该撤销的撤销，该变更的变更，该确认违法的确认违法。行政机关要严格履行行政复议决定，对拒不履行或者无正当理由拖延履行复议决定的，要依法严肃追究有关人员的责任。探索开展相对集中行政复议审理工作，进行行政复议委员会试点。健全行政复议机构，确保复议案件依法由 2 名以上复议人员办理。建立健全适应复议工作特点的激励机制和经费装备保障机制。完善行政复议与信访的衔接机制。”2015 年，中共中央、国务院印发的《法治政府建设实施纲要（2015—2020 年）》明确提出：“加强行政复议工作。完善行政复议制度，改革行政复议体制，积极探索整合地方行政复议职责。健全行政复议案件审理机制，加大公开听证审理力度，纠正违法或不当行政行为。提高行政复议办案质量，增强行政复议的专业性、透明度和公信力。县级以上地方政府要

1 该文件已失效。

依法加强行政复议能力建设，推动相关机构设置、人员配备与所承担的工作任务相适应，充分发挥行政复议在解决行政争议中的重要作用。切实提高行政复议人员素质，落实办案场所和有关装备保障，行政复议经费列入本级政府预算。”2021 年，中共中央印发的《法治中国建设规划（2020—2025 年）》要求：“加强和改进行政复议工作，强化行政复议监督功能，加大对违法和不当行政行为的纠错力度。推进行政复议体制改革，整合行政复议职责，畅通行政复议渠道，2022 年前基本形成公正权威、统一高效的行政复议工作体制。健全行政复议案件审理机制，加强行政复议规范化、专业化、信息化建设。”同年，《法治政府建设实施纲要（2021—2025 年）》要求：“发挥行政复议化解行政争议主渠道作用。全面深化行政复议体制改革，整合地方行政复议职责，按照事编匹配、优化节约、按需调剂的原则，合理调配编制资源，2022 年年底前基本形成公正权威、统一高效的行政复议体制。全面推进行政复议规范化、专业化、信息化建设，不断提高办案质量和效率。健全优化行政复议审理机制。县级以上各级政府建立行政复议委员会，为重大、疑难、复杂的案件提供咨询意见。建立行政复议决定书以及行政复议意见书、建议书执行监督机制，实现个案监督纠错与倒逼依法行政的有机结合。全面落实行政复议决定书网上公开制度。”这些文件中关于行政复议工作的要求，成为行政复议法的修订工作的重要政策依据。

行政复议作为行政系统内部实现自我纠错的监督制度，是推进法治政府建设的重要抓手。主要是：第一，通过发挥化解行政争议主渠道作用，吸纳和解决客观存在的行政争议，维护社会和谐和大局稳定。第二，通过强化行政复议监督功能，加大对违法和不当行政行为的纠错力度，进一步提高行政执法水平和社会治理能力。第三，通过审理行政复议案件，用法治给行政权力定规矩、划界限，法定职责必须为、法无授权不可为，坚决克服政府职能错位、越位、缺位现象，充分发挥市场在资源配置中的决定性作用，更好发挥政府作用。第四，通过完善行政复议体制机制，促进行政机关及其工作人员不断树立合法行政、合理行政、程序正当、高效便民、诚实守信、权责统一等法治理念，提高行政效率和公信力，全面推进严格规范公正文明执法。基于此，修订后的行政复议法将“推进法治政府建设”列为行政复议法的立法宗旨之一。

（三）调整了“保障和监督行政机关依法行使职权”的表述

修订前的行政复议法将“保障和监督行政机关依法行使职权”列为行政复议法的立法宗旨之一。从语句表述上，强调了行政复议制度首先是要“保障”行政机关依法行使职权，其次才是“监督”行政机关依法行使职权。本次行政复议法修订，重申和强调了行政复议制度的行政内部监督性质。正如原国务院法制办公室主任杨景宇《关于〈中华人民共和国行政复议法（草案）〉的说明》中所阐述的：“行政复议是行政机关内部自我纠正错误的一种监督制度”“完善行政复议制度，充分发挥行政复议制度的作用，对于加强行政机关内部监督，促进行政机关合法、正确地行使职权，维护社会经济秩序，维护公民、法人和其他组织的合法权益，维护社会稳定，具有重要意义。”“体现行政复议作为行政机关内部监督的特点，不宜、也不必搬用司法机关办案的程序，使行政复议‘司法’化。”行政复议制度首先是监督制度，其次才是保障制度。不强调监督，就会导致行政复议失去公正立场，也会导致无法真正保障行政机关依法行使职权的后果。据此，本次行政复议法修订，再次强调了行政复议制度的监督属性，将“监督和保障行政机关依法行使职权”列为行政复议法立法宗旨之一。

二、行政复议概括范围

修订前的行政复议法第 2 条规定了行政复议的概括范围:“公民、法人或者其他组织认为具体行政行为侵犯其合法权益,向行政机关提出行政复议申请,行政机关受理行政复议申请、作出行政复议决定,适用本法。”时论认为,这一规定的要点有二:一是申请行政复议的对象是行政机关的行政行为,包括作为与不作为;二是申请行政复议的前提是行政行为侵犯了行政相对人的合法权益。这种侵害可能是事实上的侵害,也可以是公民、法人或者其他组织“认为”行政机关的行政行为构成了侵害。结合修订前的行政复议法第 6 条规定,只要公民、法人或者其他组织“认为”行政机关的行政行为侵犯了其合法权益就可以申请行政复议。这个规定使行政复议的受案范围大大扩展了,不再与行政诉讼法规定的受案范围相对应。[1] 实际上,该条的规定与修改前的行政诉讼法第 2 条的规定相类似。行政诉讼法彼条规定:“公民、法人或者其他组织认为行政机关和行政机关工作人员的行政行为侵犯其合法权益,有权依照本法向人民法院提起诉讼。”本条规定通常被认为是行政诉讼的概括受案范围或者行政相对人起诉权利规定。修改前行政诉讼法第 2 条规定的“认为”标准与第 11 条第 1 款第 8 项“认为行政机关侵犯其他人身权、财产权的”相结合,构成了行政诉讼受案范围的外延。从以上规定来看,行政复议概括范围似与行政诉讼概括受案范围基本一致。需要注意的是,修改前的行政诉讼法规定的概括受案范围,更多侧重于公民、法人或者其他组织“提起诉讼”的权利。修订前的行政复议法规定的概括范围则包括了两个方面的内容:一是明确了公民、法人或者其他组织认为行政行为侵犯其合法权益,向行政复议机关提出行政复议申请的权利。二是明确了行政复议机关受理行政复议申请、作出行政复议决定的权力和义务。同时,也可以理解为,行政复议法是规定公民、法人或者其他组

1 张春生主编:《中华人民共和国行政复议法释义》,法律出版社 1999 年版,第 23~24 页。

织申请复议、行政复议机关受理行政复议申请、作出行政复议决定的程序性规则。可以看出，与行政诉讼法着重“保护公民、法人和其他组织的合法权益”的“重点论”不同，行政复议法则是坚持了“保护公民、法人和其他组织的合法权益”和“保障和监督行政机关依法行使职权”的“两点论”。本次行政复议法修订，基本沿用了原有表述，并借鉴行政诉讼法的规定作了补充。行政复议法第 2 条规定：

> 公民、法人或者其他组织认为行政机关的行政行为侵犯其合法权益，向行政复议机关提出行政复议申请，行政复议机关办理行政复议案件，适用本法。
>
> 前款所称行政行为，包括法律、法规、规章授权的组织的行政行为。

这一规定可以从以下几个方面理解：

(一)“认为”

这里的“认为”，是指公民、法人或者其他组织的主观意图或者主观判断，并非指公民、法人或者其他组织的合法权益受到侵犯的事实已经发生。公民、法人或者其他组织的合法权益是否受到侵犯，需要通过案件的实体审理才能确定。作为行政复议程序的启动方，是否行使申请行政复议，取决于公民、法人或者其他组织的主观意愿，这也是行政复议作为“主观权利”救济机制的题中应有之义。

(二)“行政行为”

与行政诉讼法中规定的“行政行为”概念和外延相同，行政复议法规定的“行政行为”也属于广义上的行政行为，大体与行政机关的行政措施含义相当。在具体理解时，需要把握以下几个方面：

1. 行政行为包括作为和不作为。这是根据行政行为的主动性和被动性进行的基本分类。作为，是指行政机关为形成、变更现有的法律关系和法律状态，主动作出的创设新的法律关系的行政行为。这种行政行为是行政机关依职权积极采取的行政行为，又称为积极行政行为。不作为，是指行政机关为了维持现有的法律关系或者法律状态而实施的否定行政相对人主观意愿或者对于行政相对人改变现有行政法律关系的意愿置之不理的行为。这种行政行为是行政机关主观上怠于答复或者拒绝作出某种行政行为，又称为消极行政行为。在行政复议法中，只有在特殊情况下才就“行政行为”作区别规定，一般情况下包含了作为和不作为。例如，行政复议法第 30 条第 1 款第 2 项规定的“申请人与被申请行政复议的行政行为有利害关系”中的行政行为就包括了作为和不作为。例外的情况下，行政复议法第 44 条第 1 款“被申请人对其作出的行政行为的合法性、适当性负有举证责任”中的行政行为仅指作为行为。

2. 行政行为包括形式意义上的行政行为和实质意义上的行政行为。实质意义上的行政行为，是指只要特定的行政主体采用特定的方式将行政机关的意思表示出来就构成行政行为，而不问该行政行为作出的主体是否属于行政机关、是否采取书面形式，等等。形式意义上的行政行为，是指由行政机关依照法定的程序和方式作出的行政行为。形式意义上的行政行为要求只有行政机关作出的行政行为才属于真正的行政行为。根据行政复议法第 2 条第 2 款的规定，前款所称行政行为，包括法律、法规、规章授权的组织的行政行为。“法律、法规、规章授权的组织”不是行政机关，不属于形式意义上的行政主体，但是属于实质意义上的行政主体，其作出的行为属于实质意义上的行政行为。

3. 行政行为包括法律行为和事实行为。一般认为，狭义上的行政行为是行政法律行为的简称。行政法律行为是行政主体为了处理行政事务而依法采取的对外发生法律效果的处分行为。这一概念包含了四个要素：其一，主体要素。所谓主体要素，是指行政行为的主体必须是行政机关、法律法规规章授权组织等行政主体。其二，公法要素。所谓公法要素，是指行政行为必须依据行政法等公法来实施。行政行为是根据非宪法的公法，主要是行政法律法规作出的。行政行为主要是行政机关适用行政法律规范的行为，但是这并不意味着行政机关作出行政行为必须具有法律依据。行政机关作出的行政行为有没有法律依据，将会影响到其合法性和有效性，与行政行为是否成立以及是否具有可复议性无关。其三，处分要素。所谓处分要素，是指行政机关就特定的行政事项单方面作出的确认或者创设权利义务的行为。这种行为是行政机关对于行政相对人权利义务的处分，改变了原有的法律关系。处分行为是行政机关以发生特定法律效果而作出的改变原有法律关系的行为。其四，效果要素。所谓效果要素，是指行政行为必须是以发生特定的公法意义上的法律效果为目的的行为。这一要素包括了两个层面：一是该效果须是法律效果而非事实效果；二是该效果是公法上的效果而非内部行政、私法上的效果等。所谓事实行为，是指行政机关实施的没有处分内容和法律约束力的行为。行政机关在作出此类行为时，并无发生法律效果的意图。在某种意义上，事实行为主要功能是作为行政行为的准备过程、执行过程而存在。一般而言，事实行为主要包括以下几种情形：一是行政事务性行为。行政事务性活动一般是行政机关内部的准备性、程序性的活动，这些活动并非以对外发生法律效果为目的，不属于行政行为。例如，行政机关工作人员驾驶公务车辆、案卷管理、请示、汇报、清除道路路障、道路规划等。二是执行性行为。执行性行为主要是不包含任何处分内容的行为。例如，根据行政处罚决定采取的强制措施、税务机关发出催收税款的通知、行政机关根据法院的协助执行通知书采取的执行行为，等等。三是观念通知。观念通知主要包括没有法律约束力的答复和通知。四是磋商行为。磋商行为是指与行政机关和行政相对人之间进行的非正式的磋商活动。对于法律行为，行政复议机关可以作出撤销、变更原行政行为等的具有直接形成效力的决定，也可以作出要求被申请人重新作出行政行为的课予义务效力的决定；对于事实行为，行政复议机关可以作出要求被申请人予以给付的具有给付效力的决定，也可以作出确认事实行为违法或者无效的决定，但是不能作出撤销事实行为的决定。

需要注意的是，行政复议法中规定的“行政行为”并不包括规章以下规范性文件。根据修订前的行政复议法第 2 条规定，公民、法人或者其他组织认为行政机关的具体行政行为侵犯其合法权益的，可以申请行政复议。之前的法学教材一般认为，行政行为分为具体行政行为和抽象行政行为，对于抽象行政行为不能申请行政复议。实际上，“具体行政行为”中的“具体”是对行政行为特征的描述，而非分类。任何行政行为都是具体的、具象的、实际的，没有抽象的、虚化的行政行为。例如，行政处罚、行政强制等，属于行政行为。从其他部门法来看，也是如此。民法学上，有民事行为；在刑法学上，有犯罪行为等概念。民事行为，无论是违约行为还是侵权行为，都是具体的，没有抽象的民事行为。同样，作为刑法核心概念的犯罪行为，也都是具体的，没有抽象的犯罪行为。在行政复议法中，与抽象行政行为概念相类似的是第 13 条规定的规章以下规范性文件。规章以下规范性文件属于行政复议附带审查的对象，而非行政复议的审理对象。本次行政复议法修订，“行政行为”已经完全替代“具体行政行为”，成为行政复议法的核心概念。当然，行政行为成为核心概念，并不意味着行政复议仅仅局限于解决“行政行为纠纷”。实际上，行政复议是一种解决行政法律关系纠纷的法律机制，而“行政行为纠纷”只是其中最重要和最主要的部分。

(三)“法律、法规、规章授权的组织的行政行为”

如前所述，行政复议法第 2 条第 2 款规定了实质意义上的行政行为。修订前的行政复议法规定了“法律、法规授权的组织”。之后，《行政复议法实施条例》第 12 条和第 14 条就行政复议法所规定的“法律、法规授权的组织”作了细化规定。本次行政复议法修订，借鉴行政诉讼法的规定，将“法律、法规授权的组织”修订为“法律、法规、规章授权的组织”。法律、法规、规章的授权实际上给予了组织一个行使行政管理职能的权利，赋予了其在法律上的行为能力。从宪法意义上讲，行政机关的权限也是基于立法机关的“授权”，都是基于人民的委托。但是，如果将行政机关的职权也作为授权情形，就失去了划分的意义。在行政法学上，行政机关属于职权行政主体，被法律法规授权的组织属于授权行政主体。授权行政主体的特点是：主体资格取得的法律依据是宪法、组织法以外的法律、法规；取得方式由法律法规概括规定或者作具体规定，但不能一揽子授权；取得资格的行政主体的行政职能一般比较明确、具体，范围比较明了；组织的成立和行政主体的法律资格的取得可能是同时取得的，也可能是先成立组织后取得行政主体资格；此时授权行政主体有时候还必须符合授权时限。“授权组织”中的“组织”可以是非行政机关的组织（如企业、事业单位），也可以是行政机关。典型的授权组织是法律、法规、规章授予非行政机关行政管理权限。例如，高等学校在颁发学位证时，就属于法律、法规、规章授权组织。例外的情况下，有的行政机关也可能由于授权成为授权行政主体。一般而言，行政机关具有固有行政职权，但也可能由于法律、法规的特别规定具有授权的行政职权。

此外，需要注意本款“前款所称行政行为，包括法律、法规、规章授权的组织的行政行为”的表述。从条文的表述来看，法律、法规、规章授权的组织属于行政主体，也就是拟制的行政机关，表述的方式是“包括但不限于”。也就是说，本条并未穷尽行政机关的拟制状态，对于法律、法规、规章虽然没有规定，但事实上行使行政职权的组织是否拟制为行政机关，还有继续讨论的余地。

三、行政复议的基本原则

修订前的行政复议法第 4 条规定，行政复议机关履行行政复议职责，应当遵循合法、公正、公开、及时、便民的原则，坚持有错必纠，保障法律、法规的正确实施。其中的逻辑关系是，通过遵循合法、公正、公开、及时、便民五项基本原则，达到有错必纠和保障法律、法规正确实施的目标。也就是说，如果违反这五项基本原则，有错必纠，保障法律、法规的正确实施就成为一句空话。修订后的行政复议法根据行政复议实践需要，对行政复议的基本原则作了修订。行政复议法第 3 条规定：

> 行政复议工作坚持中国共产党的领导。
>
> 行政复议机关履行行政复议职责，应当遵循合法、公正、公开、高效、便民、为民的原则，坚持有错必纠，保障法律、法规的正确实施。

理解上述条文，需要注意以下几个问题：

（一）行政复议工作坚持中国共产党的领导

建设法治中国，必须始终把党的领导作为社会主义法治最根本的保证，把加强党的领导贯彻落实到全面依法治国全过程和各方面。在行政复议法修订工作中，坚持中国共产党的领导，就是要使党的主张通过法定程序成为国家意志。习近平法治思想、习近平总书记关于法治政府建设的重要论述是行政复议法修订工作的基本遵循。党的十八大以来，党中央和国务院就加强和改进行政复议工作作出了一系列的部署。特别是，习近平总书记指出，“要落实行政复议体制改革方案，优化行政复议资源配置，推进相关法律法规修订工作，发挥行政复议公正高效、便民为民的制度优势和化解行政争议的主渠道作用”。2020 年 2 月 5 日，中央全面依法治国委员会第三次会议审议通过的《行政复议体制改革方案》，要求推进相关法律法规修订工作，发挥行政复议公正高效、便民为民的制度优势和化解行政争议的主渠道作用，等等。这些重要论断、文件要求、重大改革决策在修法过程中必须得到不折不扣的执行。此外，2021 年 2 月 19 日，中央全面深化改革委员会第十八次会议审议通过的《关于加强诉源治理推动矛盾纠纷源头化解的意见》，强调，“法治建设既要抓末端、治已病，更要抓前端、治未病，要坚持和发展新时代‘枫桥经验’，把非诉讼纠纷解决机制挺在前面，加强矛盾纠纷源头预防、前端化解、关口把控，完善预防性法律制度，从源头上减少诉讼增量。”通过行政复议法的修订工作，也是推进完善非诉讼行政纠纷解决机制的重要方面。通过修法将党的意志体现为国家意志，本次行政复议法修订是一次生动实践。

（二）关于合法、公正、公开、高效、便民、为民原则

修订后的行政复议法保留了合法、公正、公开、便民四项原则，将“及时”原则修订为“高效”原则，增加了“为民”原则。合法原则，是指行政复议机关履行行政复议职责应当严格按照法定的权限和程序，受理、审理和作出复议决定。例如，行政复议法对行政复议机关在受理、审理和作出决定等方面作了具体详细的规定，这些内容构成行政复议决定程序和实体合法的重要依据。如果行政复议机关违反这些规定的，可能面临被法院认定为违法的法律后果。公正原则，是指行政复议机关履行行政复议职责时应当公正对待行政复议当事人，不偏不倚作出行政复议决定。例如，行政复议法第 47 条规定，行政

复议期间，申请人、第三人及其委托代理人可以按照规定查阅、复制被申请人提出的书面答复、作出行政行为的证据、依据和其他有关材料，除涉及国家秘密、商业秘密、个人隐私或者可能危及国家安全、公共安全、社会稳定的情形外，行政复议机构应当同意。第 49 条规定，适用普通程序审理的行政复议案件，行政复议机构应当当面或者通过互联网、电话等方式听取当事人的意见，并将听取的意见记录在案。因当事人原因不能听取意见的，可以书面审理。第 50 条规定，审理重大、疑难、复杂的行政复议案件，行政复议机构应当组织听证。行政复议机构认为有必要听证，或者申请人请求听证的，行政复议机构可以组织听证。听证由一名行政复议人员任主持人，两名以上行政复议人员任听证员，一名记录员制作听证笔录。第 51 条规定，行政复议机构组织听证的，应当于举行听证的 5 日前将听证的时间、地点和拟听证事项书面通知当事人。行政复议法第 61 条第 2 款规定，经过听证的行政复议案件，行政复议机关应当根据听证笔录、审查认定的事实和证据，依照本法作出行政复议决定。第 3 款规定，提请行政复议委员会提出咨询意见的行政复议案件，行政复议机关应当将咨询意见作为作出行政复议决定的重要参考依据，等等。公开原则，是指行政复议机关在履行行政复议职责时，必须保证程序开放的、保障当事人的行政复议程序权利。例如，行政复议法第 23 条规定，对于行政复议前置情形，行政机关在作出行政行为时应当告知公民、法人或者其他组织先向行政复议机关申请行政复议。第 30 条第 2 款规定，对不符合规定的行政复议申请，行政复议机关应当在审查期限内决定不予受理并说明理由；不属于本机关管辖的，还应当在不予受理决定中告知申请人有管辖权的行政复议机关。第 39 条第 3 款规定，行政复议机关中止、恢复行政复议案件的审理，应当书面告知当事人。高效原则，是指行政复议机关在履行行政复议职责时，确保行政复议案件及时得到受理、审理和解决。例如，行政复议法第 30 条规定，行政复议机关收到行政复议申请后，应当在5日内进行审查。便民原则，是指行政复议机关在履行行政复议职责时，必须确保降低当事人行政复议成本，为当事人寻求行政复议救济提供便利。例如，行政复议法第8条规定，行政复议机关应当加强信息化建设，运用现代信息技术，方便公民、法人或者其他组织申请、参加行政复议，提高工作质量和效率。第22条规定，申请人申请行政复议，可以书面申请；书面申请有困难的，也可以口头申请。书面申请的，可以通过邮寄或者行政复议机关指定的互联网渠道等方式提交行政复议申请书，也可以当面提交行政复议申请书。行政机关通过互联网渠道送达行政行为决定书的，应当同时提供提交行政复议申请书的互联网渠道。口头申请的，行政复议机关应当当场记录申请人的基本情况、行政复议请求、申请行政复议的主要事实、理由和时间。第31条第1款规定，行政复议申请材料不齐全或者表述不清楚，无法判断行政复议申请是否符合本法第30条第1款规定的，行政复议机关应当自收到申请之日起5日内书面通知申请人补正。补正通知应当一次性载明需要补正的事项。第32条规定，对当场作出或者依据电子技术监控设备记录的违法事实作出的行政处罚决定不服申请行政复议的，可以通过作出行政处罚决定的行政机关提交行政复议申请。行政机关收到行政复议申请后，应当及时处理；认为需要维持行政处罚决定的，应当自收到行政复议申请之日起5日内转送行政复议机关，等等。为民原则，是指行政复议机关在履行行政复议职责时，必须坚持以人民为中心的宗旨，切实保障行政复议申请人在每一个行政复议案件中感受到公平正义。例如，行政复议法第56条规定，申请人依照本法第13条的规定提出对有关规范性文件的附带审查申请，行政复议机关有权处理的，应当在30日内依法处理；无权处理的，应当在7日内转送有权处理的行政机关依法处理。行政复议法第72条规定，申请人在申请行政复议时一并提出行政赔偿请求，行政复议机关对依照国家赔偿法的有关规定应当不予赔偿的，在作出行政复议决定时，应当同时决定驳回行政赔偿请求；对符合国家赔偿法的有关规定应当给予赔偿的，在决定撤销或者部分撤销、变更行政行为或者确认行政行为违法、无效时，应当同时决定被申请人依法给予赔偿；确认行政行为违法的，还可以同时责令被申请人采取补救措施。申请人在申请行政复议时没有提出行政赔偿请求的，行政复议机关在依法决定撤销或者部分撤销、变更罚款，撤销或者部分撤销违法集资、没收财物、征收征用、摊派费用以及对财产的查封、扣押、冻结等行政行为时，应当同时责令被申请人返还财产，解除对财产的查封、扣押、冻结措施，或者赔偿相应的价款，等等。

四、调解原则

一般来说，行政复议案件结案方式主要包括作出决定和调解处理两种方式。调解是民事诉讼法、行政诉讼法规定的重要的司法手段。行政复议中的调解，是指在行政复议机关的主持下，双方当事人就争议的实体权利和义务自愿协商，达成协议，解决行政纠纷的活动。修订前的行政复议法没有对调解问题作出规定，只对行政复议申请人撤回行政复议申请作了规定。《行政复议法实施条例》第50条作了规定，该条规定："有下列情形之一的，行政复议机关可以按照自愿、合法的原则进行调解：（一）公民、法人或者其他组织对行政机关行使法律、法规规定的自由裁量权作出的具体行政行为不服申请行政复议的；（二）当事人之间的行政赔偿或者行政补偿纠纷。当事人经调解达成协议的，行政复议机关应当制作行政复议调解书。调解书应当载明行政复议请求、事实、理由和调解结果，并加盖行政复议机关印章。行政复议调解书经双方当事人签字，即具有法律效力。调解未达成协议或者调解书生效前一方反悔的，行政复议机关应当及时作出行政复议决定。”在本次行政复议法修订过程中，有论者提出，为了实质性化解行政争议，可以考虑将调解作为行政复议的基本原则和基础程序，在立案前和复议决定前均可以按照合法、自愿的原则进行调解。[1]将调解作为行政复议的一项基本原则，而非仅仅一项制度，是本次行政复议法修订的一个重点。行政复议法第 5 条规定：

> 行政复议机关办理行政复议案件，可以进行调解。
>
> 调解应当遵循合法、自愿的原则，不得损害国家利益、社会公共利益和他人合法权益，不得违反法律、法规的强制性规定。

理解这一条文，可以从以下几个方面分析：

（一）行政复议机关办理行政复议案件，可以进行调解

行政复议适用调解成为一项原则，与行政诉讼法的规定不同。行政诉讼法第60条规定：“人民法院审理行政案件，不适用调解。但是，行政赔偿、补偿以及行政机关行使法律、法规规定的自由裁量权的案件可以调解。调解应当遵循自愿、合法原则，不得损害国家利益、社会公共利益和他人合法权益。”行政诉讼法关于调解的规定有两个特点：一是行政诉讼以不适用调解为原则，以适用调解为例外。二是行政诉讼不适用调解属于行政诉讼制度层面，并未作为原则规定在总则当中。行政诉讼不适用调解原则，主要是从以下几点考虑：第一，行政诉讼主要定位于客观诉讼，特别是人民法院对行政行为的合法性进行审查。对于行政行为的合法性，行政机关没有处分权，行政机关也不能拿行政行为的合法性来做交易。第二，从目前行政诉讼调解的情况来看，一些法院片面追求高撤诉率，导致大量案件通过不正常的撤诉方式结案。多年来，全国法院的撤诉率高达 50% 左右。这些案件中，有大量的案件虽然通过撤诉结案，但是其中存在的胁迫撤诉、动

1 徐运凯：《行政复议法修改对实质性解决行政争议的回应》，载《法学》2021 年第 6 期。

员撤诉等现象，已经引发了社会各界对司法公正的质疑。第三，在司法实践中，一些行政机关为了减轻信访压力，通过与个别原告和解撤诉方式，“花钱买平安”，实际上引发了更多的行政争议。总体来看，行政诉讼法规定不适用调解，系在充分体认行政行为的性质之后作出的慎重选择。

应当说，行政诉讼之所以以不适用调解为原则，适用调解为例外，其理论基础仍然沿袭了“行政权不能处分”和“司法权不能干预行政权”等理论。法院对于行政行为的处分，持有非常谨慎和谦抑的态度。在行政诉讼法学上，为了阐明司法权对于行政权的有限度介入，产生了“行政裁量”理论。行政裁量分为羁束裁量和自由裁量。羁束裁量，又称为无判断余地的行政行为，是指法定的事实要件成就时必须按照法定内容作出的行政行为。即法律法规对行政行为的方式、手段和内容等均作了具体、详细、明确的规定，行政机关在作出行政行为时，应当严格依照法律法规的规定行事，没有灵活处理的余地的行为。自由裁量，又称为有判断余地的行政行为，是指行政机关在法定事实要件成就时可以选择法定处理内容的行政行为。根据行政诉讼法的规定，只有行政机关行使自由裁量权的行政行为，人民法院才能组织调解；对于行政机关只具有羁束裁量权的行政行为，人民法院可以在认定事实的基础上直接作出裁判。

作为被申请人行政机关的上级机关，行政复议机关并不受到基于行政诉讼而产生的行政裁量理论的限制。与法院对被告行政机关强调不能过度干预或者不能代替行政机关的理念不同。行政复议机关作为被申请人行政机关的上级机关，既可以作出撤销、变更、课予义务、给付等决定，还可以依职权调取证据，代替被申请人行政机关重新作出行政行为。一般而言，被申请人行政机关作为行政复议机关的下级行政机关，具有接受层级监督的义务，而不能主张行政职权专属自身。据此，在行政复议活动中，为了充分发挥行政复议高效便民的优势，行政复议机关可以选择依法作出行政复议决定，也可以选择通过调解方式结案。行政复议法将调解明确为一项原则，就是在积极推动当事人之间通过互谅互让，尽快化解行政纠纷，尽快恢复行政法律秩序。

（二）调解应当遵循合法、自愿的原则，不得损害国家利益、社会公共利益和他人合法权益，不得违反法律、法规的强制性规定

调解必须基于自愿原则。自愿原则是指在行政复议过程中，行政复议机关对行政案件进行调解的前提必须是基于当事人的自由意志，不能采取强迫等方式。自愿包括程序上的自愿和实体上的自愿。前者是双方当事人自愿以调解方式解决争议或者双方同意人民法院以调解方式结案；后者是调解协议的内容必须是双方当事人真实意思的表示。真实意思表示不真实的法律行为，不能引起特定的法律后果的发生。自愿的基本要求是：当事人的真实意思表示的形式应当是明示行为而非默示行为；当事人对于调解完全处于自身独立的意思表示；当事人对于行政复议的后果和被申请的行政行为不存在重大误解、欺诈以及串通虚假行为；非因胁迫等外在压力所致；等等。

调解必须基于合法原则。合法包括程序上的合法和实体上的合法。前者是指调解必须依照法定程序进行；后者是指行政复议机关主持下达成的协议内容，必须符合法律法规的规定，不得损害国家利益、社会公共利益和他人合法权益，不得违反法律、法规的强制性规定。

第二讲　行政复议范围

行政复议申请是行政复议活动的启动程序。行政复议申请，是指公民、法人或者其他组织认为行政机关的行政行为侵犯自身合法权益，以自己名义向行政复议机关请求行政救济的活动。行政复议活动不能经由行政复议机关自身主动启动，而必须通过公民、法人或者其他组织的申请才能启动。由于申请人一旦启动行政复议申请，就会引起一系列的行政复议活动，产生一系列的法律后果。下文将根据行政复议法的规定，就涉及行政复议申请的行政复议范围、行政复议参加人、申请的提出、行政复议管辖等涉及行政复议申请的四个方面作一介绍。

行政复议范围，又称为行政复议主管范围，是指行政复议机关受理行政复议案件的范围，主要是解决行政复议机关对行政机关的哪些行为拥有对下监督和审理的权力。它规定着行政复议机关对被申请的行政行为的监督范围，也规定着受到行政行为影响的公民、法人和其他组织诉权的范围，在行政复议制度中具有重要意义。

一般认为，行政复议法第 2 条是关于概括式的肯定范围，即公民、法人或者其他组织认为行政机关的行政行为侵犯其合法权益，向行政复议机关提出行政复议申请，行政复议机关办理行政复议案件，适用本法。这一概括式规定，既从宏观上确认了行政复议机关受理行政复议案件的范围，同时也强调了公民、法人或者其他组织提起行政复议需要依照行政复议法的规定进行。包括必须符合行政复议法第 11 条的列举范围、第 29 条关于受理条件的法律约束，等等。也就是说，为了充分发挥行政复议在解决行政争议方面的作用，真正做到依法行政，行政机关的行政行为，无论是作为还是不作为，只要公民、法人或者其他组织认为这些行为是违法的或者不当的，侵犯了自身的合法权益，都可以依法申请行政复议。[1]总体上，行政复议法第 11 条的内容主要分为两个部分：一是公民、法人或者其他组织对于涉及人身权利、财产权利、受教育权利方面的行政案件可以提起行政复议；二是认为行政机关的其他行政行为侵犯其合法权益的，可以提起行政复议。

一、肯定列举的行政复议范围

行政复议范围的规定模式有列举式和肯定式两种。所谓列举式，是指行政复议法律规范中分别列举，凡是所列范围以内的行政争议案件，才能提起行政复议。列举式的优点在于，行政复议范围比较明确，便于行政复议机关操作。缺陷主要是，由于对行政行为的管理方式无法列举穷尽，难免挂一漏万。所谓概括式，是指对行政复议范围作一个抽象的概括，不作具体的列举。即由行政复议法律规范规定一个概括、抽象的标准；凡是与标准相符合的行政案件，均可以提起行政复议。概括式的优点主要是，对于行政争议规定的范围比较宽泛。但是，概括式规定也有其缺陷，如果行政复议人员素质不高，对行政复议范围进行概括规定，无异于缩减甚至取消了行政复议范围。

我国行政复议范围属于概括式和列举式相结合。其中，主要包括两种意见，各有道理，有利于我们理解这种规定模式的全貌：第一种意见认为，行政复议法第 2 条和第 11 条构成了概括和列举相结合。行政复议法第 2 条属于概括式的规定，第 11 条的有关内容是列举式的规定。该种主张从保障行政相对人的善意出发，对行政复议法第 2 条进行了解释。也有人认为，第 2 条的规定放在总则部分，属于宣示性质的条款，不具备法律规范意义。第二种意见认为，行政复议法第

1 杨景宇：《关于〈中华人民共和国行政复议法（草案）〉的说明》。

11条前14项列举了可以受理的14种行政案件，第15项规定的“认为行政机关的其他行政行为侵犯其合法权益”属于概括式的规定。这两种观点都具有理论探讨价值，对于我们把握行政复议范围有借鉴意义。

行政复议法首先规定了行政复议肯定的范围。该法第11条规定：

有下列情形之一的，公民、法人或者其他组织可以依照本法申请行政复议：

（一）对行政机关作出的行政处罚决定不服；

（二）对行政机关作出的行政强制措施、行政强制执行决定不服；

（三）申请行政许可，行政机关拒绝或者在法定期限内不予答复，或者对行政机关作出的有关行政许可的其他决定不服；

（四）对行政机关作出的确认自然资源的所有权或者使用权的决定不服；

（五）对行政机关作出的征收征用决定及其补偿决定不服；

（六）对行政机关作出的赔偿决定或者不予赔偿决定不服；

（七）对行政机关作出的不予受理工伤认定申请的决定或者工伤认定结论不服；

（八）认为行政机关侵犯其经营自主权或者农村土地承包经营权、农村土地经营权；

（九）认为行政机关滥用行政权力排除或者限制竞争；

（十）认为行政机关违法集资、摊派费用或者违法要求履行其他义务；

（十一）申请行政机关履行保护人身权利、财产权利、受教育权利等合法权益的法定职责，行政机关拒绝履行、未依法履行或者不予答复；

（十二）申请行政机关依法给付抚恤金、社会保险待遇或者最低生活保障等社会保障，行政机关没有依法给付；

（十三）认为行政机关不依法订立、不依法履行、未按照约定履行或者违法变更、解除政府特许经营协议、土地房屋征收补偿协议等行政协议；

（十四）认为行政机关在政府信息公开工作中侵犯其合法权益；

（十五）认为行政机关的其他行政行为侵犯其合法权益。

理解本条内容，需要结合本次行政复议法修订，从以下几个方面阐述：

（一）对行政机关作出的行政处罚决定不服

行政处罚，是指行政机关对于违反国家法律、法规，但是未构成犯罪的公民、法人或者其他组织给予制裁的行政行为。我国法律对于行政处罚实行法定原则，即只有法律或者法规明确规定的，才能实施行政处罚。需要注意的是，对行政处罚进行划分并不意味着，如果不属于行政处罚法规定的行政处罚种类就不能申请行政复议。行政处罚法列举规定行政处罚的种类的目的，在于对行政处罚进行分类规范，防止行政处罚太多太滥。如果法律和行政法规规定了其他种类的行政处罚的，也应当认定为行政处罚。例如，行政处罚法中虽然未列举驱逐出境的行政处罚，但是，出境入境管理法中就此作了规定，仍属于特别行政处罚的一种。如果公民、法人或者其他组织对行政机关作出的处罚性的行政行为不服，行政处罚法有明确规定的，可以按照行政处罚法规定的行政处罚种类申请行政复议；没有规定或者无法归类的，并不影响公民、法人或者其他组织的行政复议权利和行政复议机关的审理和决定权。

根据我国行政处罚法的规定，行政处罚主要包括以下几个类型：

1. 人身罚

所谓人身罚，是指限制或者剥夺行政相对人人身自由的行政处罚方式。人身罚的特点在于，行政机关通过使行政相对人人身自由受到限制，即短时间内失去人身自由的方式实施行政处罚。根据行政处罚法第 9 条的规定，人身罚仅仅指的是行政拘留。行政拘留，是指公安机关对于违反治安管理处罚法等法律、法规的行为人在短期内限制其人身自由的制裁方法。行政拘留是行政处罚种类中最为严重的一种处罚，必须严格掌握。行政处罚法第 10 条第 2 款规定，只有法律才能设定行政拘留，并规定行政拘留处罚只有公安机关才能实施，其他行政机关都不能实施。

2. 财产罚

财产罚，是指强迫行政相对人缴纳一定数额的金钱或者剥夺其原有财产的行政处罚。财产罚的主要特点在于，对行政相对人予以经济上的制裁或者剥夺，迫使其履行金钱给付义务。财产罚并不影响行政相对人的人身自由和其他活动，同时又起到了惩戒的作用，是目前适用最广泛的行政处罚。主要包括：

（1）罚款。罚款，是指行政机关依法强制行政相对人缴纳一定数量的金钱的一种行政处罚。通过罚款使当事人在经济上蒙受损失，从而达到纠正违法和教育行政相对人的目的。罚款不同于罚金。罚金是刑法上规定的一种附加刑。适用的对象主要是触犯刑法构成犯罪的、情节较为轻微的个人或者组织，适用罚金的机关只能是人民法院。行政处罚中罚款也不同于妨害诉讼强制措施的罚款，前者是一种行政处罚，后者是一种司法处罚。

（2）没收违法所得、没收非法财物。没收违法所得、没收非法财物，是指行政机关将行政相对人的非法所得或者非法财物强制无偿收归国有或者销毁的一种行政处罚。没收违法所得或者非法财物的，处罚机关不得私分截留和随意毁损，必须全部上缴国库或者按照国家的有关规定处理。所谓违法所得，主要是指行政相对人因从事违法活动而获得的金钱收入，如赌博收入。从事违法活动还包括行政相对人具有法律规定的从事某种经营活动的权利，但是超越经营权利的范围进行活动。即行政相对人经许可获得相应的许可证照，但是超出经营范围进行违法活动等。例如，房屋中介公司超越经营权利从事房屋买卖的行为，亦属于违法行为。所谓非法财物，主要是指没有合法来源的财物。主要包括：生产或者经营禁止生产或者经营的产品、物资，如淫秽光碟；无许可证生产或者经营应当经过许可才能生产经营的产品，例如，无许可证生产的卷烟；生产或者销售假冒伪劣产品，例如生产销售的盗版光盘、软件等；用于违法活动的工具，例如，管制刀具、赌博用具，等等。没收违法所得不同于刑罚中的没收财产。后者是刑法中规定的一种附加刑，是对犯罪分子个人所有的财产的一部分或者全部无偿收归国有的刑罚。

3. 能力罚

能力罚，又称为行为罚，是指对行政相对人的能权进行限制或者剥夺的一种惩罚措施。所谓能权，是指根据行政法律规范规定的物权之外的权利。例如，矿业权、渔业权等。在这里主要是指，经行政机关许可或者同意从事特定活动的权利。例如，行政相对人取得的经营权利、持有枪支的权利、驾驶车辆的权利，从事医务活动的权利，等等。能力罚的主要表现形式有：

（1）限制开展生产经营活动。限制开展生产经营活动，是指行政机关依法限制违反行政管理秩序的相对人从事新的生产经营活动或者扩大生产经营活动范围的行政处罚。主要包括责令停止接受新业务，在吊销许可证件、注销登记、解除协议或者撤销特许经营权后的一定期限内禁止开展相关生产经营活动等。

（2）责令停产停业。责令停产停业，是指行政机关作出的要求企业、事业单位、个体工商户在一定期限内停止生产或者经营的一种行政处罚。责令停产停业的处罚一般由工商管理行政机关、卫生管理行政机关、药品监督管理机关等作出。例如，工商机关对违反相关法律法规的企业作出停业整顿的处罚，卫生行政机关作出要求审查伪劣产品的企业停产、停业整顿，等等。责令停产停业与暂扣或者吊销许可证照不同。责令停产停业的效力是在停产停业期间，不得从事生产经营活动，但是证明其权利能力的许可证照并没有被剥夺。在符合相应的规定、标准或者经过一定的期限之后，其生产经营活动即可继续，无须重新申请许可证照。

（3）责令关闭。责令关闭，是指行政机关依法禁止违反行政管理秩序的当事人从事全部生产经营活动的行政处罚。例如，依法取缔属于责令关闭的类型。所谓依法取缔，是指行政机关依法取缔非法设立或者有违法行为的社会团体、组织的行政行为。例如，《社会团体登记管理条例》第 32 条规定，未经批准，擅自开展社会团体筹备活动，或者未经登记，擅自以社会团体名义进行活动，以及被撤销登记的社会团体继续以社会团体名义进行活动的，由登记管理机关予以取缔。再比如，《商业银行法》第 81 条规定，未经国务院银行业监督管理机构批准，擅自设立商业银行，或者非法吸收公众存款、变相吸收公众存款，构成犯罪的，依法追究刑事责任；并由国务院银行业监督管理机构予以取缔。责令关闭是一类较为严厉的行政处罚，在实践中应当依法慎重作出，主要集中在环境污染防治、娱乐场所管理等领域。

（4）限制从业。所谓限制从业，是指行政机关依法限制违反行政管理秩序的公民从事特定行业、特定职业或者岗位的行政处罚。执法实践中主要集中在药品管理、认证认可、公司管理领域。例如，公司法第 146 条规定：有下列情形之一的，不得担任公司的董事、监事、高级管理人员：（1）无民事行为能力或者限制民事行为能力；（2）因贪污、贿赂、侵占财产、挪用财产或者破坏社会主义市场经济秩序，被判处刑罚，执行期满未逾五年，或者因犯罪被剥夺政治权利，执行期满未逾五年；（3）担任破产清算的公司、企业的董事或者厂长、经理，对该公司、企业的破产负有个人责任的，自该公司、企业破产清算完结之日起未逾三年；（4）担任因违法被吊销营业执照、责令关闭的公司、企业的法定代表人，并负有个人责任的，自该公司、企业被吊销营业执照之日起未逾三年；（5）个人所负数额较大的债务到期未清偿，等等。

（5）暂扣许可证件、吊销许可证件。许可证和执照是行政机关发给行政相对人的准许行政相对人从事特定活动的书面文件，是行政相对人享有特定权利的凭证。暂扣、吊销许可证件，是指行政机关对行政相对人作出暂时扣留或者撤销相应行政许可证件的行政处罚。例如，道路交通安全法第 91 条规定，饮酒后驾驶机动车的，处暂扣 6 个月机动车驾驶证。暂扣，主要是指暂时扣留相应的许可证照。在这一点上，与责令停产停业类似。但是，责令停产停业主要针对的是从事生产经营活动的行政相对人，暂扣的范围则更广一些。暂扣通常有一定的期限。此外，暂扣有时还作为一种行政强制措施存在。例如，行政机关对于有违法嫌疑的人员暂扣相关的许可证件，就属于一种行政强制措施。

（6）降低资质等级。所谓降低资质等级，是行政机关对行政违法行为人已有的资格进行的处罚，从而达到限制行政相对人实施某种行为的目的。例如，《建设工程质量管理条例》第 75 条规定，本条例规定的责令停业整顿，降低资质等级和吊销资质证书的行政处罚，由颁发资质证书的机关决定，等等。

4. 申诫罚

申诫罚，是指行政机关向行政相对人提出警告或者谴责，申明其行为违法并教育行政相对人避免以后重犯的一种处罚方式。申诫罚的主要特点是通过对行政相对人精神或者名誉、信誉、商誉等方面的

惩戒，而非对其实体权益的剥夺或者限制。行政处罚法规定的申诫罚主要包括两种:

(1) 警告。所谓警告，是指行政机关对行政相对人提出告诫，使其认识到自己的违法行为和如何改正的一种行政处罚。警告是行政处罚中最轻的一种，主要适用于那些比较轻微、对社会危害程度危害不大的违法行为，警告一般可以当场作出。警告只是影响行政相对人的精神权益，具有一定的精神制裁作用。除了警告之外的其他行政处罚实际上处罚、制裁的强度要远远大于警告。例如，拘留或者罚款对行政相对人的制裁既包括人身性、财产性，同时也包括了精神性。因此，一般而言，只要作出了其他行政处罚的，无须将警告合并处罚。例如，无须作出行政拘留 15 天并给予警告的行政处罚。

(2) 通报批评。通报批评是一种独立的行政处罚种类。通报批评，是指行政机关对违法行为人在一定范围内通过书面批评加以谴责和告诫，指出其违法行为，避免其再犯。警告和通报批评不同，警告不能囊括通报批评。通报批评主要是针对行政相对人和行政相对人以外的其他公民、法人和其他组织，影响的范围和可能受到的损害程度并不相同。此外，谴责程度也比警告要重。

(二) 对行政机关作出的行政强制措施、行政强制执行决定不服

根据行政强制法第 2 条的规定，本法所称行政强制，包括行政强制措施和行政强制执行。行政强制措施，是指行政机关在行政管理过程中为制止违法行为，防止证据损毁，避免危害发生控制危险扩大等情形，依法对公民的人身自由实施暂时性强制，或者对公民，法人或者其他组织的财物实施暂时性控制的行为。行政强制执行，是指行政机关或者行政机关申请人民法院对不履行行政决定的公民法人或者其他组织，依法强制履行义务的行为。在行政法学上，将行政强制措施的种类划分为两种：限制人身自由和对财产的查扣冻措施。此外，

根据学术界的通说，行政强制措施还包括对行为的强制措施。

1. 限制人身自由的强制措施、对财产的查封、扣押、冻结措施、对行为的强制措施

限制人身自由的强制措施，是指行政机关对行政相对人采取限制其人身自由或者对其人身采取检查、留置盘问等强制手段。这类行政强制措施主要有：现场盘查、留置盘问、传唤和询问查证、人身检查、强制戒毒、强制约束、强制检疫、隔离治疗，等等。

对财产的强制措施，是指行政机关对行政相对人的财产采取的强制措施。主要包括：查封、扣押、冻结、划拨、扣缴、抵缴财产、强制拆除、登记保全、拍卖、变卖财产，等等。此外，对财产的强制措施还有强制销毁、强制收兑、强制结汇、强制拆迁、强制清除、强制检查，等等。

对行为的强制措施，是指行政机关针对不履行作为义务的行政相对人强迫履行作为义务的措施。主要包括：强制服役、强制带离或者强行驱散、强制许可，等等。

2. 直接强制措施和间接强制措施

根据强制手段是否直接作用于行政相对人的人身、财产或者行为，可以将行政强制措施分为直接强制措施和间接强制措施。

直接强制措施，是指在无法采取间接强制、采取间接强制成本较高或者采取间接强制仍然不能达到执行目的的情况下，行政机关直接对行政相对人的人身、财产或者行为采取强制手段，以期达到与义务人履行义务相同状态的行为。与间接强制措施相比，直接强制措施的适用范围更为广泛。直接强制措施主要有以下四个特点：一是直接性。直接性使强制措施与所要达到的行政效果之间关系紧密，具有直接意义。直接强制措施直接针对行政相对人的人身、财产或者行为，特别是对于具有人身专属性的情形，不能采取间接强制，只有直接强制才能实现行政管理的目的。二是补充性。一般而言，直接强制是在

间接强制措施难以达到目的才采用的方式。三是彻底性。行政强制的效果具有彻底性，往往针对行政相对人不履行义务本身，直接实现行政管理目标，无须通过代履行或者执行罚等间接强制方式。四是易侵犯性。由于直接强制的直接性和彻底性，直接强制也容易使行政相对人的合法权益受到侵害。因此，法律对直接强制的适用条件和程序等应当作出比较明确的规定和限制。直接强制一般包括即时拘留、扣留、冻结、划拨、扣缴、抵缴、使用警具警械，等等。

间接强制措施，是指行政机关通过采取间接手段促使义务人履行义务或者达到义务人履行义务相同的状态。间接强制措施主要有以下三个特点：一是间接性。间接强制措施是通过代履行或者执行罚等方式间接达致行政目标的实现。二是首选性。间接强制是首先采取的行政强制措施，只有在间接强制措施不能达到履行义务的情况下才能采取的措施。三是权利保障性。间接强制措施所具有的间接性可以保障行政相对人免受直接强制所具有的危害。

间接强制措施主要有两种：

一是代履行。又称为代执行，是指行政相对人不履行行政行为确定的义务而且该义务又可以由他人代为履行时，行政机关自行或者委托第三人代为履行，并向义务人收取必要费用的行政强制措施。代履行作为一种间接强制措施本质上是在义务人拒绝履行行政行为确定的义务的情况下，以他人代替履行的方式实现义务的内容。代履行的优点在于避免了行政机关在要求行政相对人履行义务时使用直接强制手段，从而减少直接强制的使用。缺点主要是能够代履行的义务只能是可替代性的义务，对于不可替代的、专属性较强的作为义务或者不作为义务，无法适用代履行。代履行的方法可以用在排除妨害、强制拆迁、强制拆除、恢复原状、强制修理、强制处置等义务的替代履行。

二是执行罚。又称为罚镑或者强制金，是指行政机关在行政相对人逾期不履行他人不能代替履行的义务时，以科处金钱给付义务的方式，促使其履行义务的强制执行方式。执行罚主要体现为征收滞纳金、滞报金、加处罚款等方式。执行罚在税务、海关、财务、审计等行政领域得到广泛运用。例如，根据行政处罚法第 72 条的规定，当事人逾期不履行行政处罚决定的，例如，到期不缴纳罚款的，作出行政处罚决定的行政机关可以采取每日按罚款数额的百分之三加处罚款的执行罚。执行罚一般适用于不可替代的作为义务和不作为义务。行政机关采用执行罚更有利于实现行政目的，特别是在责令停产停业、责令停业整顿之类的行政处罚，行政相对人不履行这类义务时，行政机关难以自行履行，也难以申请法院强制执行。因此，通过执行罚的方式连续不断地课予一定数额的金钱给付义务，可以对行政相对人造成一定的心理压力促使其自动履行。

（三）申请行政许可，行政机关拒绝或者在法定期限内不予答复，或者对行政机关作出的有关行政许可的其他决定不服

行政许可法第 2 条规定，行政许可，是指行政机关根据公民、法人或者其他组织的申请，经依法审查，准予其从事特定活动的行为。行政机关颁发许可证照的行为实际上就是行政许可行为。行政许可行为直接决定着申请许可的公民、法人或者其他组织能否从事某项生产经营等方面的活动，直接影响着其合法权益能否得到实现。“拒绝”，是指行政机关明确表示不同意颁发行政许可证照，这是行政机关的一种作为的表现。拒绝的原因可能是行政机关认为行政相对人不符合相应的申请条件或者故意刁难行政相对人，而书面或者口头对申请人的申请作出的拒绝行为。“不予答复”，是指行政机关既不表示同意也不表示不同意，总处于拖延的不确定状态，这是行政机关的一种不作为的表现。不予答复是一种应当作为而不作为的状态，不具有合法性。

前述规定主要是针对行政许可行为作出的规定，而非局限于行政许可的不作为行为。这里的行政许可行为并非仅仅包括行政许可不作为行为，同时还包括行政许可的作为行为。根据行政许可法第 7 条的规定，公民、法人或者其他组织对行政机关实施行政许可，有权依法申请行政复议。本项规定的“行政机关作出的有关行政许可的其他决定”主要包括：行政机关作出的准予、变更、延续行政许可的决定；行政机关作出的吊销、撤回、撤销、注销行政许可行为；行政许可案件中的违法收费行为；行政许可案件中的行政处罚行为；行政许可案件中的其他不作为行为；行政许可行为违反法定程序的行为；行政赔偿和行政补偿。

此外，结合行政复议法的规定，对于以下行政许可事项，不属于行政复议范围：一是内部行为。有关行政机关对其他机关或者对其直接管理的事业单位的人事、财务、外事等事项的审批，不属于行政复议范围。二是国务院的行政许可行为。例如，行政许可法第 52 条规定，国务院实施行政许可的程序，适用有关法律、行政法规的规定。根据行政复议法的规定，国务院的行政行为不属于行政复议范围。三是高度人性化的行政许可。在行政许可中，主要涉及提供公众服务并且直接关系公共利益的职业、行业，需要确定具备特殊信誉、特殊条件或者特殊技能等资格、资质的事项。高度人性化行政许可主要是指资格考试。即赋予公民特定资格，依法应当举行国家考试的，行政机关根据考试成绩和其他法定条件作出行政许可决定；赋予法人或者其他组织特定的资格、资质的，行政机关根据申请人的专业人员构成、技术条件、经营业绩和管理水平等的考核结果作出行政许可决定。这些考试结果需要考察者的个人判断，行政复议人员在对于这类事项的判断上并无特殊优势，因此不宜纳入行政复议范围。四是专业技术鉴定行为。对直接关系公共安全、人身健康、生命财产安全的设备、设施、产品、物品的检验、检测、检疫，除法律、行政法规规定由行政机关实施的外，应当逐步由符合法定条件的专业技术组织实施。专业技术组织及其有关人员对所实施的检验、检测、检疫结论承担法律责任。这类行为主要是行政机关之外的专业技术组织实施的，法律责任亦由专业技术组织承担。行政机关只是以此作为依据，并非行政机关的行政行为，不属于行政复议范围。

（四）对行政机关作出的关于确认自然资源的所有权或者使用权的决定不服

此项借鉴了修改后的行政诉讼法关于“确认自然资源的所有权或者使用权的决定不服”属于行政诉讼受案范围的规定。根据土地管理法、草原法、森林法、渔业法、矿产资源法等法律的规定，对土地、矿藏等自然资源所有权或者使用权予以确认和核发证书，是县级以上各级人民政府的法定职权。公民、法人或者其他组织对各级政府关于确认土地、矿藏、水流、森林、山岭、草原、荒地、滩涂、海域等自然资源所有权或者使用权的决定不服的，属于行政复议范围。该项规定的自然资源中增加了宪法中没有明确列举的“海域”，包括在宪法规定的“等”之内。

按照相关法律的规定，确认自然资源所有权或者使用权包括两种形式：第一种，直接确认。对于土地，土地管理法规定土地所有权除由法律规定为集体所有的农村或者郊区土地、宅基地、自留山外，均为国家所有；使用权则由有关政府批准划拨、有偿转让或者因依法承包经营取得。对于矿藏，矿产资源法规定矿产资源为国家所有，使用权（如探矿权、采矿权）须经国家批准。矿产资源法规定，矿产资源属于国家所有，由国务院行使国家对矿产资源的所有权。对于矿产资源的使用权，矿产资源法规定，勘查、开采矿产资源，必须依法分别申请、经批准取得探矿权、采矿权，并办理登记，等等。第二种，因发生争议而确认。土地管理法第 14 条、水法第 36 条、森林法第 22 条、草原法第 16 条、渔业法第 10 条等法律规定，因权属和使用发生纠纷和争议的，由人民政府或者有关部门处理，这种处理决定是确认所有权和使用权的另一种形式。公民、法人或者其他组织对行政机关确认自然资源所有权或者使用权的决定不服的，可以申请行政复议。

（五）对行政机关作出的征收征用决定及其补偿决定不服

此项借鉴了修改后的行政诉讼法关于“行政机关作出的征收征用决定及其补偿决定”属于行政诉讼受案范围的规定。行政征收是行政机关为了公共利益的需要，依法强制取得财产所有权，并给予相应补偿的行政行为。对于这种行为的可诉性，一些法律法规有明确的规定。例如，《国有土地上房屋征收与补偿条例》第 14 条规定，被征收人对市、县级人民政府作出房屋征收决定不服的，可以依法申请行政复议，也可以依法提起行政诉讼。行政征用则是行政机关为了特定的行政管理目的，依法强制取得他人财产或者对有关劳务进行征用，并给予相应补偿的行政行为。

关于本项规定的“征收征用决定及其补偿决定”中“决定”之间的关系问题。从字面上看，补偿决定须与征收、征用决定相联系，且不意味着所有的补偿决定都纳入到行政复议范围。应当说，在大多数情况下，补偿决定属于可以复议的行政行为。“唇齿条款”是征收征用补偿的重要前提，是指行政征收征用必须在法律规定了征收补偿的额度和种类时，才能进行，即所谓“无补偿无征收”。实际上，行政征收征用的侵害补偿也是从牺牲补偿请求权派生出来的概念，两者有序位关系。对于征收征用的补偿采取的形式，一般在具体的法律中予以规定。有的规定采取补偿协议和补偿决定相结合的方式。例如，《国有土地上房屋征收与补偿条例》第 25 条规定，房屋征收部门与被征收人依照本条例的规定，就补偿方式、补偿金额和支付期限、用于产权调换房屋的地点和面积、搬迁费、临时安置费或者周转用房、停产停业损失、搬迁期限、过渡方式和过渡期限等事项，订立补偿协议。第

26 条规定，房屋征收部门与被征收人在征收补偿方案确定的签约期限内达不成补偿协议，或者被征收房屋所有权人不明确的，由房屋征收部门报请作出房屋征收决定的市、县级人民政府依照本条例的规定，按照征收补偿方案作出补偿决定，并在房屋征收范围内予以公告。补偿决定应当公平，包括本条例第 25 条第 1 款规定的有关补偿协议的事项。被征收人对补偿决定不服的，可以依法申请行政复议。可见，对于补偿决定，行政法规认为其属于独立的行政行为，可以单独提起行政复议，不能将其理解为只能与征收征用决定一并申请行政复议。

（六）对行政机关作出的赔偿决定或者不予赔偿决定不服

行政赔偿属于国家赔偿。从世界范围来看，行政赔偿义务机关对赔偿请求的处理方式包括作出赔偿决定和订立赔偿协议两种。国家赔偿法第 13 条第 1 款规定，行政赔偿义务机关应当充分听取赔偿请求人的意见，并可以在法律规定的范围内与赔偿申请人就赔偿方式、赔偿项目和赔偿数额进行协商，但协商的结果最终仍然以赔偿决定的方式作出。第 2 款规定，赔偿义务机关决定赔偿的，应当制作赔偿决定书，并自作出决定之日起 10 日内送达赔偿请求人。行政赔偿决定的内容，主要是确定赔偿方式、项目和数额。第 3 款规定，行政赔偿义务机关决定不予赔偿的，也应当自作出决定之日起 10 日内，书面通知赔偿请求人，并说明不予赔偿的理由。不予赔偿的理由通常是，赔偿申请超过了两年的请求国家赔偿的时效、不属于国家赔偿法规定的赔偿范围、属于国家赔偿的法定免责情形等。这是国家赔偿法关于赔偿决定和不予赔偿决定的规定。

国家赔偿法第 13 条第 1 款还规定，行政赔偿义务机关应当自收到申请之日起两个月内作出是否赔偿的决定。行政赔偿义务机关逾期不作出赔偿决定的，公民、法人或者其他组织得申请行政复议。即除了赔偿决定、不予赔偿决定属于行政复议范围外，不作为亦属于行政复议范围。

（七）对行政机关作出的不予受理工伤认定申请的决定或者工伤认定结论不服

工伤认定是社会保险行政部门根据职工及用人单位的申请，按照《工伤保险条例》规定的条件，在法定期间内作出是否赔付工伤保险待遇的行政确认行为。修订前的行政复议法没有明确不予受理工伤认定申请的决定或者工伤认定结论是否属于行政复议范围。在行政复议实践中，对于这两类行政行为的可复议性没有争议，本次行政复议法修订明确规定其属于行政复议范围。《工伤保险条例》第 55 条规定，有下列情形之一的，有关单位或者个人可以依法申请行政复议，也可以依法向人民法院提起行政诉讼：申请工伤认定的职工或者其近亲属、该职工所在单位对工伤认定申请不予受理的决定不服的；申请工伤认定的职工或者其近亲属、该职工所在单位对工伤认定结论不服的等等。在工伤认定类案件中，被申请复议的行政行为一般为劳动和社会保障行政机关作出的工伤认定决定书或者不予认定决定书。行政复议机关通过对不予受理工伤认定申请的决定或者工伤认定结论的合法性、适当性进行审查，监督社会保险行政部门依法行政，维护职工和用人单位的合法权益。

（八）认为行政机关侵犯其经营自主权或者农村土地承包经营权、农村土地经营权

在行政复议法修订时，本项增加了“农村土地承包经营权”“农村土地经营权”两种权利类型。农村土地承包经营权，是指农村土地承包人对其依法承包的土地享有占有、使用、收益和一定处分的权利。根据农村土地承包法的规定，承包方享有下列权利：依法享有承包地

使用、收益和土地承包经营权流转的权利，有权自主组织生产经营和处置产品；承包地被依法征用、占用的，有权依法获得相应的补偿；法律、行政法规规定的其他权利。对于相对人不服行政机关侵犯其农村土地承包经营权的行为不服，依据农村土地承包法等法律的规定申请行政复议的，行政复议机关应当立案。随着农村土地承包经营权流转改革的推进，侵犯农村土地经营权的行为也应当纳入行政复议范围。所谓农村土地流转，是指农村家庭承包的土地通过合法的形式，保留承包权，将经营权转让给其他农户或其他经济组织的行为。农村土地流转是农村经济发展到一定阶段的产物，通过土地流转，可以开展规模化、集约化、现代化的农业经营模式。将行政机关侵犯经营自主权、农村土地承包经营权、农村土地经营权行为纳入行政复议范围，有利于保障农村土地承包人、农村土地承包经营权人的合法权益。

（九）认为行政机关滥用行政权力排除或者限制竞争

本项是借鉴了行政诉讼法关于受案范围的相关规定。根据反垄断法第五章的规定，“滥用行政权力排除或者限制竞争”的行为主要包括以下六种：

1. 指定交易行为。即行政机关滥用行政权力，限定或者变相限定单位或者个人经营、购买、使用其指定的经营者提供的商品。实践中，有的行政机关为了地方经济利益或者为了本单位、本部门的团体利益，采取明确的或者变相的手段实施指定交易行为。有的行政机关“明确”要求单位或者个人经营、购买、使用其指定商品。例如，有的公安交通部门强制车主到指定验车场验车等。也有的行政机关采取“变相”手段达到上述目的。例如，行政机关在经营者办理许可、登记等手续时，对经营、购买、使用其指定的经营者提供的商品的单位或者个人优先办理，对于拒绝经营、购买、使用其指定经营者的商品的单位或者个人无理拖延或者拒不办理，迫使单位或者个人接受指定商品。

2. 限制商品流通。即行政机关滥用行政权力实施下列行为，妨碍商品在地区之间的自由流通。主要表现是：对外地商品设定歧视性收费项目、实行歧视性收费标准，或者规定歧视性价格；对外地商品规定与本地同类商品不同的技术要求、检验标准，或者对外地商品采取重复检验、重复认证等歧视性技术措施，限制外地商品进入本地市场；采取专门针对外地商品的行政许可，限制外地商品进入本地市场；设置关卡或者采取其他手段，阻碍外地商品进入或者本地商品运出；妨碍商品在地区之间自由流通的其他行为。

3. 排除或者限制招标投标。即行政机关滥用行政权力，以设定歧视性资质要求、评审标准或者不依法发布信息等方式，排斥或者限制外地经营者参加本地的招标投标活动。

4. 排斥或者限制投资或者设立分支机构。即行政机关滥用行政权力，采取与本地经营者不平等待遇等方式，排斥或者限制外地经营者在本地投资或者设立分支机构。大多数情况下，行政机关会采取措施吸引投资。但在特定情况下，有些稀有资源、对地方经济影响较大的项目等，行政机关可能排斥外地经营者在本地投资。例如，禁止或者限制外地企业对本地企业的收购；增加对外地企业资金来源及运用的审查次数等。

5. 强制经营者从事垄断行为。即行政机关滥用行政权力，强制经营者从事本法规定的垄断行为。强制经营者从事本法规定的垄断行为，是指行政机关滥用行政权力，强令经营者达成固定价格、划分市场、限制数量等垄断协议，或者强令具有市场支配地位的经营者从事高卖低买，歧视待遇等属于滥用市场支配地位的行为。

6. 制定相关排除限制规定。即行政机关滥用行政权力，制定含有排除、限制竞争内容的规定。实践中，行政机关经常采用制定政府规章或者其他规范性文件排除限制竞争，作为实施的“法定依据”，必须加以规范。当然，这里的“规范性文件”应当排除规章和规章以上规范性文件。对于规章以下规范性文件，虽然其采取了规范性文件的形式，但由于其含有排除、限制竞争的内容，针对的对象、事项均是特定的，属于可以复议的行政行为。

（十）认为行政机关违法集资、摊派费用或者违法要求履行其他义务

与修订前的行政复议法相比，本项删除了“征收财物”情形，其余未作修改，表述方式与行政诉讼法一致。本项是关于“违法要求履行义务”的情形。行政机关违法要求履行义务，常见的包括非法征税、乱摊派、乱收费，等等。这里的“违法”不仅包括违反法律，还包括违反法律以下的规范性文件；不仅包括违反行政实体方面的法律规范，也包括行政程序方面的法律规范；不仅包括超越法律规定的职权范围，也包括滥用法律规定职权；不仅包括法律的具体规定，还包括法律规定的基本精神和基本原则。从行政法原理上讲，违法的行政处罚、违法的行政强制、侵犯企业经营自主权的行为亦属于行政机关违法课予相对人负担或者违法要求履行义务之情形。但是，两者之间的侧重点存在重大差别。例如，对于行政处罚而言，行政机关之所以要求行政相对人履行缴纳罚款等义务，原因在于行政机关认为行政相对人的行为具有可惩罚性和可制裁性。也就是说，行政处罚和此处的“行政机关违法要求履行义务”的目的和针对的对象并不一致。对于行政处罚而言，行政相对人的违法行为在先，行政处罚行为在后；但是，对于“行政机关违法要求履行义务”而言，行政机关主动要求履行义务的行为在先。当然，可能有人会就此认为，如果行政相对人本身并无作为或者并无违法行为的情况下，行政机关作出行政处罚行为的，是否也可以属于此处的“行政机关违法要求履行义务”？通论认为，立法者将行政处罚、行政强制、侵犯企业经营自主权等涉及行政相对人义务的行为单列，主要考虑到了这种行政行为比较重要，数量也比较多。事实上，行政复议法对于行政复议范围的列举只是具有提示作用，并不是严格地对行政行为的分类。如果行政行为属于行政复议法列举的事项，应当以该行政行为申请行政复议；如果行政复议法没有列举的，可以以“行政机关违法要求履行义务”为由申请行政复议。从这个意义上讲，本项规定似有兜底条款之意。

（十一）申请行政机关履行保护人身权利、财产权利、受教育权利等合法权益的法定职责，行政机关拒绝履行、未依法履行或者不予答复

本项是关于行政不作为属于行政复议范围的规定。本项内容与修订前行政复议法的主要区别在于，将“人身权利、财产权利、受教育权利”修改为“人身权利、财产权利、受教育权利等合法权益”。这就意味着，对于不作为案件涉及的权利从完全列举式的“人身权利、财产权利、受教育权”修改为不完全列举的“人身权利、财产权利、受教育权利等合法权益”，进一步扩大了行政不作为案件的范围。行政机关是国家的行政管理机关，既具有管理社会公共事务的权力，同时也有保障行政相对人合法权益的法定职责和行政义务。所谓拒绝履行、未依法履行或者不予答复，是指行政机关依法负有保护公民人身权、财产权、受教育权等合法权益的法定职责，应当履行而不履行的不作为行为。

本项规定的“申请行政机关履行”，意味着行政不作为一般是行政相对人主动申请行政机关履行法定职责。在绝大多数情况下，只有行政相对人申请行政机关履行保护人身权、财产权的，行政机关才能作出一定的行政行为。因为行政相对人通常对于涉及自身权益的事项较为关注，也比较了解。行政相对人如果认为其人身权、财产权、受教育权可能或者正在受到损害的，通常会寻求行政机关的行政救济。一般来说，行政相对人不提出申请的，行政机关无法知晓行政相对人权益是否受到侵害以及受到何种侵害，因此，行政相对人应当提出相应的申请。但是，在司法实践中，如果行政机关具有相应的主动查处违法行为法定职责的，行政机关是否仍然需要行政相对人申请则不无疑问。例如，警察路遇歹徒抢劫而避而远之。此时，警察已经知晓相应的行政管理之需要，自己应当履行职责，应当主动作出援救行为。亦有观点认为，此种情形属于“拟制申请”。在这种情况下，警察不作出相应的行政行为的，不能以受害人未提出申请而敷衍塞责。因此，这一条件不能作过于严格的解释。

“法定职责”的概念非常宽泛，与具体法律规范关系十分紧密。“法定”是“法律规定的、确定的、认可的”之意。这一理解主要包括以下三点含义：一是应当对“法定”中的“法”进行较为宽松的理解。“法”不仅包括宪法，还包括宪法以下的各类规范性文件。宪法的规定具有最高的法律效力。宪法以下的规范性文件如果设定了行政职责，那就意味着行政机关应当按照相应的规定认真履行。如果层级较低的规范性文件规定了行政职责，在行政复议中又不承认行政机关应当履行这种职责，将使行政机关的公信力遭受损失。二是应当注意具体法律规范的立法目的。一般而言，凡是要求行政机关履行法定职责的法律规范，其立法目的主要是保护行政相对人的利益。对行政职责的规定不是可有可无的，而是具有法定的效力。如果不按照法律规范的要求实施，将导致不利的法律后果。三是“法定”并不仅意味着法律规定，还意味着法律确定或者认可。法律对于行政职权以及行政职责往往有着明确的规定，但是对于行政机关应当承担的行政义务却不一定有明确的规定。例如，行政机关的注意义务、附随义务、合同义务，等等，法律不一定都作明确的规定。但是，这些规定也属于行政机关必须要履行的行政义务。所谓“职责”，是指职务、职权和责任，是因其职务而承担相应的责任。一般而言，享有职权者必须承担相应的责任，即“有权力者，有责任。”行政机关具有相应的法定职责，就有作出行政行为的义务。例如，行政相对人向税务机关申请税务登记，税务机关应当进行税务登记。如果行政机关没有相应的法定职责，则没有作出行政行为的义务。例如，行政相对人向工商行政管理机关申请税务登记，税务机关就无法作出行政行为，因为工商行政管理机关并无相应的职权。

“拒绝履行”是一种明示的作为行为。因此，拒绝履行实际上是一个否定性的行政行为，得为行政复议撤销决定之标的。但是，这种拒绝履行的“作为”行为又与通常的作为类的行政行为有着较大的不同。因为从行政相对人的角度而言，拒绝履行、未依法履行的法律效果和不予答复的法律效果几乎没有什么区别，因为行政相对人得到的都是“零”。从这个意义上讲，“拒绝履行”属于形式上的作为，实质上的不作为。“未依法履行”是一种瑕疵履行的作为行为。主要包括：不完全履行、拖延履行、部分履行、受领迟延、加害履行等。“不予答复”是一种在形式上和实质上都不作为的情形。在形式上，行政机关并未对行政相对人作出任何有意思表示的行为；在实质上，行政机关没有作出任何具有法律约束力的行政行为。“不予答复”的情形主要包括：①完全置之不理。即行政机关对于行政相对人的申请没有任何意思表示或者超过法定期限之后仍然没有答复。②不完全答复。即行政机关对于行政相对人的部分申请作了答复，部分申请没有答复。③拖延答复。即行政机关对行政相对人的申请超过法定的期限答复。④推拖答复。即行政机关以办事人员不在或者正在研究等借口，对行政相对人的申请不予实质性的答复。

（十二）申请行政机关依法给付抚恤金、社会保险待遇或者最低生活保障等社会保障，行政机关没有依法给付

本项是关于行政给付不作为的规定。所谓行政给付，是指国家承担的保障人民获得物质帮助的权利。现代国家除了承担传统的保障社会和人民安全之外，还要给予各种形式的给付。国家提供给付的形式可以是通过行为的给付（例如，兴办教育），也可以是通过金钱、物品的给付（例如，提供最低生活保障金），等等。一般来说，行政给付涉及行政相对人基本的生存权，对于不服行政机关在行政给付方面的作为或者不作为行为的，行政相对人得申请行政复议。例如，根据《城市居民最低生活保障条例》第 15 条的规定，城市居民对县级人民政府民政部门作出的不批准享受城市居民最低生活保障待遇或者减发、停发城市居民最低生活保障款物的决定或者给予的行政处罚不服的，可以依法申请行政复议；对复议决定仍不服的，可以依法提起行政诉讼。

本项规定的“抚恤金、社会保险待遇或者最低生活保障等社会保障”属于不完全列举。也就是说，只要属于社会保障的给付不作为，均得申请行政复议。抚恤金，是指军人、国家机关工作人员、参战民兵、民工、因参加军事演习、军事训练和执行军事勤务伤亡的预备役人员、民兵、民工以及其他人员的等因公牺牲或者伤残，由民政部门依法对死者的家属或者伤残者发给的费用。社会保险待遇，是指对于年老、疾病、失业等特定人员提供的保险待遇。我国的社会保险包括养老保险、医疗保险、失业保险、伤残保险、生育和疾病保险五种保险，社会保险金主要包括：基本养老保险金、基本医疗保险金、失业保险金、养老保险金、工伤保险金、生育保险金等。其中，最基本的社会保险金包括基本养老保险金、基本医疗保险金、失业保险金三种。最低生活保障费，是指对符合条件的城市居民提供的最低生活费用。持有非农业户口的城市居民，凡共同生活的家庭成员人均收入低于当地城市居民最低生活保障标准的，均有从当地人民政府获得基本生活物质帮助的权利。

本项规定的“没有依法给付”的情形主要包括：行政机关没有按照法定数额发给的；行政机关拒绝发给的；行政机关对于发放的申请不予答复的；行政机关没有在法定期限发给的；行政机关应当一次性发给而分批发给的；行政机关停发的；等等。

（十三）认为行政机关不依法订立、不依法履行、未按照约定履行或者违法变更、解除政府特许经营协议、土地房屋征收补偿协议等行政协议

本项是行政复议法修订的新增内容，借鉴了行政诉讼法有关规定。行政诉讼法第 12 条第 1 款第 11 项规定“认为行政机关不依法履行、未按照约定履行或者违法变更、解除政府特许经营协议、土地房屋征收补偿协议等协议的”，属于行政诉讼受案范围。与行政诉讼法的规定相比，本次修订主要有两个变化：一是增加了“不依法订立”的违约情形；二是在法律层面首次明确了“行政协议”术语。

修订前的行政复议法第 6 条规定，公民，法人或者其他组织认为行政机关变更或者废止农业承包合同侵犯其合法权益的，有权依照本法申请行政复议。有意见曾经认为，这是关于行政协议具有可复议性的最早的、直接的法律依据。实际上，从参与立法的学者的论述来看，可复议的标的主要是行政机关在农业承包合同领域的“单方侵权行为”，而非违约行为、合同本身等。[1] 修改后的行政诉讼法首次将行政协议明确纳入行政诉讼受案范围。根据《最高人民法院关于审理行政协议案件若干问题的规定》第 1 条的规定，所谓行政协议，是指行政机关为了实现行政管理或者公共服务目标，与公民、法人或者其他组织协商订立的具有行政法上权利义务内容的协议。

“不依法订立”，是指行政机关依法应当与行政相对人订立协议而不订立。根据法律规定，行政机关应当与竞得人订立协议但行政机关拒绝订立，参与竞争性活动的公民、法人或者其他组织可以申请行政复议。例如，招标投标法第 46 条规定，招标人和中标人应当自中标通知书发出之日起 30 日内，按照招标文件和中标人的投标文件订立书面合同。这就确立了在竞争性活动中，行政机关与中标人订立行政协议的法定义务。类似地，拍卖法第 52 条规定，拍卖成交后，买受人和拍卖人应当签署成交确认书。需要注意的问题是：第一，这里的“依法”也包括依照法律法规规章规定的依照协议的“约定”订立行

1 这些行为主要体现为，行政机关采取行政手段解除未到期的承包合同、单方面撕毁合同、随意提高承包费变相干涉签订承包合同等。对于这些“行政行为”，具有可复议性。参见乔晓阳主编：《中华人民共和国行政复议法条文释义及实用指南》，中国民主法制出版社 1999 年版，第 56 页；曹康泰主编：《中华人民共和国行政复议法释义》，中国法制出版社 1999 年版，第 34 页。

2 已修改。

政协议。例如，原国土资源部《招标拍卖挂牌出让国有土地使用权规定》[2]第21条规定，中标人、竞得人应当按照成交确认书约定的时间，与出让人签订国有土地使用权出让合同。再比如，《河南省城镇国有土地使用权出让和转让管理规定》第19条规定："出让方按照招标文书规定的程序确定中标者后，发出中标通知书，中标者在中标通知书规定的期限内与出让方签订出让合同。"第20条规定："竞投得主应按拍卖文书规定与出让方签订出让合同。"第二，行政机关依法应当订立而拒绝订立，意味着行政机关尚未与他人订立行政协议。公民、法人或者其他组织可以请求行政复议机关决定行政机关依法履行订立行政协议的义务。

本项规定的"不依法履行"和"未按照约定履行"从字面上看是并列的，两者存在相互补充的关系。行政机关在行政协议中的履行义务，有的是体现在行政协议当中，有的还没有体现在行政协议当中。体现在行政协议当中的，有可能是行政协议约定的义务，也可能是法定义务；而没有体现在行政协议当中的，可能是无须在行政协议当中体现的法定义务，两者互为补充。从行政复议法的表述来看，并无将"不依法履行"与"未按照约定履行"两者对立起来的意图，两者之间有重合之处，但也不是包含关系。应当说，行政复议法的这一规定是例示性的规定，目的在于能够较为全面地反映行政机关"不履行义务"的各种形态。如果行政机关违反行政协议约定的义务，该约定义务并非法定义务的，属于"未按照约定履行协议"；如果行政机关违反法定义务，且反映在行政协议约定中的，考虑到行政法律规范的优先适用性，应当认定属于"不依法履行"；如果行政机关违反法定义务，且该义务未在行政协议中约定的，应当认定属于"不依法履行"。这也就是所谓"法定义务优先"规则。

"不依法履行、未按照约定履行"统称为"不履行义务"。主要情形包括：第一，不履行行政法律规范规定的义务。这种情形是指，有些行政法律规范对行政机关的义务作了规定，这些规定之后载于或者未载于行政协议中，行政机关违反这些义务的，属于“不履行法律法规规章”规定的义务。第二，不按照行政法律规范规定的程序履行义务。有的行政法律规范规定了行政机关必须履行的行政程序义务。行政机关在订立行政协议过程中，确定合同另一方当事人，应当遵守按照行政程序中“公开公平公正”的原则进行。行政机关违反这些程序义务的，也属于不按照行政法律规范规定的程序履行义务。第三，预期违约。也称为先期违约，是指在协议履行期限到来之前，一方无正当理由明确表示其在履行期到来后将不履行协议，或者以其行为表明其在履行期到来后将不可能履行协议。第四，不履行。按照协议是否履行与履行的实际状况，不履行可以分为协议的不履行和协议的不适当履行。协议的不履行，是指当事人不履行协议义务，包括拒绝履行和履行不能。前者是指行政机关能够履行协议而故意不履行；后者是指因不可归责于行政机关的事由导致的事实上的不可能履行。第五，协议的不适当履行。又称为不完全给付、瑕疵履行，是指行政机关履行协议义务不符合约定的条件。协议的不适当履行又分为一般瑕疵履行和加害履行。一般瑕疵履行是指行政机关履行协议有一般瑕疵。加害履行是指行政机关履行协议不仅存在瑕疵而且造成行政相对人的人身权、财产权等合法权益的损害等。例如，行政机关与行政相对人签订某煤矿的采矿经营权。行政相对人在经营过程中发现，其所经营的煤矿属于关停并转的煤矿，之后该煤矿被关闭。第六，迟延履行。是指行政机关超过履行期限履行协议的情形。

“违法变更、解除”，是指行政机关违反法律规定单方面作出的变更、解除行政协议的行为。如果法律规范规定了行政机关可以单方变更解除协议，行政机关实施单方变更解除行为的，属于单方行政行为。我国尚未制定行政程序法，没有关于行政协议中行政机关的权力的规定。在行政协议中，行政机关单方变更解除协议，必须有行政法律规范的依据。当然，由于行政协议制度正在发展和完善过程中，相关法律规范对单方解除变更协议的规定比较少见。一些法律规范中能够推导出行政机关可以解除行政协议。例如，《城镇国有土地使用权出让和转让暂行条例》第 17 条第 2 款规定，未按合同规定的期限和条件开发、利用土地的，市、县人民政府土地管理部门应当予以纠正，并根据情节可以给予警告、罚款直至无偿收回土地使用权的处罚。行政机关既然可以罚款甚至无偿收回土地使用权，单方解除行政协议的权力就属于行政机关行使行政优益权的单方行政行为了。对于这种行为应当认定为单方行政行为，适用行政法律规范的规定。此外，如果行政机关与行政相对人可以约定变更、解除协议，行政机关违反约定变更解除行政协议的，行政相对人也可以申请行政复议。

“政府特许经营协议”，是指行政机关在有限自然资源开发利用、公共资源配置以及直接关系公共利益的特定行业的市场准入等领域，与公民协商一致，授予其参与公共工程或者基础设施建设的特许权的协议。一般来说，行政机关通过颁发授权书或者签订协议的形式，授予公民或者企业特许权，由私人开采国家所有的资源或者建设政府监管的公共基础设施项目。私人在获得政府许可的经营权后，承担有关设施的修建、更新改造及经营责任，全部费用均由私人承担，从开发、利用资源中回收成本并赢得利润。在特许合同期满后，私人应当将所有设施交还政府有关部门。我国的政府特许经营协议广泛运用在城市基础设施建设、城市供水、供气、供热、污水处理、垃圾处理、城市公共交通等领域。

“土地征收补偿协议”，是指政府依法征收农村集体所有的土地，并就补偿与相对人达成的协议。根据土地管理法的规定，征收土地的，按照被征收土地的原用途给予补偿，该法还规定了补偿的项目和标准。虽然该法没有规定土地征收补偿采取协议的方式，但实践中也有以协议方式确定补偿。采取协议方式确定补偿，有利于减少纠纷，将来可以成为制度化的土地征收补偿方式。房屋征收补偿是行政机关征收国有或者集体土地上的房屋所给予的补偿。征收国有土地上的房屋，根据《国有土地上房屋征收与补偿条例》规定，可以采取订立补偿协议的方式。房屋征收部门与被征收人依照条例的规定，就补偿方式、补偿金额和支付期限、用于产权调换房屋的地点和面积、搬迁费、临时安置费或者周转用房、停产停业损失、搬迁期限、过渡方式和过渡期限等事项，订立补偿协议。补偿协议订立后，一方当事人不履行补偿协议约定的义务的，另一方当事人可以依法提起诉讼。[1] 对于行政，亦是如此。

（十四）认为行政机关在政府信息公开工作中侵犯其合法权益

本项是根据修改后的《政府信息公开条例》的规定增加的内容。《政府信息公开条例》第 51 条规定，公民、法人或者其他组织认为行政机关在政府信息公开工作中侵犯其合法权益的，可以向上一级行政机关或者政府信息公开工作主管部门投诉、举报，也可以依法申请行政复议或者提起行政诉讼。“认为行政机关在政府信息公开工作中侵犯其合法权益”主要包括：

1. 向行政机关申请获取政府信息，行政机关答复不予公开、所申请的政府信息不存在、不予处理或者逾期不予答复的。《政府信息公开条例》规定了行政机关对公民、法人或者其他组织的公开信息或者答复义务，确立了行政机关的主动公开义务和依申请公开政府信息的义务。主动公开是行政机关根据法律的规定和本行政机关的职权，在政府信息形成以后，主动向社会公开有关信息内容，是行政机关主动实施的信息公开行为；依申请公开是行政机关根据公民、法人和其他组织的申请，依法提供所掌握的政府信息。主动公开是为了满足社会公众普遍的信息需求，是行政机关对社会公众的点对面服务；依申请

1 袁杰主编：《中华人民共和国行政诉讼法解读》，中国法制出版社 2014 年版，第 43~44 页。

公开是为了满足特定公民、法人或者其他组织自身需求，是行政机关对有特殊需求人群的点对点服务。主动公开是政府信息公开的主要方式。公民、法人或者其他组织向国务院部门、地方各级人民政府及县级以上地方人民政府部门申请获取相关信息，上述部门具有提供或者答复的义务。对于提供义务，根据《政府信息公开条例》第 40 条的规定，行政机关依申请公开政府信息，应当按照申请人要求的形式以及行政机关保存政府信息的实际情况，确定提供政府信息的具体形式；按照申请人要求的形式提供政府信息，可能危及政府信息载体安全或者公开成本过高的，可以通过电子数据以及其他适当形式提供，或者安排申请人查阅、抄录相关政府信息。根据便民原则，行政机关依申请公开政府信息，从提供政府信息的形式上而言，首先应当按照申请人要求的形式予以提供，做到尽量为公民、法人或者其他组织提供方便。从效率原则出发，可以通过安排申请人查阅相关资料、提供复制件或者其他适当形式提供申请人所需要的政府信息。对于答复义务，根据《政府信息公开条例》第 36 条的规定，对政府信息公开申请，行政机关根据下列情况分别作出答复：(1) 所申请公开信息已经主动公开的，告知申请人获取该政府信息的方式、途径；(2) 所申请公开信息可以公开的，向申请人提供该政府信息，或者告知申请人获取该政府信息的方式、途径和时间；(3) 行政机关依据本条例的规定决定不予公开的，告知申请人不予公开并说明理由；(4) 经检索没有所申请公开信息的，告知申请人该政府信息不存在；(5) 所申请公开信息不属于本行政机关负责公开的，告知申请人并说明理由；能够确定负责公开该政府信息的行政机关的，告知申请人该行政机关的名称、联系方式；(6) 行政机关已就申请人提出的政府信息公开申请作出答复、申请人重复申请公开相同政府信息的，告知申请人不予重复处理；(7) 所申请公开信息属于工商、不动产登记资料等信息，有关法律、行政法规对信息的获取有特别规定的，告知申请人依照有关法律、行政法规的规定办理。答复义务一般针对的是无法提供政府信息的情形。《政府信息公开条例》规定了行政机关即便无法提供政府信息，也要承担相应的答复义务。《政府信息公开条例》第33条规定，行政机关收到政府信息公开申请，能够当场答复的，应当当场予以答复。行政机关不能当场答复的，应当自收到申请之日起20个工作日内予以答复；需要延长答复期限的，应当经政府信息公开工作机构负责人同意并告知申请人，延长的期限最长不得超过20个工作日。行政机关征求第三方和其他机关意见所需时间不计算在前款规定的期限内。可见，答复的一般期限为20日，最长期限为40日。行政机关在上述期限内没有作出答复的，属于“逾期不予答复”。值得注意的是，行政机关如果能够提供政府信息的，应当提供政府信息；不能提供政府信息的，应当作出答复。只要行政机关提供政府信息或者作出答复的，行政机关就已经履行了行政义务，公民、法人或者其他组织就不能以本项内容为依据提起行政诉讼。

2. 认为行政机关提供的政府信息不符合在申请中要求的内容或者法律、法规规定的适当形式的。《政府信息公开条例》第29条第2款规定，政府信息公开申请应当包括下列内容：(1) 申请人的姓名或者名称、身份证明、联系方式；(2) 申请公开的政府信息的名称、文号或者便于行政机关查询的其他特征性描述；(3) 申请公开的政府信息的形式要求，包括获取信息的方式、途径。这里的“特征性描述”主要是考虑到行政机关掌握的政府信息量大面广，处理政府信息申请必然会在检索政府信息方面耗费大量的人力资源和时间成本。为了降低行政成本，提高行政效率，保证申请人准确及时地获取自己所需要的政府信息，要求申请人在提出申请时描述申请公开的政府信息的有关特征是非常必要的。也就是说，申请人有内容描述的义务。这里的“形式要求”是指申请人可以自主选择以何种方式获取自己申请公开的政府信息。之所以这样规定，既是为了尊重申请人的主观意愿，节省申请成本，也是对行政机关的约束，要求行政机关做好政府信息相关的服务工作。申请人提出申请后，原则上应当按照申请人要求的形式提供；无法按照申请人要求的形式提供的，可以其他适当形式提供。我国也采取了“申请人申请形式＋其他适当形式”的做法。《政府信息公开条例》第40条规定，行政机关依申请公开政府信息，应当根据申请人的要求及行政机关保存政府信息的实际情况，确定提供政府信息的具体形式；按照申请人要求的形式提供政府信息，可能危及政府信息载体安全或者公开成本过高的，可以通过电子数据以及其他适当形式提供，或者安排申请人查阅、抄录相关政府信息。与前述行政机关拒绝提供（包括答复不予公开、答复所申请的信息不存在、不予处理）和逾期不予答复不同，此种类型下，行政机关已经提供信息。“行政机关提供的政府信息不符合在申请中要求的内容”主要包括：①申请人申请提供A信息，而行政机关提供B信息；②申请人申请提供A信息，而行政机关提供A信息的一部分；③申请人申请A信息的具体事项，行政机关只提供A信息的索引或者大纲；④申请人申请A时限期间内的信息，行政机关提供B时限期间内的信息等等。行政机关应当尽可能按照申请人要求的形式予以提供。能够提供原件的，应当提供原件；不能提供原件的，提供复制件；不能提供复制件的，安排申请人查阅相关资料或者其他能够向申请人公开的适当形式。

3. 认为行政机关主动公开或者依他人申请公开信息侵犯其商业秘密、个人隐私的。此种复议类型称为“反向行政复议”，是指对于当事人对行政机关公开政府信息行为不服或者禁止行政机关公开信息而申请的行政复议。由于这种行政复议是针对政府信息的公开行为，与普通的信息公开行政复议在方向上正好相反，故称为“反向行政复议”。这类行政复议的申请人一般是公司或者企业的经营者，也可能是认为侵害隐私权的个人。行政复议机关在判断当事人的利益是否受到不利影响时，须对是否属于商业秘密进行审查。商业秘密涉及到企业的在市场竞争上的优势地位。政府由于行政管理的需要，在一些情况下需要掌握企业的商业秘密。政府获得商业秘密的渠道主要是政府在行政管理过程中要求企业提供或者在一定条件下企业主动向政府提供。商业秘密对于信息的所有者而言，具有极大的财产价值。如果政府公开此类信息，将会影响到企业的竞争地位。尤其是对于有利害关系、竞争关系的企业而言，此种信息的公布有时候是毁灭性的。因此，对于此类商业秘密，政府有义务加以保护。即使政府在极特殊的情况下予以公开，也必须衡量公民的知情权和政府保护企业创新之间的利益。《反不正当竞争法》第10条对于商业秘密的定义是，不为公众所知悉，能为权利人带来经济利益，具有实用性并经权利人采取保密措施的技术信息和经营信息。商业秘密主要包括设计、程序、产品配方、制作工艺、制作方法、管理诀窍、客户名单、货源情报、产销策略、招投标中的标的及标书内容等信息。在政府信息公开方面，商业秘密的范围大体上与《反不正当竞争法》规定的内容一致。但是，行政机关为了履行行政管理职能，其拥有大量企业和经济组织的信息，相当数量涉及到企业的商业秘密，如果对外公开，为企业的竞争对手所掌握，必然损害企业的经济利益。因此，行政机关对企业提供的商业秘密负有保密义务。个人隐私，是指关系个人财产、名誉或者其他利益的不宜对外公开的情况和资料。行政机关及其工作人员在行政管理过程中根据需要有权调查和搜集个人的有关秘密和隐私信息。比如税务机关了解纳税人的生产、经营情况，公安部门为侦查犯罪了解个人社会关系和人际交往，卫生机关为了防止传染病、保障公共卫生了解健康状况。对于公民个人而言，有义务配合协助行政机关的调查行为，按照要求提供必要的个人隐私信息，也有权要求行政机关及其工作人员保守所知悉的个人隐私信息。如果行政机关向他人公开涉及个人隐私的信息，泄露和扩散了个人隐私，应当承担相应的法律责任。《政府信息公开条例》第15条规定，涉及商业秘密、个人隐私等公开会对第三方合法权益造成损害的政府信息，行政机关不得公开。但是，第三方同意公开或者行政机关认为不公开会对公共利益造成重大影响的，予以公开。根据这一规定，行政机关在公开相关政府信息时，不得公开涉及商业秘密和个人隐私的政府信息。但是，如果经第三方同意的，行政机关可以公开涉及商业秘密和个人隐私的政府信息。在特殊情况下，为了公共利益的需要，不需要经过第三方同意也可以公开政府信息。这就是政府信息公开中的"公益优越"原则。《政府信息公开条例》第32条规定了对商业秘密和个人隐私权利人的程序保护。该条规定了三个基本内容：一是行政机关的书面征求意见义务。即行政机关认为申请公开的政府信息涉及商业秘密、个人隐私，公开后可能损害第三方合法权益的，应当书面征求第三方意见。只要公开的政府信息可能损害第三方合法权益的，行政机关就应当启动征求意见程序，这是对商业秘密和个人隐私权利人的预先保护，也是行政机关的法定程序义务。二是第三方的异议权。在征求意见程序中，如果第三方不同意公开且有合理理由的，不得公开。三是公益优越原则。即行政机关认为不公开可能对公共利益造成重大影响的，应当予以公开，并将决定公开的政府信息内容和理由告知第三方。这里的"重大影响"实质不公开该政府信息可能给公共利益造成的损害，要显著大于公开该政府信息给第三方所造成的损害。"侵犯其商业秘密、个人隐私的"包括实体侵犯和程序侵犯两个方面。在实体侵犯方面，主要包括：公开的政府信息泄露商业秘密和个人隐私；公开的政府信息涉及的商业秘密和个人隐私指向单一，易为判断和知晓；针对依申请的政府信息已经为申请人之外的人知晓等等。在程序侵犯方面，主要包括：应当征求第三方的意见而未征求；应当书面征求第三方意见而未书面征求；书面征求第三方意见而未给第三方以足够的合理的考虑时间的等等。"行政机关主动公开或者依他人申请公开信息"包括了行政机关主动公开信息和依他人申请公开信息两个方面。主动公开信息是一种针对社会公众的、普遍的事实行为，在未造成损害的情况下，本身具有可复议性，即不符合关于“政府信息公开工作中的行政行为”的条件，而其一旦实施，并为权利人所质疑，其行为性质就变成针对性的、个别性的行政行为，具有可复议性。

4. 认为行政机关提供的与其自身相关的政府信息记录不准确，要求该行政机关予以更正，该行政机关拒绝更正、逾期不予答复或者不予转送有权机关处理的。本条规定的是个人信息诉讼。《政府信息公开条例》第 41 条规定，公民、法人或者其他组织有证据证明行政机关提供的与其自身相关的政府信息记录不准确的，可以要求行政机关更正。有权更正的行政机关审核属实的，应当予以更正并告知申请人；不属于本行政机关职能范围的，行政机关可以转送有权更正的行政机关处理并告知申请人，或者告知申请人向有权更正的行政机关提出。这是关于公民、法人或者其他组织要求提供自身信息和要求更正信息的权利。行政机关在履行行政管理职能时，大量地获取和保存着诸如税费缴纳、社会保障、医疗卫生等与公民、法人或者其他组织密切相关的信息。行政机关掌握的这些信息对于公民、法人或者其他组织的投资、就业、融资、经营和正常的生产、生活都将产生极大的影响。赋予公民、法人或者其他组织获取自身信息和更正自身信息的权利，是维护市场经济秩序、维护市场信用、维护交易安全的重要方面。但是，由于行政机关在搜集、登记和整理上述个人信息时，可能由于种种原因会产生失误、错漏，因此，为了防止这些不准确、不正确的信息给公民、法人或者其他组织的正常生产生活造成影响，行政机关应当按照法定程序进行审查后及时更正。对于更正申请属于受理的行政机关职责的，应当及时予以更正；对于该政府信息准确无误，无须更正的，应当书面答复申请人；对于行政机关无权更正该政府信息的，应当及时转送有权更正的行政机关处理，并书面告知申请人。这里的“拒绝更正”是指行政机关以明示方式不予更正。“逾期不予答复”是指行政机关在收到更正申请之后，在法定期限或者合理期限，以默示方式不予答复或者不完全答复。“不予转送”是指行政机关对于不属于本机关职权范围内的政府信息公开，应当转送其他有权行政机关而不转送的情形，等等。

（十五）认为行政机关的其他行政行为侵犯其合法权益

本项内容是兜底条款。除了前述列举的行政行为之外，只要是行政机关作出的行政行为侵犯公民、法人或者其他组织合法权益的，均得申请行政复议。这里的“其他行政行为”主要包括以下几个方面的类型：

1. 事实行为。事实行为与法律行为相对。行政法律行为是标准的行政行为，必须以发生一定的法律效果为目的。但事实行为并不以发生一定的法律效果为目的。对于事实行为，可以分为以下几种：日常生活的事实行为，如开辟公路、道路管理机关清除路障的行为等；执行性的事实行为，如食品卫生监督机关对于食品的抽样检查，文物管理机关对于文物的维护；无拘束力的提供信息和通报行为，如卫生行政机关的播报不合格企业的行为、劳动部门提供的就业信息等；暴力行为；等等。对于事实行为的分类尚无统一标准，但是根据以上的笼统分类，可见事实行为虽然没有法律所明文规范，但是仍然需要受到合法性原则的制约。有些事实行为，诸如暴力行为无须证明即可认定为违法行为；有些事实行为，如执行性的事实行为是否合法尚需审查其基础行为是否合法。对于拆迁行为这一执行性的事实行为的合法性应当附带审查拆迁裁决或者拆迁许可证等基础行为的合法性。事实行为之所以属于行政复议范围，在于行政机关的事实行为如果违反法律，可能引起停止侵害请求权、损害赔偿请求权、恢复原状请求权和补偿请求权。事实行为违法的法律后果表现在：行政机关有义务消除违法事实行为造成的损害，并且应当尽可能地恢复合法的状态或者行政机关有义务作出某项事实行为。此外，行政相对人还可以通过行政复议要求行政机关给付事实行为获得救济。例如，信息公开行为的给付、社会救济行为的给付、某些内部行为的给付、作为撤销行政行为之后消除后果，等等。

2. 准行政行为。准行政行为是指行政主体通过观念表示的方式作出的间接产生行政法律效果的行为。准行政行为并非一般意义上的行政行为，亦非事实行为，而是介于行政行为和事实行为之间的一个法律概念。准行政行为的最大特征在于行为方式和法律效果的特殊性，这两个特征构成了准行政行为的两个基本要素：（1）观念表示要素。观念表示是来自大陆法系国家的法律概念，不同于意思表示。意思表示通常是行政行为的构成要件，即行政行为成立须由行政主体将作出某种行政行为或者拒绝某种申请的意图表达于外部，目的在于对行政相对人的权利义务关系进行处分。例如，行政机关通过书面方式对行政相对人作出行政处罚决定；行政机关通过口头方式作出警告的行政处罚；等等。（2）间接法律效果要素。与事实行为不同，准行政行为产生一定的法律效果；与行政行为能够产生直接的法律效果不同，准行政行为并不直接产生法律效果。间接法律效果则是并不通过行政机关的意思表示行为实现。间接法律效果通常是延时性的、将来的、间接的、或然性的、偶然性的，行政机关作出的表示并不表达对权利义务的处分，而是对于事实的表示。行政机关的行为产生间接的法律效果，是基于特定的事实或者特定的法律规定。准行政行为之所以具有可复议性，主要是其对行政相对人的权利义务产生了实际影响。尽管这种影响可能并不是直接的影响。但是，只要对行政相对人的权利义务产生了实际的、必然发生的、确定的不利影响，就属于可复议的行政行为。例如，受理行为是一种比较典型的准行政行为。如果符合受理条件的，受理行为之后还可能有进一步的行政行为，例如颁发行政许可证照等。但是，如果行政机关作出不予受理决定的，即属于一个“拒绝答复”的行政行为，具备可复议性。此外，如果不允许行政相对人对于行政机关的受理行为申请行政复议，就意味着行政相对人完全失去了对获得相应权益的机会，这种影响是一种实际的、即将发生的影响，应当允许申请行政复议。

3. 一般处分。一般处分的本质是行政行为，并不是行政行为之外的另外一种法律行为。一般处分和通常的行政行为一样，是由行政机关针对具体的行政管理事项作出的，直接对外发生法律效果的行为。一般处分和通常的行政行为之间有一些差别。这种差别主要体现在一般处分的行政相对人是特定范围内的行政相对人。普通的行政行为强调的是行政行为的个别性、特定性和具体性。一般处分强调的是普遍性，但仍然具备特定性和具体性。一般处分主要分为对人的一般处分和对物的一般处分。前者例如行政机关对于传染病区域作出的行政行为，虽然行政相对人暂时没有确定，但是根据其适用的范围能够确定，具备行政行为特定性的特征。后者例如对行政公产的利用。此外还有因交通信号标志引发的行政纠纷（交通信号标志长时间红灯管制等）亦属此类。可见，一般处分属于得申请行政复议的范围。

4. 确认行为。确认行为，是指行政机关对行政相对人的法律地位和权利义务进行甄别并确定或者否定的行为。确认行为的主要特点是确认的内容为确定或者否定行政相对人的法律地位或者权利义务关系。确认行为不同于纯粹的技术性鉴定，而是行政机关作出的具有法定确定力的行为。确认行为最典型的例子是交通事故的责任认定。在本次行政复议法修订草案审议过程中，许多委员都提出，交通事故责任认定对于公民合法权益的影响较大，属于可申请行政复议的范围。此外，还包括民政部门对于革命烈士的确认、对婚姻状况的确认，卫生行政部门对食品卫生的确认，劳动和社会保障部门对职工伤亡事故的确认，等等，亦得申请行政复议。这些确认行为，结合行政复议法的规定，属于行政复议范围。

二、否定排除的行政复议范围

修订前的行政复议法第8条规定了不属于行政复议的范围。该条规定，不服行政机关作出的行政处分或者其他人事处理决定的，依照有关法律行政法规的规定提出申诉。不服行政机关对民事纠纷作出的调解或者其他处理，依法申请仲裁或者向人民法院提起诉讼。该条明确，“行政处分或者其他人事处理决定”“行政机关对民事纠纷作出的调解或者其他处理”，不属于行政复议范围。修订后的行政复议法借鉴行政诉讼法的规定，明确了不属于行政复议范围的具体情形。行政复议法第12条规定：

> 下列事项不属于行政复议范围：
>
> （一）国防、外交等国家行为；
>
> （二）行政法规、规章或者行政机关制定、发布的具有普遍约束力的决定、命令等规范性文件；
>
> （三）行政机关对行政机关工作人员的奖惩、任免等决定；
>
> （四）行政机关对民事纠纷作出的调解。

这一条文主要包括以下几个方面的内容：

（一）国家行为

所谓国家行为，又称为政治行为、政府行为、统治行为，是涉及国家根本制度的保护和国家主权的运用，并由国家承担法律后果的政治行为。也就是说，国家行为是一种基于国家的主体地位所作出的一种政治性、政策性的行为。这种行为不属于能够被法律评断和审查的事项，因此不属于行政复议范围和行政诉讼受案范围。《行诉解释》第2条第1款规定，国家行为，是指国务院、中央军事委员会、国防部、外交部等根据宪法和法律的授权，以国家的名义实施的有关国防和外交事务的行为，以及经宪法和法律授权的国家机关宣布紧急状态等行为。国家行为是一种政治性的行为，是国家根据政治上的考量作出的行为。从性质上讲，国家行为是一种政治行为，是国家作为政治的集合体作出的行为，不属于国内法上规制的行为。国防行为，是指为保卫国家安全、领土安全和全民族的整体利益而抵御外来侵略、颠覆所进行的活动。例如，战争、军事演习、全国总动员或者局部总动员等。外交行为，是指为实现国家的对外政策而进行的国家间的交往活动。例如，政府同外国或者国际组织的关系，同外国宣战、媾和、承认外国政府、建交、断交、缔结条约和协定等。除了国防和外交行为之外，还有一些涉及国家重大利益的重大行为。例如，根据宪法第 89 条的规定，国务院有权决定依照法律规定决定省、自治区、直辖市的范围内部分地区进入紧急状态的行为，亦不属于行政复议范围。需要注意的是，并非所有与国防、外交有关的行为都是国家行为。国家行为也并非仅限于与国防、外交有关的行为，更不是说，行政相对人对外交组织、国防部门的职权都无权申请行政复议。

判断一个行为是否是国家行为，主要应看这个行为是否以政治上的利益为目的，是否涉及国家主权的运用。例如，出入境管理机关作出的一些行为从表面上、形式上看属于行政行为，但实际上涉及主权的运用。出境入境管理法第 36 条规定，公安机关出入境管理机构作出的不予办理普通签证延期、换发、补发，不予办理外国人停留居留证件、不予延长居留期限的决定为最终决定。这是因为，按照国际法理论，是否准许外国人入境、居留，准许哪些外国人入境、居留，是一国主权范围内的问题。对是否准许外国人入境或者居留，国家主管机关享有充分的裁量权，对不准许外国人入境或者居留的决定，主管机关可以不说明理由，外国人对决定不服的，通常不能申请行政复议，这是国家主权原则的重要体现。[1] 当然，从法律解释学上看，特别法

1 全国人大常委会法制工作委员会行政法室编著：《〈中华人民共和国出境入境管理法〉释义及实用指南》，中国民主法制出版社 2012 年版，第 103~104 页。

规定特定事项、特定行政行为排除行政复议的，依其规定。

（二）规范性文件

立法法对于行政法规、规章的审查主体、改变和撤销的职权主体和程序作了明确规定。例如，撤销国务院制定的同宪法、法律相抵触的行政法规、决定和命令，是全国人大常委会的职权。改变或者撤销各部、各委员会发布的不适当的命令、指示和规章；改变或者撤销地方各级国家行政机关的不适当的决定和命令，是国务院的职权。县级以上的地方各级人大常委会有权撤销本级人民政府的不适当的决定和命令；县级以上的地方各级人民政府有权改变或者撤销所属工作部门的不适当命令、指示和下级人民政府的不适当的决定、命令等。根据《行诉解释》第 2 条第 2 款的规定，“具有普遍约束力的决定、命令”，是指行政机关针对不特定对象发布的能反复适用的行政规范性文件。一般情况下，规范性文件不会直接侵害公民、法人或者其他组织的合法权益，需要通过具体的行政行为的转化才会影响相对人权益。规范性文件主要在于实现较大范围内的行政目标，保障国家利益或者社会公共利益。

本项内容是借鉴行政诉讼法的规定增加的排除行政复议范围的规定。对于“具有普遍约束力的决定、命令”，特别是规章以下规范性文件，修订前后的行政复议法都规定，行政复议机关可以对规章以下规范性文件进行附带审查。修订前的行政复议法没有区分作为审查对象的规范性文件和作为附带审查对象的规范性文件，而是将规章以下规范性文件纳入行政复议范围。即行政复议不仅仅是行政机关的内部监督机制，也是公民权利的救济途径。既然抽象的行政行为可能侵犯公民的合法权益，应当给公民一个权利救济的途径。而且抽象的行政行为适用的范围广，涉及的对象多，一旦出现行政行为违法，危害性也大。允许对抽象的行政行为申请复议，让公民享有复议申请权和现行的备案制度并不矛盾，从长远来看也是社会进步的标志。因此，应当将抽象行政行为纳入行政复议范围。行政复议法采纳了这个意见。[1] 值得注意的是，本次行政复议法修订，虽然保留了规范性文件附带审查制度，但是在排除行政复议范围中又明确规定规范性文件不属于行政复议范围。其真实原意应当是区分了作为行政复议审查对象的规范性文件和附带审查对象的规范性文件。也就是说，公民、法人或者其他组织可以在申请行政复议时请求一并审查规范性文件，但是不能直接就规范性文件申请行政复议。

（三）**内部行为**

行政复议法规定，对于行政机关对行政机关工作人员的奖惩、任免等决定，不属于行政复议范围。这是关于内部行为的排除式规定。一般来说，行政机关的行为可以分为外部行为与内部行为。行政机关行使行政管理权力的行为属于外部行为；行政机关对本系统、本机关的人事、财务、工作、生活等方面的内部管理行为属于内部行为。内部行为只影响到行政机关的内部事务，并不影响行政机关对外实施的行政管理职能，也就是不与行政相对人发生法律上的权利义务关系。因此，行政复议机关对于被申请人的内部行为不应当过问或者干预。行政机关工作人员如果对行政机关作出的奖惩、任免等决定不服的，有权向上级行政机关或者人事、监察机关提出申诉。

所谓“奖惩”，是指奖励和惩处。根据公务员法第 48 条的规定，对工作表现突出，有显著成绩和贡献，或者有其他突出事迹的公务员或者公务员集体，给予奖励。所谓“任免”，是指行政机关工作人员职务的委任、聘任和撤免。任职主要是指对于职务委任、职务聘任以及确定级别等事项。撤免是指对职务的撤销和免除。这些奖惩、任免等决定之所以排除在行政复议范围之外，主要是由于这些决定涉及的是基于公务员地位的权利义务。《行诉解释》第 2 条第 3 款规定，本项规

1 张春生主编:《中华人民共和国行政复议法释义》，法律出版社 1999 年版，第 62 页。

定的“对行政机关工作人员的奖惩、任免等决定”，是指行政机关作出的涉及该行政机关公务员权利义务的决定。一般的观点认为，行政机关奖惩、任免其工作人员，通常是以内部规定、内部考核结果为依据，是行政机关综合判断的结果，作为复议机关不宜过度干预。

值得注意的是，并非所有的内部行为均不属于行政复议范围。如果内部行为属于纯粹的内部管理事项，且行政机关如果不行使该内部管理权的，将可能导致内部管理完全瘫痪，因此不宜纳入行政复议范围。内部行为排除行政复议范围的主要理由是，内部行为针对的对象是作为行政机关组成部分的成员。但是，当公民作为行政机关成员存在的同时，还具有宪法上的公民的身份。以行政机关为例，对于公务员的录用、免职、辞退开除、强令退休等事项，涉及公民在宪法上的法律地位。例如，如果报考人员认为符合录用条件，但是行政机关未予录取的，将影响到公民的劳动就业权，间接影响到其财产权，影响到其作为公民为国家服务的机会。因此，对其合法权益的影响不可谓不大。当然，对于公民在宪法上的权利不宜作过分扩张的解释，对于某些与其宪法上的合法权益关系十分间接的事项，不宜纳入行政复议范围。例如，学校有权设置学位课程、安排教师授课、评定学生成绩、颁发毕业证书，等等。如果学生认为课程设置影响到了其受教育权的实现，显然过于牵强。这些事项并未侵犯学生在宪法上的受教育权，行政复议机关尚不宜进行审查，而应当通过其他途径予以救济。

（四）行政调解

修订前的行政复议法第 8 条第 2 款规定，不服行政机关对民事纠纷作出的调解或者其他处理，依法申请仲裁或者向人民法院提起诉讼。这里的“调解”是指行政调解；“其他处理”是指行政裁决。修订前的行政复议法贯彻的立法思路是，如果仲裁和诉讼能够解决的，为了提高仲裁和诉讼效率，应当将民事纠纷直接进入仲裁和诉讼，而不应当通过行政复议途径解决。即在我国，行政权对民事活动的干预有其历史基础和现实需求，许多法律、法规都规定了行政机关可以对民事纠纷作出调解或处理。行政机关对民事纠纷作出的调解或处理，是解决民事纠纷的方式之一，但不是最终、也不是最主要的方式。当事人不服的，还可以向法院提起诉讼。因此，为了尽快解决民事纠纷，行政复议法将不服行政机关对民事纠纷作出的调解或者其他处理排除在复议范围之外。[1] 与行政复议法制定之时的立法宗旨不同，本次修法的主要目标在于，充分发挥行政复议化解行政争议的主渠道作用。对于可以通过行政复议程序化解的行政纠纷，应当依法纳入行政复议范围。

修订前的行政复议法规定，行政机关对民事纠纷作出的“其他处理”，即行政裁决不属于行政复议范围。修改后的行政诉讼法明确将行政裁决纳入受案范围。行政诉讼法第 61 条第 1 款规定，在涉及行政许可、登记、征收、征用和行政机关对民事争议所作的裁决的行政诉讼中，当事人申请一并解决相关民事争议的，人民法院可以一并审理。2018 年 12 月 31 日，中共中央办公厅、国务院办公厅下发《关于健全行政裁决制度加强行政裁决工作的意见》，该意见要求，健全行政裁决救济程序的衔接机制。即当事人不服行政机关对民事纠纷作出的行政裁决的，在法定期限内，既可以以民事争议的对方当事人为被告提起民事诉讼，也可以对行政裁决行为提起行政诉讼，并申请法院一并解决相关民事争议。法律另有规定的，依照其规定。行政诉讼法已经明确将行政裁决纳入行政诉讼受案范围。即使按照行政复议范围广于行政诉讼范围的一般原理，行政裁决也已经属于行政复议范围。本次行政复议法修订，删除了行政机关对民事纠纷作出的“其他处理”的规定。

修订后的行政复议法仅对行政机关对民事争议作出的调解排除出行政复议范围之外。行政调解，是指由国家行政机关主持的，以争

1 张春生主编:《中华人民共和国行政复议法释义》，法律出版社 1999 年版，第 66 页。

议双方自愿为原则，通过行政机关的调停、斡旋等活动，促成争议双方当事人互让以达成协议，从而解决争议的行政活动和方式。虽然法律法规中规定了行政机关可以对平等主体之间的民事纠纷作出调解，但是，法律上同时规定了这种调解并不是行政强制性决定，它是在双方当事人完全自愿的基础上，并根据法律法规的规定所作出的处理。如果调解达不成协议或者当事人事后又反悔的，当事人仍就原始民事纠纷，以对方当事人为被告向人民法院提起民事诉讼。此外，行政调解虽然由行政机关主持，但是却不涉及行政权力的行使。在整个行政调解过程中，行政机关始终处于“居中第三人”的地位，在争议当事人之间进行调停、斡旋，没有强制等行政优益权的行使。无论是程序的进行还是最终达成调解协议，行政机关始终与一个普通的法律主体无异。据此，行政调解不属于行政复议范围。

需要注意的是，有观点认为，对于是否属于行政复议范围，还应当参照行政诉讼法司法解释有关规定，将不属于行政诉讼受案范围的行政行为也排除在行政复议范围之外。例如，《行诉解释》第 1 条第 2 款规定，下列行为不属于人民法院行政诉讼的受案范围：(1) 公安、国家安全等机关依照刑事诉讼法的明确授权实施的行为；(2) 调解行为以及法律规定的仲裁行为；(3) 行政指导行为；(4) 驳回当事人对行政行为提起申诉的重复处理行为；(5) 行政机关作出的不产生外部法律效力的行为；(6) 行政机关为作出行政行为而实施的准备、论证、研究、层报、咨询等过程性行为；(7) 行政机关根据人民法院的生效裁判、协助执行通知书作出的执行行为，但行政机关扩大执行范围或者采取违法方式实施的除外；(8) 上级行政机关基于内部层级监督关系对下级行政机关作出的听取报告、执法检查、督促履责等行为；(9) 行政机关针对信访事项作出的登记、受理、交办、转送、复查、复核意见等行为；(10) 对公民、法人或者其他组织权利义务不产生实际影响的行为。那么，需要回答的问题是，行政复议范围是否需要与行政诉讼受案范围保持一致。本次行政复议法修订的主要目标是，推动发挥行政复议化解行政争议的主渠道作用。“行政争议”既包括行政行为争议，也包括行政机关作出的其他行为争议。从目前行政诉讼受案范围和行政复议范围规定模式来看，仍然属于“行政行为争议”而非“行政争议”。行政诉讼属于司法权力对于行政权力的外部监督，因此，保持司法谦抑、尊重行政机关的专业判断是行政诉讼的基本原则。行政复议则属于行政机关系统内部的监督，监督的谦抑性显然不重要，快捷化解纠纷才重要；尊重专业判断显然不需要，行政复议机关完全能够胜任。因此，从各国和地区范围来看，行政复议范围大于行政诉讼受案范围是一个基本准则，否则就难以发挥行政复议化解行政争议主渠道的作用。这就意味着，我们需要重新审视，对于那些排除出行政诉讼受案范围的行政纠纷，是否一概都排除出行政复议范围。显然答案是否定的。行政纠纷是客观存在的，也是需要通过法定渠道化解的。对于那些因涉及司法权和行政权划分而排除出行政诉讼受案范围的行政案件，应当逐一深入研究，尽可能将这些行政纠纷化解在行政复议渠道中。

三、附带审查规范性文件

原则上，公民、法人或者其他组织只能对行政机关作出的具体的行政行为申请复议。但是在现实生活中，由于行政机关作出行政行为所依据的规范性文件本身存在不合法的情况，那么行政机关依据这样的规范性文件作出的行政行为，在形式上虽然没有超越规范性文件规定的内容，但在实质上构成对公民、法人或者其他组织合法权益的侵害，也就是说在规范性文件本身不合法的情况下，行政机关直接适用该规范性文件作出行政行为，在实质上构成了行政违法行为。[1] 应当说，规范性文件作为行政机关行使行政职权的一种方式，对于加强

1 乔晓阳主编、全国人大常委会法制工作委员会研究室编著:《中华人民共和国行政复议法条文释义及实用指南》，中国民主法制出版社 1999 年版，第 58~59 页。

2 曹康泰主编:《中华人民共和国行政复议法释义》，中国法制出版社 1999 年版，第 43 页。

行政管理，完善行政法制和提高工作效率起到了积极作用。但是，在行政执法实践中，规范性文件还存在一些问题，损害了公民的合法权益，影响了法治的权威和统一。特别是一些地方受利益驱动，通过制定规范性文件抢权力、争利益、乱发文件、违法规定审批、发证、乱罚款、乱集资，严重侵犯了公民的合法权益，群众反映强烈。同时，考虑到规范性文件是行政行为的依据和源头，要纠正行政行为有必要正本清源，从源头开始审查和纠正。据此，修订前的行政复议法明确规定了规范性文件附带审查制度。

规范性文件一并审查制度意味着规范性文件并未直接作为审查标的。主要原因是：规范性文件针对的是不特定的行政相对人，不可能做到符合每一个人的利益需求，总有一部分人感到不那么公正。如果特定的公民、法人或者其他组织可以对其申请行政复议，则会遇到行政复议过程中，该规范性文件是否停止执行，依据该规范性文件作出的行政行为是否有效等一系列复杂的问题，这对于行政管理秩序的稳定是十分不利的。[2] 修订后的行政复议法继续保留了这一制度。该法第13条规定：

> 公民、法人或者其他组织认为行政机关的行政行为所依据的下列规范性文件不合法，在对行政行为申请行政复议时，可以一并向行政复议机关提出对该规范性文件的附带审查申请：
>
> （一）国务院部门的规范性文件；
>
> （二）县级以上地方各级人民政府及其工作部门的规范性文件；
>
> （三）乡、镇人民政府的规范性文件；
>
> （四）法律、法规、规章授权的组织的规范性文件。
>
> 前款所列规范性文件不含规章。规章的审查依照法律、行政法规办理。

理解这一条文，需要注意以下几个问题：

（一）一并提出对规范性文件的附带审查申请

如前所述，规章以下的规范性文件具有普遍的约束力，不能直接作为行政复议审查的标的。行政复议法之所以规定公民、法人或者其他组织可以一并请求附带审查，是因为他们是行政行为的利害关系人，而行政行为又是依据这些特定的“规范性文件”。这些规范性文件往往由于层级较低，缺乏相应的监督机制和程序保障，可能间接甚至直接损害公民、法人或者其他组织的合法权益。行政复议机关通过审查这类规范性文件有利于发现规范性文件存在的问题。所谓“一并向行政复议机关提出对该规范性文件的附带审查申请”，是指公民、法人或者其他组织不能单独就规范性文件提出请求，只能在对行政行为申请行政复议时一并提出。也就是说，可以在对行政行为申请行政复议时附带性提出对规范性文件的审查请求。当然，这里的“行政行为”一般是指作为类的行政行为。如果公民、法人或者其他组织对行政不作为申请行政复议，并对规范性文件提出一并审查请求的，因该不作为行为并未“依据”任何规范性文件，因此，公民、法人或者其他组织在对不作为申请行政复议时一并提出附带审查请求的，行政复议机关不予准许。

（二）规范性文件制定机关主要包括国务院部门，县级以上地方各级人民政府及其工作部门，乡、镇人民政府，法律、法规、规章授权的组织

行政复议法对于规范性文件制定机关的表述比行政诉讼法更准确。行政诉讼法第 53 条规定：“公民、法人或者其他组织认为行政行为所依据的国务院部门和地方人民政府及其部门制定的规范性文件不合法，在对行政行为提起诉讼时，可以一并请求对该规范性文件进行审查。”从表述方式来讲，行政复议法的表述更加准确。因为“乡、镇人民政府”没有工作部门。一些设置在乡镇政府的“税务所”“派出所”“工商所”等均非其工作部门，也没有单独行文的行政执法主体资格。

国务院制定的无论何种形式的规范性文件都不属于行政复议审查对象。根据宪法和立法法的规定，国务院根据宪法和法律，有权规定行政措施，制定行政法规，发布决定和命令。根据行政复议法第 37 条的规定，行政法规是行政复议机关审理行政案件的依据，不能作为审查的标的。“行政措施”，是指国务院为执行宪法、法律和履行国际条约所采取的具体办法和步骤，例如，国务院根据精简机构的原则，提出的机构改革的措施；为防止传染病扩散采取的强制性预防接种、检查、隔离、治疗的措施等。国务院发布的决定，是指国务院对重要事项或者重大行动作出安排而形成的文件；命令则是用于发布行政法规，采取重大的强制性行政措施，任免有关人员，撤销下级机关不适当的决定等。这些决定命令层级较高。根据立法法第 91 条的规定，国务院各部、委员会、中国人民银行、审计署和具有行政管理职能的直属机构以及法律规定的机构，可以根据法律和国务院的行政法规、决定、命令，在本部门的权限范围内，制定规章。部门规章规定的事项应当属于执行法律或者国务院的行政法规、决定、命令的事项。没有法律或者国务院的行政法规、决定、命令的依据，部门规章不得设定减损公民、法人和其他组织权利或者增加其义务的规范，不得增加本部门的权力或者减少本部门的法定职责。这就是说，国务院的“命令”“决定”属于规章的依据之一，规章在立法法上已经具有“法”的地位，国务院的决定、命令的法律位阶高于规章，其不可复议性是明确的。

行政复议附带审查的规范性文件范围与行政诉讼附带审查的规范性文件范围保持一致。《最高人民法院关于审理行政案件适用法律规范问题的座谈会纪要》明确了“其他规范性文件”的含义和范围。其他规范性文件，是指有关部门为指导法律执行或者实施行政措施而作出的具体应用解释和制定的规范性文件。在范围上包括：国务院部门以及省、市、自治区和较大的市的人民政府或其主管部门对于具体应用法律、法规或规章作出的解释；县级以上人民政府及其主管部门制定发布的具有普遍约束力的决定、命令或其他规范性文件。

对于党委、人大和军事机关制定的规范性文件，因其制定机关不是行政机关，也不是行政诉讼法规定的“法律、法规、规章授权组织”，所以不属于行政复议法第 13 条规定的规章以下的规范性文件的范围。

根据本条规定，规范性文件除了行政机关制定的规范性文件之外，还包括法律、法规、规章授权组织制定的规范性文件。根据《国务院办公厅关于加强规范性文件制定和监督管理工作的通知》（国办发〔2018〕37 号）的规定，规范性文件是除国务院的行政法规、决定、命令以及部门规章和地方政府规章外，由行政机关或者经法律、法规授权的具有管理公共事务职能的组织依照法定权限、程序制定并公开发布，涉及公民、法人和其他组织权利义务，具有普遍约束力，在一定期限内反复适用的公文。例如，律师协会制定的规范性文件，等等。司法实践中，公民在对律师协会作出的行政行为不服申请行政复议的同时，又就该律协制定的《预备会员规则》的有关规定一并申请行政复议机关附带审查。该规范性文件第 5 条规定，申请实习人员需要提交的材料，其中要求提供：与接受其实习的律师事务所签订的劳动合同即律师事务所依法为其缴纳社会保险的证明。该公民认为律协制定的上述规范性文件增设准入门槛，额外增加申请条件，要求行政复议机关附带审查。应当说，规范性文件附带审查，目的是确保违法行政行为的根源治理。司法实践中，有的规范性文件是行政机关制定的，有的是法律、法规、规章授权组织制定的，这些规范性文件作为行政行为依据时，均应受到行政复议的监督。

（三）前款所列规范性文件不含规章

规章是行政规章的简称，是指国务院各部门以及省、自治区、直辖市人民政府和较大的市的人民政府根据法律、法规制定的有关行政管理的规定、办法、规则等规范性文件的总称。根据立法法的规定，规章包括国务院部门制定的规章和地方政府制定的规章，简称为部门规章和地方规章。

规章属于立法法规定的“法”的范畴。参与立法法的有关人员解释说：“行政规章的制定，对于法律、行政法规、地方性法规的实施，有着重要的作用。因为大量的法律、法规是由行政机关执行的，行政机关需要依据有关的法律、法规，作出相应的具体规定。同时，由于法律、法规对有些问题的规定比较原则，需要通过行政规章使之进一步细化或具体化，以利更好地贯彻实施。但是，行政机关毕竟不是立法机关。行政规章的效力低于法律、法规。依照行政诉讼法的规定，人民法院审理行政案件，以法律和行政法规、地方性法规、自治条例和单行条例为依据；人民法院审理行政案件，参照国务院部、委制定的规章和地方政府制定的规章。行政诉讼法的规定，说明规章的效力同法律、行政法规、地方性法规、自治条例和单行条例有着明显的区别。鉴于这种情况，本条在规定本法的调整范围时，将规章同法律、行政法规、地方性法规、自治条例和单行条例分别作出规定。”[1] 此外，根据行政复议法第 37 条第 1 款的规定，行政复议机关审理行政复议案件的法律依据包括法律、法规和规章。因此，只有规章以下的规范性文件，才属于行政复议附带审查的范围。

1 张春生主编：《中华人民共和国立法法释义》，法律出版社 2000 年版，第 5~6 页。

第三讲　行政复议参加人

行政复议参加人，是指参加行政复议过程且与行政争议存在利害关系的人及与他们的诉讼地位相类似的人。按照行政复议法的规定，行政复议参加人包括当事人和复议代理人。当事人包括申请人、被申请人、第三人；复议代理人包括委托代理人和法定代理人。证人、鉴定人、翻译人员等不属于复议参加人。修订后的行政复议法在行政复议参加人部分没有原则意义上的改动，但在具体内容上更加丰富。

一、申请人

申请人，是指认为行政机关的行政行为侵害其合法权益，并以自己的名义向行政复议机关提出申请，要求对行政行为合法性和适当性进行审查，并依法作出复议决定的公民、法人或者其他组织。申请人是一种法律意义上的资格，表明其具有限制功能。这种限制功能的作用在于将那些并无合法权益需要保护的主体排除在外。申请人资格也是一种筛选机制。这种筛选一方面是为了保护国家利益和社会公共利益的需要，防止申请人将行政复议变为宣泄个人诉求的场所，防止行政机关陷入无休止的行政复议中，影响行政管理职能的实现。另一方面也是在保护真正具有合法权益的主体。当然，虽然申请人资格具有一定的限制性，但是不能过分强调，否则可能对保障申请人的行政复议权利构成障碍。因此，准确把握申请人的资格非常重要。

（一）申请人

关于申请人的规定，修订前后的行政复议法，保持完全一致。行政复议法第 14 条规定：

> 依照本法申请行政复议的公民、法人或者其他组织是申请人。
>
> 有权申请行政复议的公民死亡的，其近亲属可以申请行政复议。有权申请行政复议的法人或者其他组织终止的，其权利义务承受人可以申请行政复议。
>
> 有权申请行政复议的公民为无民事行为能力人或者限制民事行为能力人的，其法定代理人可以代为申请行政复议。

1. 关于行政复议申请人资格

一般的观点认为，申请人资格通常包括：一是申请人须是在行政法律关系中处于行政相对人或者相关人地位的一方；二是申请人须是认为行政行为侵犯其合法权益的一方；三是申请人须与被申请行政行为具有利害关系；四是申请人须明确提出申请；五是申请人须以自己名义提出申请。其实，修订前后的行政复议法对于申请人资格只有一句话："依照本法申请行政复议的公民、法人或者其他组织是申请人。"其要点包括：依照本法；申请；公民、法人或者其他组织。这个要点基本上是程序意义或者形式意义上的，和一般观点认为的五个资格要件差异较大。

所谓"依照本法"，是指依照行政复议法规定的程序，即程序要件。主要是：第一，申请人须明确。行政复议法第 30 条第 1 款第 1 项规定，行政复议机关对"有明确的申请人"的，应当予以受理。对于申请人的要求是"明确"。即申请人须指向特定的、具体的公民、法人或者其他组织，而非笼统的、不能确定的公民、法人或者其他组织。

行政复议法未规定，申请人须正确、准确。第二，须在法定申请期限内提出。行政复议法第 30 条第 1 款第 4 项规定，对于在法定申请期限内提出的申请，行政复议机关应当予以受理。需要注意的是，行政复议法第 30 条规定的是行政复议机关对申请人申请进行审查后受理的条件，总体上严于申请人启动行政复议申请的条件。为了充分保障申请人权益，尽可能将行政纠纷纳入行政复议法治轨道，不宜在申请人资格上设置高门槛。

所谓“申请”，是指申请人须有申请行为，即行为要件。申请人只有提出申请，才能获得申请人的资格。有观点指出，理解申请人的概念有三个侧重点：一要侧重于行政复议申请权，强调申请人是依法享有复议申请权并提出复议申请的人。二要侧重于利害关系，强调申请人是认为自己的合法权益受到行政行为侵害，从而与引发争议的新的行为有利害关系的人。三要侧重于申请行为本身，强调依法申请。事实上，这三个角度恰恰是申请人制度的三个基本要素，即利害关系，主观意愿和申请行动。但考虑到在行政复议申请阶段申请权利仅是基于利害关系的一种程序权利，是否切实存在尚待实体审理的结论，而主观意愿更需要申请这一外化的行动，表达利害关系人维护自身权益的意思。正因为如此，行政复议法淡而化之，仅以申请行为作为界定申请人的尺度。[1] 这一观点准确阐释了申请人的核心要素在于“申请行为”，而非实体权益的判断，是符合行政复议法立法原意的。

申请行为是申请人申请行政复议意愿的外化。行政复议法第 2 条第 1 款规定，公民、法人或者其他组织“认为”行政机关的行政行为侵犯其合法权益，向行政复议机关提出行政复议申请，行政复议机关办理行政复议案件，适用本法。行政复议法第 20 条第 1 款规定，公民、法人或者其他组织“认为”行政行为侵犯其合法权益的，可以自知道或者应当知道该行政行为之日起 60 日内提出行政复议申请，但是法律规定的申请期限超过 60 日的除外。这里的“认为”是指申

1 郜风涛主编、国务院法制办公室行政复议司编写：《中华人民共和国行政复议法实施条例释解与应用》，人民出版社 2007 年版，第 60 页。

请人提出行政复议的主观意愿，但是主观意愿不能作为申请人资格的条件，只有“认为行政机关的行政行为侵犯其合法权益”，且“向行政复议机关提出行政复议申请”，申请人申请行政复议的主观意愿就得以确定。

所谓“公民、法人或者其他组织”，是指申请人的主体要件。在行政法律规范的表述中，“公民、法人或者其他组织”一般是指行政相对人，特定情况下是指利害关系人（包括行政相对人和行政相关人）。利害关系人是行政诉讼原告资格的限定条件。行政诉讼法第 25 条第 1 款规定，行政行为的相对人以及其他与行政行为有利害关系的公民、法人或者其他组织，有权提起诉讼。相比较行政复议申请人资格，行政复议法没有采用实体意义上的“有利害关系”，而仅仅采用了程序意义或者形式意义上的“依照本法申请行政复议的公民、法人或者其他组织”的表述。这是行政复议申请人资格和行政诉讼原告资格的重大不同。行政复议申请人资格是以可能性为标准的，即申请人资格在成立或者不成立存在疑问时，应当假设行政复议申请人资格已经满足；申请人的合法权益存在合法权益侵害的可能性时，行政复议申请人资格已经满足。这一标准与行政复议申请人自身的“认为”标准互为表里，表达行政复议申请人较为宽松的资格标准。

需要注意的是，基于行政复议申请人资格较行政诉讼原告资格为宽的原理，一般而言，已经明确具有行政诉讼原告资格的情形，通常也具有行政复议申请人资格。例如，《行诉解释》第 12 条就“与行政行为有利害关系”的原告情形作了如下规定，有下列情形之一的，属于行政诉讼法第 25 条第 1 款规定的“与行政行为有利害关系”：（1）被诉的行政行为涉及其相邻权或者公平竞争权的；（2）在行政复议等行政程序中被追加为第三人的；（3）要求行政机关依法追究加害人法律责任的；（4）撤销或者变更行政行为涉及其合法权益的；（5）为维护自身合法权益向行政机关投诉，具有处理投诉职责的行政机关作出或者未作出处理的；(6) 其他与行政行为有利害关系的情形。对于已经明确具备行政诉讼原告资格的情形，行政复议实践中对于行政复议申请人资格的认定可以直接参照适用。

2. 申请人资格的转移

根据本条的规定，申请人资格在两种情况下发生转移：一是有权申请行政复议的公民死亡的，其近亲属可以申请行政复议。有权申请行政复议的公民死亡的，已死亡的公民不能列为申请人，申请复议的近亲属是以申请人的身份而不是以诉讼代理人的身份申请复议。二是有权申请行政复议的法人或者其他组织终止的，承受其权利的法人或者其他组织可以申请行政复议。

申请人资格的转移须具备如下条件：其一，享有申请人资格的公民死亡或者组织终止。申请人是公民的，死亡是指自然人的生理死亡或者经人民法院决定宣告死亡；申请人为法人或者其他组织的，终止包括解散、撤销、注销、合并或者破产等。从本质上说，只有在具有申请人资格的权利主体既丧失行为能力也丧失权利能力时才发生申请人资格的转移问题。其二，申请复议的权利有效存在。享有申请复议权的公民死亡、法人或者组织终止时，行政复议程序仍然在进行当中。其三，权利承受人的存在。公民死亡时，其近亲属是权利承受人。根据民法典的规定，近亲属范围是：配偶、父母、子女、兄弟姐妹、祖父母、外祖父母、孙子女、外孙子女。子女，包括婚生子女、非婚生子女、养子女和有扶养关系的继子女；父母，包括生父母、养父母和有扶养关系的继父母；兄弟姐妹，包括同父母的兄弟姐妹、同父异母的兄弟姐妹和同母异父的兄弟姐妹、养兄弟姐妹和有扶养关系的继兄弟姐妹。确定申请人资格转移的顺序应当注意继承的性质，即观察是遗嘱继承还是法定继承。如果是遗嘱继承，则所有的遗嘱继承人均具有被转继的申请人资格；如果是法定继承，则应当按照法定的继承顺序确定申请人资格的承继者。只有在上一顺序的继承人放弃其申请权时，下一顺序的继承人才具有被转继的申请人资格。此外，还应当注意是否属于遗产的范围，如果不属于遗产范围，申请人资格的转移就不宜受继承顺序的限制。法人或者其他组织终止时，其申请复议权由承受权利的法人或者其他组织承受。

3. 有权申请行政复议的公民为无民事行为能力人或者限制民事行为能力人的，其法定代理人可以代为申请行政复议

法定代理人，是指根据法律的规定，代替无行政复议能力的公民进行行政复议活动的人。这种代理是根据法律规定直接产生的，它不以任何人的意志，包括被代理人的意志为转移，因此称为法定代理。法定代理，是为无行政复议能力的当事人而设立的一种代理制度。法定代理人具有以下特征：一是代理权的产生和代理权限的范围必须是基于法律的明确规定。法定代理权的产生并不基于当事人的意思表示，亦非基于代理人的意思表示，而是通过法律加以规定的。二是法定代理人所代理的被代理人，是没有行政复议行为能力的自然人。没有行政复议能力的自然人包括无民事行为能力和限制民事行为能力人。主要是无行为能力或者限制行为能力的未成年人或者精神病人。三是法定代理不仅是一种权利，而且是一种义务。在行政复议中，法定代理人只适用于代理未成年人、精神病人等无行政复议能力的申请人或者第三人的个人，而不适用于法人、其他组织或者作为被申请人的行政机关。法定代理人一般都是对被代理人负有保护和监督责任的监护人，法定代理人和被代理人之间存在着亲权或者监护关系。法律要求这些与被代理人具有特殊关系的人担任法定代理人，不但赋予其代理权利，而且要求其承担代理的义务。

根据民法典的规定，无民事行为能力人、限制民事行为能力人的监护人是其法定代理人。如配偶、父母、子女等。父母是未成年子女的监护人。未成年人的父母已经死亡或者没有监护能力的，由下列有监护能力的人按顺序担任监护人：(1) 祖父母、外祖父母；(2) 兄、

姐；(3) 其他愿意担任监护人的个人或者组织，但是须经未成年人住所地的居民委员会、村民委员会或者民政部门同意。无民事行为能力或者限制民事行为能力的成年人，由下列有监护能力的人按顺序担任监护人：(1) 配偶；(2) 父母、子女；(3) 其他近亲属；(4) 其他愿意担任监护人的个人或者组织，但是须经被监护人住所地的居民委员会、村民委员会或者民政部门同意。

(二) 复议代表人

复议代表人是行政复议当事人的一种，是独立的行政复议主体。与委托代理人不同。复议代表人可以是参与行政复议的组织的法定代表人或者实际的负责人，也可以是临时推选的人。修订前的行政复议法没有规定复议代表人制度。《行政复议法实施条例》第 8 条规定了复议代表人制度。即同一行政复议案件，申请人超过 5 人的，推选 1 至 5 名代表参加行政复议。据此，行政复议法第 15 条规定：

> 同一行政复议案件申请人人数众多的，可以由申请人推选代表人参加行政复议。
>
> 代表人参加行政复议的行为对其所代表的申请人发生效力，但是代表人变更行政复议请求、撤回行政复议申请、承认第三人请求的，应当经被代表的申请人同意。

1. 复议代表人适用条件

行政复议实践中，由于行政管理领域的广泛，涉及的人民群众范围也比较广，群体性行政复议也比较多。行政复议机关面对人数众多的申请人，相关的释明、解释和协调工作就难以开展。在这种情况下，为了提高行政复议效率和实效，由人数众多的申请人中选择代表人参加行政复议就比较必要。本条内容也参考了行政诉讼法第 28 条的规定。该条规定，当事人一方人数众多的共同诉讼，可以由当事人推选代表人进行诉讼。代表人的诉讼行为对其所代表的当事人发生效力，但代表人变更、放弃诉讼请求或者承认对方当事人的诉讼请求，应当经被代表的当事人同意。

对于“人数众多”的情形，《行政复议法实施条例》第 8 条规定为“超过 5 人”，即 6 人或者 6 人以上。根据《行诉解释》第 29 条第 1 款的规定，行政诉讼法第 28 条规定的“人数众多”，一般指 10 人以上。对于何为“人数众多”，可以在将来修订《行政复议法实施条例》时予以明确。特别是要考虑行政复议工作场所、行政复议力量、行政复议工作难易等方面综合确定。一般来说，代表人应当为 2 至 5 人，代表人还可以委托 1 至 2 人作为委托代理人。

复议代表人的基本条件是：是本案的申请人或者第三人；具有行政复议能力；具有与进行行政复议活动相应的能力；能够善意履行复议代表人职责。复议代表人不能履行职责或者滥用代表权时，可以更换。更换复议代表人时，应当由被代表人向行政复议机关提出更换申请。行政复议机关认为申请有理由的，应当决定中止复议。然后召集全体被代表人，以推选、协商等方式重新确定复议代表人。新的复议代表人产生后，行政复议恢复。原复议代表人实施的复议行为，对更换后的复议代表人有拘束力。

2. 复议代表人行为效力

复议代表人的权限相当于未被授予处分实体权利的委托代理人。即复议代表人的复议行为，对其所代表的当事人发生法律效力。但是，在处分涉及被代表人的实体权利时，如变更、放弃行政复议请求、撤回行政复议申请、承认第三人的复议请求、进行和解等，必须经被代表的申请人同意。

二、行政复议第三人

行政复议第三人，是指同争议的行政行为或者行政案件处理结果有利害关系，依法申请或者经行政复议机关通知，参加到业已开始的行政复议活动中来的公民、法人或者其他组织。第三人参加行政复议的目的是维护自己的合法权益。其不能以本案的申请人、被申请人为共同被申请人，也不必然地站在本案的申请人、被申请人其中的一方。第三人在法律上具有独立的地位。修订前的行政复议法规定了第三人制度。该法第 10 条第 3 款规定，同申请行政复议的行政行为有利害关系的其他公民、法人或者其他组织，可以作为第三人参加行政复议。行政复议法本次修订，借鉴行政诉讼法第 29 条第 1 款关于“公民、法人或者其他组织同被诉行政行为有利害关系但没有提起诉讼，或者同案件处理结果有利害关系的，可以作为第三人申请参加诉讼，或者由人民法院通知参加诉讼”的规定，明确了行政复议第三人制度。行政复议法第 16 条规定：

> 申请人以外的同被申请行政复议的行政行为或者行政复议案件处理结果有利害关系的公民、法人或者其他组织，可以作为第三人申请参加行政复议，或者由行政复议机构通知其作为第三人参加行政复议。
>
> 第三人不参加行政复议，不影响行政复议案件的审理。

理解本条规定，需要注意以下几个方面：

（一）同被申请行政复议的行政行为有利害关系

与被申请的行政行为有利害关系，意味着该行政行为对申请人的权利义务产生了实际影响。这里的实际影响主要包括“被申请行政行为造成权利的丧失或者减损”和“被申请行政行为造成义务的课予或者增加”两种情况：第一，被申请行政行为造成权利的丧失或者减损。这种情况是指行政行为已经使公民、法人或者其他组织丧失了某种权利。例如，市政府因扩建马路决定拆除甲的房屋，但是甲的房屋已经抵押给乙，乙是抵押权人。市政府拆除甲的房屋的决定不仅使甲丧失了房屋所有权和居住权，也使得乙的抵押权归于消灭。乙与行政行为之间具有了利害关系，可以作为行政复议第三人。第二，被申请行政行为造成义务的课予或者增加。这种情况是指行政行为为公民、法人或者其他组织设定了法律上的义务。这种义务可能是为一定行为的义务，也可能是不为一定行为的义务。为一定行为的义务，例如，甲乙二人共同为一违法行为，受到公安机关罚款的行政处罚。甲不服申请行政复议。乙如不申请复议，行政复议机关应当通知其作为第三人参加复议。因为行政行为已经为乙设定了缴纳罚款的义务。不为一定行为的义务，例如，在有关确认土地、山林、草原、滩涂的使用权或者所有权的案件中，行政机关将使用权或者所有权确认给争执的一方，实际上就相当于给另一方设定了不得妨害另一方使用权或者所有权的不作为的义务。

（二）同案件处理结果有利害关系

“同案件处理结果有利害关系”的第三人参加行政复议，实际上都是将一个已经开始的行政复议和一个今后可能发生的潜在的行政复议合并审理，从而达到防患于未然、简化复议程序、方便当事人参加复议活动、化解行政纠纷的目的。需要注意的是，这种第三人与被申请的行政行为之间没有利害关系，但是与案件处理结果有利害关系。主要包括三种情形：第一，行政行为虽然没有使公民、法人或者其他组织丧失权利或者增加义务，但是，由于其是行政程序中的当事人，是行政机关所处理的事项的利害关系人。如果行政行为的效力或者内容发生变化或者行政机关对该行政行为重新处理，则可能与公民、法人或者其他组织的权利义务有利害关系。这种“利害关系”可能是因此享受或者丧失权利，可能是因此减少或者增加的义务，可能是承担或者减免法律责任。例如，甲乙二人互殴，公安机关处罚了甲，甲不服申请行政复议。公安机关的处罚决定尽管没有给乙设定特定义务，也没有给乙赋予何种权利。但是，由于乙是公安机关所处理事项的当事人，进入行政复议程序之后，如果该行政行为的效力或者内容发生变化，将使其有可能承担不利的法律后果。如果行政复议认为处罚明显不当，决定变更行政行为或者要求行政机关对乙也要进行处罚。此时，行政复议结果包含了使乙承担法律责任的内容。因此，行政复议机关应当通知乙作为第三人参加复议。第二，行政行为对现存权利义务关系制造了冲突和矛盾。行政行为虽然没有直接涉及有关公民、法人或者其他组织的权利义务，但是在事实上与该公民、法人或者其他组织现存的权利义务关系（或者职权职责关系）发生了内在的冲突或者矛盾。行政行为是否有效，将关系到该公民、法人或者其他组织现存的权利义务关系（或者职权职责关系）是否发生变化。例如，城市管理部门以某公民违章建房为由对其进行了处罚。该公民不服申请复议，称其建筑该房时曾经过规划部门的批准，不是违章建筑，要求撤销行政机关的处罚决定。行政复议机关对于该案的裁判对规划部门的行政行为具有预决的效力。因此，规划部门可以作为第三人参加诉讼。第三，行政行为认定的事实造成不利法律后果。行政行为虽然没有直接涉及有关公民、法人或者其他组织的权利义务，但是行政行为所认定的事实或者行政复议机关在审查被诉行政行为中所认定的事实，作为一种法律事实，在正常的法治状态下，势必引起对该公民、法人或者其他组织不利的法律后果，则该公民、法人或者其他组织属于与案件处理结果有法律上利害关系的人。例如，公安机关认为甲有偷窃行为而给予甲以治安处罚。甲认为，该违法行为是乙实施的，公安机关的认定事实存在错误，申请行政复议。在审查该行政行为过程中，行政复议机关发现该违法行为确实不是甲而是乙所作，行政复议机关遂撤销该行政行为。依据行政复议机关所确认的乙有偷窃行为这一法律事实，在正常的法治状态下，将会受到公安机关的治安处罚。本案中的乙应当被视为与案件处理结果有利害关系的人。

（三）申请参加行政复议，或者由行政复议机构通知其作为第三人参加行政复议

第三人参加行政复议的时间是他人之间的行政复议已经开始或者进行，但行政复议机关尚未作出决定之前。如果他人之间的行政复议尚未开始，不会出现第三人参加行政复议；如果他人之间的行政复议已经结束，也不会有第三人参加进来。第三人参加行政复议的方式主要是申请参加行政机关和行政复议机构通知其参加行政复议两种。

三、委托代理人

委托代理人，是指依照行政复议当事人的授权，以当事人的名义在代理权限内，维护当事人合法权益，代理当事人进行行政复议活动的人。委托代理人，是受行政复议当事人或者法定代理人的委托而进行行政复议行为的人。委托代理是为行政复议当事人提供方便，维护其合法权益的一种代理制度，也是在行政复议中普遍采用的代理制度。与法定代理不同，在委托代理中，被代理人并非由于无诉讼行为能力而是由于缺乏法律知识、参加复议经验，希望获得他人的法律帮助。修订前的行政复议法第 10 条第 5 款规定，申请人、第三人可以委托代理人代为参加行政复议。《行政复议法实施条例》第10条规定，申请人、第三人可以委托 1 至 2 名代理人参加行政复议。申请人、第三人委托代理人的，应当向行政复议机构提交授权委托书。授权委托

书应当载明委托事项、权限和期限。公民在特殊情况下无法书面委托的，可以口头委托。口头委托的行政复议机构应当核实并记录在卷。申请人、第三人解除或者变更委托的，应当书面报告行政复议机构。行政复议法第17条规定：

> 申请人、第三人可以委托一至二名律师、基层法律服务工作者或者其他代理人代为参加行政复议。
>
> 申请人、第三人委托代理人的，应当向行政复议机构提交授权委托书、委托人及被委托人的身份证明文件。授权委托书应当载明委托事项、权限和期限。申请人、第三人变更或者解除代理人权限的，应当书面告知行政复议机构。

在行政复议执法实践中，需要注意以下几个问题：第一，代理权的产生是基于当事人、法定代理人或者法定代表人的授权。委托代理权来自被代理人的委托行为。如果当事人有行政复议行为能力，当事人可以亲自委托；如果当事人没有行政复议行为能力，由其法定代理人进行委托。法人或者其他组织作为当事人的，应当由法人的法定代表人或者其他组织的主要负责人进行委托。第二，委托代理人具有何种委托代理权限，应当以授权委托书的内容为准。授权委托书应当载明委托事项、权限和期限。书面委托是一个比较严格的要求。在特定的情况下，当事人可能无法进行书面委托。特别是在当事人的人身自由被限制或者剥夺的情况下，书面委托实际上无法进行。此时，为了保障当事人合法权益，可以借鉴行政诉讼中的做法，即公民在特殊情况下无法书面委托的，也可以口头委托。口头委托的，行政复议机关应当核实并记录在卷；被申请人或者其他有义务协助的机关拒绝行政复议机关向被限制人身自由的公民核实的，视为委托成立。第三，根据委托代理权限范围的不同，委托代理可以分为一般委托代理和特别委托代理。一般委托代理，是指代理人只能代理被代理人为一般的行政复议行为，不能处分复议程序权利和实体权利。特别委托代理，是指代理人不仅可以为被代理人代为一般的行政复议行为，并可以根据被代理人的特别授权，代为承认、变更或者放弃复议请求，进行和解等。委托代理权成立之后，委托人可以改变原来授予的代理权限范围，包括扩大或者缩小原来的代理权限范围。当事人、法定代理人变更或者解除代理权限后，应当及时告知行政复议机构，并由行政复议机构通知对方当事人。第四，对于符合法律援助条件的行政复议申请人申请法律援助的，法律援助机构应当依法为其提供法律援助。

四、被申请人

被申请人是和申请人相对的概念。被申请人，是指在行政复议程序中，由复议机关通知其参加复议的行政机关。修订前的行政复议法第 10 条第 4 款规定，公民、法人或者其他组织对行政机关的具体行政行为不服申请行政复议的，作出具体行政行为的行政机关是被申请人。之后，《行政复议法实施条例》第 11 条作了类似的规定："公民、法人或者其他组织对行政机关的具体行政行为不服，依照行政复议法和本条例的规定申请行政复议的，作出该具体行政行为的行政机关为被申请人。"行政复议法本次修订，借鉴行政诉讼法关于被告的规定，对被申请人制度作了补充完善。行政复议法第 19 条规定：

> 公民、法人或者其他组织对行政行为不服申请行政复议的，作出行政行为的行政机关或者法律、法规、规章授权的组织是被申请人。
>
> 两个以上行政机关以共同的名义作出同一行政行为的，共同作出行政行为的行政机关是被申请人。

行政机关委托的组织作出行政行为的，委托的行政机关是被申请人。

作出行政行为的行政机关被撤销或者职权变更的，继续行使其职权的行政机关是被申请人。

理解这一条文，需要注意以下几个问题：

（一）被申请人确定的一般规则

“公民、法人或者其他组织对行政行为不服申请行政复议的，作出行政行为的行政机关或者法律、法规、规章授权的组织是被申请人”可以分解为以下几个方面的含义：

1. 被申请人包括行政机关或者法律、法规、规章授权的组织

行政机关属于职权行政主体，是指依照宪法和行政组织法的规定，在成立时就具有行政职能并取得行政主体资格的组织。例如，中央和地方各级人民政府及其职能部门。行政机关的特点是：主体资格的取得依据宪法和行政组织法；取得方式一般是通过立法机关的决定而取得；取得资格的行政主体的职权和职责主要由组织法规定，内容具有概括性和原则性；主体资格的取得和该组织的成立是同时的。在行政法学上，行政机关属于职权行政主体，法律、法规、规章授权的组织属于授权行政主体。授权行政主体的特点是：主体资格取得的法律依据是宪法、组织法以外的法律、法规、规章；取得方式由法律、法规、规章概括规定或者作具体规定，但不能一揽子授权；取得资格的行政主体的行政职能一般比较明确、具体，范围比较明了；组织的成立和行政主体的法律资格的取得可能是同时取得的，也可能是先成立组织后取得行政主体资格；此时授权行政主体有时候还必须符合授权时限。授权机关可以是立法机关也可以是最高行政机关，必须以法律、法规、规章的形式明确授予。授权决定的内容必须包括：授权人

与被授权人、授权事项与授权范围、授权依据、授权期限等。这里的法律、法规、规章授权的“组织”不仅包括企业、事业单位，还包括行政机关、行政机构等。典型的授权组织是法律、法规、规章授予非行政机关行政管理权限。例如，高等学校在学生诉高校颁发学位证的案件中，得为被申请人。

2.“作出”的含义

“作出”的含义比较广泛。一般认为，“作出”的含义不仅包括作为行为，还包括不作为行为。行政复议法虽然没有明确就此进行规定。但是在行政复议范围中关于“不予答复”“没有依法给付”“不依法订立”“不依法履行”“未按照约定履行”等情形均属于不作为的情形。如果不包括不作为行为，将使上述规定失去意义。由于立法技术的原因，如果在表述中增加不作为的内容，句式结构就比较复杂。目前的表述虽然并不完整，但有充分的解释空间契合立法本意。作出行政行为的行政机关或者法律、法规、规章授权的组织是被申请人的原则表明，确定被申请人的标准之一是行政行为的真正行为者为被申请人。这就意味着，受托的行政机关并非行政行为的真正作出者，委托的行政机关才是行政行为真正作出者，是法律责任的归属者。因此，“作出行政行为的行政机关或者法律、法规、规章授权的组织”为被申请人是一个总括性的、基本性的确认原则。

对于非行政机关而言，“授权”的标准对于确定被申请人就非常重要。例如，行政机关的内设机构或者派出机构在没有法律、法规或者规章授权的情况下，以自己的名义作出行政行为，当事人不服申请行政复议的，应当以该行政机关为被申请人。

3.“作出”的表述，目的在于确立“谁行为，谁被申请人”规则

行政复议法规定的“作出”表明的是“谁侵权，谁负责”的原理。在行政执法实践中，有的行政机关超越职权或者法律、法规、规章授权组织超越授权作出行政行为，申请人申请行政复议的，应当以该实

施行政行为的行政机关或者法律、法规、规章授权组织为被申请人。这一点，在行政诉讼中也是适用的。例如，《行诉解释》第20条第2款规定，法律、法规或者规章授权行使行政职权的行政机关内设机构、派出机构或者其他组织，超出法定授权范围实施行政行为，当事人不服申请行政复议的，应当以实施该行为的机构或者组织为被申请人。该条中的“实施”的表述，就是“作出”的含义。在强制拆除行政案件中，强制拆除的法定主体是县级以上地方人民政府，对于乡政府实施强制拆除的行为不服申请行政复议的，应当以谁为被申请人？有观点认为，应当以法定的强制拆除主体为被申请人，不应当以实际实施强制拆除主体为被申请人。这种观点是不正确的。只要是行政机关或者其他行政主体认可自己实际实施强制拆除的，不应当推定以没有作出实施行为的“法定主体”为被告。对于这类案件，可以参照最高人民法院有关司法解释的规定。例如，《最高人民法院关于正确确定县级以上地方人民政府行政诉讼被告资格若干问题的规定》第3条规定，公民、法人或者其他组织对集体土地征收中强制拆除房屋等行为不服提起诉讼的，除有证据证明系县级以上地方人民政府具体实施外，人民法院应当根据行政诉讼法第26条第1款的规定，以作出强制拆除决定的行政机关为被告；没有强制拆除决定书的，以具体实施强制拆除等行为的行政机关为被告。县级以上地方人民政府已经作出国有土地上房屋征收与补偿决定，公民、法人或者其他组织不服具体实施房屋征收与补偿工作中的强制拆除房屋等行为提起诉讼的，人民法院应当根据行政诉讼法第26条第1款的规定，以作出强制拆除决定的行政机关为被告；没有强制拆除决定书的，以县级以上地方人民政府确定的房屋征收部门为被告。行政复议法在确定被申请人资格方面，与行政诉讼中“谁行为，谁被告”规则一样，采用“谁行为，谁被申请人”规则。

4. 确定被申请人资格的其他情形

一是关于经批准的行政行为申请行政复议情形下的被申请人确定。对于这一问题,《行政复议法实施条例》第 13 条规定,下级行政机关依照法律、法规、规章规定,经上级行政机关批准作出的行政行为的,批准机关为被申请人。这一规定的方式与行政诉讼的做法不同。《行诉解释》第 19 条规定:"当事人不服经上级行政机关批准的行政行为,向人民法院提起诉讼的,以在对外发生法律效力的文书上署名的机关为被告。"可见,在行政诉讼中,对于上级机关批准的行政行为,是以盖章为标准的。在行政复议中,以批准机关为被申请人的理由主要是,行政诉讼司法解释规定的由盖章机关为被告的最大好处是,可以降低被告的层级,减少行政诉讼的阻力和难度。但是,从行政复议的角度来讲,如果参照适用这一规定,直接结果就是复议机关往往就是批准机关,甚至是批准机关的下级机关。在这种情况下,通过行政复议审查本机关甚至上级机关批准后的行政行为,阻力和难度可想而知,行政复议很有可能形同虚设。批准机关与执行机关的层级级别越大,行政复议的效果只能更差,不会更好。[1] 当然这一规定,是行政复议法修订之前的内容。在行政复议体制改革已经发生重大改变的情况下,上述规定中的理由基本不复存在,可以考虑作一调整。

二是行政机关组建并赋予行政管理职能但不具有独立承担法律责任能力的机构,以自己的名义作出行政行为,当事人申请行政复议的,应当以组建该机构的行政机关为被申请人。"独立承担法律责任能力"并非指行政机关本身具有独立的财政支付能力,而是具有法律、法规、规章规定的职权。行政主体与民事主体之间最大的区别,在于前者是否具有法律、法规、规章是否有授权。行政机关违法造成损害的,应当由国家来承担赔偿责任,并非行政机关自身来承担法律责任。行政机关组建的机构,即便对外以自己名义作出行政行为,亦应当由具备行政主体资格的、组建该机构的行政机关为被申请人。

1 郜风涛主编、国务院法制办公室行政复议司编写:《中华人民共和国行政复议法实施条例释解与应用》,人民出版社 2007 年版,第 93 页。

(二) 共同被申请人

两个以上的行政机关以共同的名义作出同一行政行为的，为共同被申请人。本条规定是指，不同的行政机关在同一时间采取同一形式实施了同一的行政行为。“两个以上的行政机关”应当作广义的理解，可以是两个以上的行政机关，可以是两个以上的行政机关和法律、法规、规章授权组织，还可以是两个以上的法律、法规、规章授权组织。但是，行政机关与其他非经法律、法规、规章授权的组织共同作出行政行为的，行政机关是被申请人。据此，《行政复议法实施条例》第12条规定，行政机关与法律、法规授权的组织以共同的名义作出具体行政行为的，行政机关和法律法规授权的组织为共同被申请人。行政机关与其他组织以共同名义作出具体行政行为的，行政机关为被申请人。这一条文仍然适用。在行政复议实践中，有几个需要继续讨论的问题：

1. 共同不作为的行政机关是否成立共同被申请人。由于法律立法技术的制约，只是规定了“共同作出”的情形，意即共同被申请人只涉及共同作为行为的情况。如果各个行政机关之间互相扯皮、推诿等不作为行为，行政复议机关是否认定为共同不作为？认定共同被申请人的基点在于两个以上的行政机关之间有共同的意思表示。这个意思表示只能是通过作为的行为来实现。很难想象不同的行政机关基于共同的意思表示针对相对人不作为。这个问题类似刑法上关于共同犯罪的争论。根据刑法第25条的规定：“共同犯罪是指二人以上共同故意犯罪。二人以上共同过失犯罪，不以共同犯罪论处；应当负刑事责任的，按照他们所犯的罪分别处罚”。过失大多数是通过不作为形式表现出来的。因此，问题具有类似性。参照刑法的规定，对于共同的作为行为，由于基于一个意思表示，可以认定为共同被申请人；对于共同的不作为，即两个以上行政机关的推诿、不予受理、不予答复等不作为，不作为共同被申请人对待。

2. 上下级行政机关作为共同被告的情形。对于这个问题可以采取比较简单的对外标准和盖章标准。对外标准是指，看行政法律关系是否反映到对外关系上。如果只是行政机关内部的请示和报告，没有反映在外部程序上，则只列下级机关作为被申请人。盖章标准是指，看对外发生法律效力的文书上盖章的行政机关，如果上下级行政机关一起盖章，则两个行政机关是共同被申请人。

(三) 委托组织

行政法上的委托，是指行政机关将其管辖权的一部分交由行政机关之外的组织或者个人，并以行政机关名义行使行政职能。广义上讲，行政机关之间的委托也应当包括在内。例如，行政许可法第 24 条第 1 款规定，行政机关在其法定职权范围内，依照法律、法规、规章的规定，可以委托其他行政机关实施行政许可。行政委托一般具备以下特征：第一，受委托人必须是有管理公共事务职能的组织。第二，受委托人必须具备相应的技术鉴定、技术检查的能力。这是受委托人必须具备的物质或技能要素。第三，受委托人必须具有熟悉有关法律、法规、规章和行政公务人员。这是受委托人必须具备的人员要素。本法规定，行政机关委托的组织作出行政行为的，委托的行政机关是被申请人。在行政复议实践中，需要注意以下几个问题：

1. 超越委托范围情形下被申请人的确定。被委托的组织只能在委托的范围内行使行政职权，如果被委托组织超出委托事项的范围，对于超出委托事项范围的行政行为，应当由谁当行政复议被申请人。一般来说，应当由委托的行政机关作为被申请人，被委托的组织作为第三人参加复议。主要考虑是：行政委托事项由于其具有的对行政行为的先定力、公定力等效力，相对人一般予以信赖，大多数情况下可准用民法上关于“表见代理”的规定处理。即以委托的行政机关作为被申请人。被委托的组织大多数不是行政机关，因此将其与委托的行政机关一起列为共同被申请人，在理论上还存在障碍。但是，对于超越委托事项范围的行为，如果没有被委托组织的参与，案件的事实有可能难以查清。该被委托组织与行政行为存在利害关系，应当列为第三人为妥。

2. 行政机关自我授权情形下被申请人的确定。行政机关在没有法律、法规或者规章规定，授权其内设机构、派出机构或者其他组织行使行政职权的，应当以谁为被申请人？一般认为，没有法律、法规、规章授权，行政机关的“授权”视为委托。行政复议法规定的被申请人须有法律、法规、规章的明确规定或者特别授权。法律、法规、规章没有授权，行政机关“授权”其内设机构、派出机构或者其他组织行使行政职权的，视为行政机关的委托。值得注意的是，一般情况下，行政委托需要具备正式的书面委托文书，口头委托并非合法的委托。

（四）行政机关撤销、变更时的被申请人

行政复议法规定，作出行政行为的行政机关被撤销或者职权变更的，继续行使其职权的行政机关是被申请人。这是关于行政复议被申请人资格承继的规定。行政复议被申请人的资格之所以可以承继，就是因为行政机关是国家设立的公权力机关，不致因行政机关的组织变化而影响对当事人的行政复议救济。

行政机关被撤销的情形并非常见，主要涉及以下两种情形：一是行政机关合并时的被申请人资格确定。行政机关合并，是指两个以上的行政机关合并为新的行政机关或者合并在一个或者数个行政机关之中的情形。行政机关合并主要包括两种情况：①两个以上的行政机关合并，并且成立新的行政机关，是为新设式合并。②两个以上的行政机关合并，并未成立新的行政机关，而是保留一个或者数个行政机关，是为吸收式合并。在这两种情况下，如果新的行政机关继续行使原行政机关的行政职权，新成立的行政机关作为行政复议被申请人；

如果新的行政机关没有继续行使原行政机关的行政职权，新成立的行政机关不作为行政复议被申请人。当然，如果行使原行政机关行政职权的是其他行政机关，则由其他行政机关作为行政复议被申请人。如果没有行政机关行使原行政机关的职权，即不存在继续行使职权的行政机关，如何处理呢？行政复议法及其实施条例对于这种情况下如何处理没有规定。一般认为，应当以原行政机关所属的人民政府或者上一级行政机关为被申请人。主要考虑这种情况下，可能没有作出撤销决定的机关。二是行政机关分立时的被申请人资格确定。行政机关的分立，是指一个行政机关分立为数个行政机关，保留其中一个或者不再保留原行政机关的情形。行政机关的分立主要包括两种情形：①原行政机关分立为两个以上的行政机关，分立后的行政机关仍然保留原行政机关的名称，是为吸收式分立。②原行政机关分立为两个以上的行政机关，原行政机关不再保留，是为新设式分立。在吸收式分立的情况下，保留原行政机关名称的行政机关属于继续行使职权的行政机关，应当为行政复议被申请人。在新设式分立的情况下，原行政机关的职权被分解，如果原行政机关的权力包括分解后的若干行政机关的职权，则若干行政机关应当为共同被申请人；如果原行政机关的权力只是由其中一个行政机关继承，则此行政机关为行政复议被申请人。

对于行政机关发生变更的，也应当由继续行使其职权的行政机关作为行政复议被申请人。这是因为：第一，基于行政机关整体性和连续性的原则，行政机关职权变更前的权利义务已经被变更后的行政机关所承继。第二，行政机关在行政复议中承担的不利责任，从形式上看属于行政机关，实际承担责任的是国家，因此，由哪个行政机关参加行政复议并不重要。第三，由职权变更后的行政机关作为被申请人，有利于监督其今后继续行使的行政职权。

第四讲　申请的提出

行政复议须经由申请人提出才能开启，行政复议机关不能主动启动行政复议程序。本讲内容主要就申请复议的期限、申请复议的形式和行政复议前置三个方面的内容作一阐述。

一、申请行政复议的一般期限

修订前后的行政复议法，对申请行政复议的一般期限作了相同的规定。行政复议法第 20 条规定：

> 公民、法人或者其他组织认为行政行为侵犯其合法权益的，可以自知道或者应当知道该行政行为之日起六十日内提出行政复议申请；但是法律规定的申请期限超过六十日的除外。
>
> 因不可抗力或者其他正当理由耽误法定申请期限的，申请期限自障碍消除之日起继续计算。
>
> 行政机关作出行政行为时，未告知公民、法人或者其他组织申请行政复议的权利、行政复议机关和申请期限的，申请期限自公民、法人或者其他组织知道或者应当知道申请行政复议的权利、行政复议机关和申请期限之日起计算，但是自知道或者应当知道行政行为内容之日起最长不得超过一年。

这一条文主要包括以下内容：

（一）行政复议一般期限为60日

行政复议一般期限确定为60日，主要的考虑是：第一，为了充分保障公民、法人或者其他组织的复议权利。公民、法人或者其他组织在受到行政行为的侵害时，往往不知道采取何种救济措施，知道救济措施也没有对证据、相关的依据作充分的收集整理。还有的在行政复议前采取与行政机关沟通协商、请求减轻义务等方式进行斡旋，导致一些行政纠纷长时间不能解决。因此，启动行政复议申请的程序，需要确定一个相对较长的行政复议期限。第二，行政复议申请人还可能就规范性文件一并提出附带审查的请求，涉及的法律专业问题更加专业和复杂。规范性文件一并审查是在复议申请时一并提出的，所以需要花费的时间可能更长。第三，从世界范围来看，大多数国家和地区的复议申请期限在30日至60日。从行政复议法实施20多年的情况来看，60日的行政复议期限是符合行政复议实际情况的。据此，修订后的行政复议法再次明确申请复议的一般期限为60日。例外的情况是，如果法律规定的申请期限超过60日，依其规定；如果法律规定的申请期限短于60日，按照行政复议法规定的一般期限60日执行。

（二）复议期限自知道或者应当知道该行政行为之日起算

"知道或者应当知道"的提法，是借鉴了民法典和行政诉讼法的有关规定。民法典第188条规定，向人民法院请求保护民事权利的诉讼时效期间为3年。法律另有规定的，依照其规定。诉讼时效期间自权利人知道或者应当知道权利受到损害以及义务人之日起计算。法律另有规定的，依照其规定。但是，自权利受到损害之日起超过20年的，人民法院不予保护，有特殊情况的，人民法院可以根据权利人的申请决定延长。行政诉讼法第46条第1款规定，公民、法人或者其他组织直接向人民法院提起诉讼的，应当自知道或者应当知道作出行政行为之日起6个月内提出法律另有规定的除外。一般情况下，“知道作出行政行为之日”就是“应当知道作出行政行为之日”。例如，行政处罚决定书作出并送达相对人后，实际收到行政处罚决定之日即为知道作出行政行为，同时也是应当知道作出行政行为之日。“知道”本身是一个主观性的判断，必须自身明了才能称为“知道”。实践中，行政相对人可能否认自己知道。例如，行政相对人主张自己没有收到行政处罚决定书。在这种情况下，行政复议机关必须要客观确定行政相对人知道的时间。这个时间就是“应当知道作出行政行为之日”。如果行政机关提出证据证明行政相对人已经签收或者采取邮寄送达、公告送达等方式，相应的日期即为“应当知道作出行政行为之日”。对于这一问题，《行政复议法实施条例》第15条作了详细的规定。该条规定，行政复议法规定的行政复议申请期限的计算，依照下列规定办理：当场作出行政行为的，自行政行为作出之日起计算；载明行政行为的法律文书直接送达的，自受送达人签收之日起计算；载明行政行为的法律文书邮寄送达的，自受送达人在邮件签收单上签收之日起计算；没有邮件签收单的，自受送达人在送达回执上签名之日起计算；行政行为依法通过公告形式告知受送达人的，自公告规定的期限届满之日起计算；行政机关作出行政行为时未告知公民、法人或者其他组织事后补充告知的，自该公民、法人或者其他组织收到行政机关补充告知的通知之日起计算；被申请人能够证明公民、法人或者其他组织知道行政行为的，自证据材料证明其知道行政行为之日起计算。可见，相比“知道”，“知道或者应当知道”是一个相对客观、全面的起算标准。

行政机关“作出行政行为”不仅仅是一个简单的行为，而且还包括一系列的要求。主要是：作出行政行为本身；作出行政行为的事实根据和法律依据；告知行政行为的行政复议权利和行政复议期限。这三项内容缺一不可，是“作出行政行为”的全部含义。一般情况下，行政机关“作出行政行为”采取的是格式文书，这三项内容是完整体现的，不存在计算问题。但是，有的行政法律文书只有前两项，缺乏第三项，应当自行政相对人知道行政复议期限之日开始起算。这些要求也是基于行政机关是作出行政行为的一方，有义务告知行政行为的内容和救济途径。是为行政机关的“教示”义务。行政机关履行教示义务的情况，直接影响到复议期限的起算。

（三）复议期限耽误的处理

对于因不可抗力或者其他正当理由耽误法定申请期限的申请期限，自障碍消除之日起继续计算。不可抗力，即客观上不可抗拒、不能避免且无法克服的原因。例如，自然灾害、战争等。其他正当理由，是指除不可抗力之外正当理由。例如，遭遇交通事故、罹患急症、出国未返等。

（四）行政不作为案件的复议期限起算

行政复议法没有对行政不作为案件的复议期限和起算作出规定。对于这个问题，可以参考借鉴行政诉讼法的相关规定。行政诉讼法第47条规定：“公民、法人或者其他组织申请行政机关履行保护其人身权、财产权等合法权益的法定职责，行政机关在接到申请之日起两个月内不履行的，公民、法人或者其他组织可以向人民法院提起诉讼。法律、法规对行政机关履行职责的期限另有规定的，从其规定。”需要注意的是，接到申请之日起“两个月”是提起诉讼的起算点，并非指不作为案件的起诉期限是2个月。那么，两个月履行期限届满之后，公民、法人或者其他组织何时提起诉讼，行政诉讼法没有规定，《行诉解释》作了规定。《行诉解释》第66条规定：“公民、法人或者其他组织依照行政诉讼法第四十七条第一款的规定，对行政机关不履行法定职责提起诉讼的，应当在行政机关履行法定职责期限届满之日起六个月内提出。”可见，对于行政不作为案件，起诉期限从行政机关履行法定期限届满之日起 6 个月。

借鉴行政诉讼这一认定规则，对于行政不作为复议案件中，复议期限应当自行政机关履行法定期限届满之日起 60 天。之所以要掌握行政不作为案件的复议期限，主要考虑是：第一，行政不作为属于行政行为的一种，其产生的法律后果与作为类的行政行为没有本质上的不同。第二，申请人对自身合法权益受损应当及时寻求行政复议救济，不能一直躺在权利簿上睡大觉。第三，域外行政复议制度一般也确定了依申请不作为的复议期限。例如，韩国行政复议法第 29 条规定，对于行政不作为案件应当载明不作为申请的内容和日期。根据该法第 18 条第 7 款的规定，对不作为的义务行政复议申请应当准用该条第 1 至 6 款有关时限的规定。这说明，对于不作为复议案件，该不作为拟制为行政作为，在履行期限届满后按照行政作为行为起算行政复议期限。

（五）无效行政行为的行政复议期限

行政复议法没有对申请人申请复议要求确认行政行为无效的案件如何适用行政复议期限作出规定。有关无效行政行为案件，可以参照适用行政诉讼法及其司法解释的有关规定。

修订后的行政复议法第 67 条规定，行政行为有实施主体不具有行政主体资格或者没有依据等重大且明显违法情形，申请人申请确认行政行为无效的，行政复议机关确认该行政行为无效。这一规定与行政诉讼法关于无效行政行为的内容一致。行政法学上一般认为，无效的行政行为自始无效、绝对无效。在法国，行政行为无效，主要的后果是认为行政行为不存在。对于不存在的行为，当事人可以不申请复议、不提起诉讼也不遵守，也可以在任何时候向任何行政机关、法院主张无效，不受复议期限、起诉时间的限制。行政复议机关、行政法院可以任何时候宣告这类行为无效，不受复议期限、撤销诉讼起诉期限的限制。不存在的行为，和一般的违法行为不一样，不因为时间的经过而成为不受直接攻击的行为。[1] 在德国，无效行政行为自始无效，法院不能适用撤销诉讼，因为该行为本身就视为不存在，没有可撤销的东西，只能通过确认无效诉讼来否定其效力。[2] 在这种情况下，法院受行政行为效力的限制，但不受其无效性的限制；不能撤销该行政行为，但可以确认该行政行为并且作出判决。[3] 从无效行政行为的违法程度而言，无效行政行为的违法属于“重大且明显”的违法，达到了匪夷所思的地步，这种重大且明显的违法行为不应当受到行政复议期限的保护和限制。此外，无效行政行为虽然不受行政复议期限的限制，但是也不会引发行政复议潮。因为无效行政行为的标准比一般的行政行为的标准要高，其承担不利后果的风险很高。从大陆法系国家的做法来看，申请人针对无效行为申请行政复议的，举证责任由其承担。原则上申请人必须证明被申请的行政行为存在重大且明显违法情形，否则受行政复议期限的限制。

（六）行政协议案件的复议期限

行政复议法没有就行政协议案件的复议期限作出规定。行政协议司法解释针对行政协议纠纷适用起诉期限和时效问题作了规定。《行政协议司法解释》第 25 条规定，公民、法人或者其他组织对行政机关不依法履行、未按照约定履行行政协议提起诉讼的，诉讼时效参照民事法律规范确定；对行政机关变更、解除行政协议等行政行为提起诉讼的，起诉期限依照行政诉讼法及其司法解释确定。行政协议司法解释对于行政协议纠纷作了区分处理。即对于认为行政机关不依法履行、未按照约定履行的纠纷应当适用民法上关于诉讼时效的规定，对于认为行政机关违法变更、解除行政协议的，应当适用行政诉讼法及其司法解释规定的起诉期限。主要考虑是：第一，当事人对协议相关的单方行政行为提起诉讼，例如，行政机关基于公共利益或者

1 王名扬：《法国行政法》，中国政法大学出版社 1988 年版，第 173 页。

2 ［德］胡芬：《行政诉讼法》，莫光华译，法律出版社 2003 年版，第 323 页。

3 ［德］汉斯·J. 沃尔夫、奥托·巴霍夫、罗尔夫·施托贝尔：《行政法（第二卷）》，高家伟译，商务印书馆 2002 年版，第 90 页。

法定事由单方变更或者解除协议，或者单方对相对人作出处罚等行政行为提起诉讼，与一般的行政诉讼并无实质差别。其起诉期限应当适用行政诉讼法关于起诉期限的规定。但是，对行政机关不依法履行、未按照约定履行协议提起诉讼的，诉讼的协议性争议特点更为突出，因此应当适用民事法律规范关于诉讼时效的规定。第二，从域外的立法例看，行政协议也都是准用相关民事实体法律规范中关于时效的规定。例如，在大陆法系国家，行政协议的起诉期限与一般行政行为不同。法国的公共工程合同没有起诉期限限制，一般合同参照民法上 4 年的诉讼时效。但是当事人对于国家的债权，只在 4 年内有请求权。[1] 在德国，行政协议诉讼适用一般给付诉讼，不必遵守有关起诉期限的规定，则完全适用民事诉讼法的规定。[2] 第三，行政诉讼法只规定了行政相对人可以起诉行政机关，对于行政机关起诉行政相对人不履约行为的，行政机关可以参照民事诉讼途径，在民事法律规范规定的诉讼时效内救济，并可以适用期间的中止、中断规定。行政协议纠纷并非单纯的行政行为纠纷，既包括单方变更、解除行政协议的行政行为纠纷，也包括因行政协议履行而引发的行政协议法律关系纠纷。对于后者，由于涉及行政机关违反约定的问题，更多考虑与行政机关合作一方的利益。如果作为合作一方行政相对人申请行政复议，被申请人没有异议的，行政复议机关不能主动提出申请人已经超出复议期限的意见，也不能作出不予受理的决定。这是行政协议纠纷的特点和复杂性决定的。目前，行政协议案件刚刚纳入行政复议范围，有关行政协议案件审理的经验还需要进一步积累。特别是要考虑行政协议案件和一般行政行为案件的区别，是否区分行政协议纠纷，行政复议机关对于行政协议纠纷的审理对象等，都涉及最终的行政协议复议案件的审理规则构建。

1 王名扬:《法国行政法》，中国法制出版社 2014 年版，707 页。

2 [德]弗里德赫尔穆·胡芬:《行政诉讼法》，莫光华译，法律出版社 2003 年版，第 308~309 页。

二、未履行教示义务的行政复议期限

前已述及，行政机关在作出行政行为时，应当履行教示义务。对于行政机关没有履行教示义务，导致行政相对人超过了 60 天行政复议期限的，应当给予特殊保护。修订后的行政复议法参考《行诉解释》第 64 条的相关规定作了进一步完善。《行诉解释》第 64 条第 1 款规定，行政机关作出行政行为时，未告知公民、法人或者其他组织起诉期限的，起诉期限从公民、法人或者其他组织知道或者应当知道起诉期限之日起计算，但从知道或者应当知道行政行为内容之日起，最长不得超过 1 年。据此，行政复议法第 20 条第 3 款规定：

> 行政机关作出行政行为时，未告知公民、法人或者其他组织申请行政复议的权利、行政复议机关和申请期限的，申请期限自公民、法人或者其他组织知道或者应当知道申请行政复议的权利、行政复议机关和申请期限之日起计算，但是自知道或者应当知道行政行为内容之日起最长不得超过一年。

对于本条内容，需要注意以下几个问题：

（一）关于行政机关教示的内容

根据本条的规定，教示的内容是“申请行政复议的权利、行政复议机关和申请期限”。这个教示内容与《行诉解释》不同，《行诉解释》规定的教示内容只有“起诉期限”。这是因为，告知诉权和告知起诉期限并非并列的关系，而是包含的关系。告知起诉期限一定告知了诉权，但是告知诉权并不一定告知了起诉期限。所以在文字上、从逻辑关系上作了调整。但是，考虑到在行政复议中，对于作为被申请人的行政机关由于缺乏行政程序法的统一规范，在法条中明确其全部教示内容也有必要。特别是，与行政诉讼不同，行政复议法还增加了行政机关须告知行政复议机关的教示义务，给申请人寻求行政复议救济提供了方便。

（二）本条针对的是知道行政行为内容，但没有履行教示义务的情形

“知道行政行为内容”与“知道作出行政行为”不同。“知道作出行政行为内容”不仅包括行政相对人知道行政机关已经作出行政行为，还要使行政相对人知道其作出行政行为的具体内容，包括认定的事实、理由、法律依据和处理内容等。因此，本款规定的完整意思是，公民、法人或者其他组织虽然知道行政行为内容，但是，行政机关未告知申请行政复议的权利、行政复议机关和申请期限的，申请期限从公民、法人或者其他组织知道或者应当知道行政复议权利、行政复议机关和申请期限之日起计算，但从知道或者应当知道行政行为内容之日起最长不得超过 1 年。如果教示的三项内容时间不一致的，以最后知道的教示内容项时间作为起算点。

三、最长行政复议期限

修订前的行政复议法没有规定最长行政复议期限。本次修订借鉴行政诉讼法的规定，明确了最长行政复议期限。行政诉讼法第 46 条第 2 款规定，因不动产提起诉讼的案件自行政行为作出之日起超过 20 年，其他案件自行政行为作出之日起超过 5 年提起诉讼的，人民法院不予受理。行政复议法第 21 条借鉴了这一内容：

> 因不动产提出的行政复议申请自行政行为作出之日起超过二十年，其他行政复议申请自行政行为作出之日起超过五年的，行政复议机关不予受理。

本条的内容，可以分解为以下几个方面：

（一）因不动产提出的行政复议申请自行政行为作出之日起超过二十年，行政复议机关不予受理

对于涉及不动产的行政案件，之所以规定20年的最长起诉期限，主要是考虑到：不动产涉及的财产价值巨大，应当在行政复议期限上给予特殊的保护；不动产涉及的行政行为主要是行政登记，行政机关的不动产登记行为不一定在作出之时及时告知所有的利害关系人；不动产涉及的利害关系人往往人数众多，涉及历史因素较多，需要考察不动产的转移、继承、申请登记等一系列情况。因此，本法借鉴了民法典中20年最长诉讼时效的规定。

对于何为"因不动产"，可以借鉴行政诉讼法相关司法解释的规定。《行诉解释》第9条第1款参照《民诉解释》第28条规定，行政诉讼法第20条规定的"因不动产提起的行政诉讼"是指因行政行为导致不动产物权变动而提起的诉讼。一般认为，不动产纠纷仅包括物权纠纷。物权是人们对物的占有、使用、收益和处分的权利，是财产权的一种。物权分为所有权、用益物权和担保物权。所有权是物权的完整形态，包括物权占有、使用、收益和处分的全部功能；用益物权是以对物的使用为目的的他物权（例如，土地承包经营权、建设用地使用权、宅基地使用权等）；担保物权是指以物的价值担保债权实现的他物权（例如，抵押权、留置权、质权等）。可见，物权纠纷仅仅是因物权设立、权属、效力、使用、收益等物权关系产生的纠纷才属于该条的物权纠纷。对于因物权变动的原因关系（即债权性质的合同关系）产生的纠纷则不包括在内。从行政执法实践中来看，比较典型的有两类：一类是因登记产生物权变动效力的行为。例如，民法典规定不动产物权的设立、变更、转让和消灭，经依法登记，发生效力；未经登记，不发生效力，但法律另有规定的除外。另一类是因征收等行为

产生物权变动效力的行为。即未经登记的情况下，也存在行政行为导致物权变动的情形。例如，因人民政府的征收决定、拆除行为等事实行为导致物权设立、变更、转让或者消灭。

（二）本条针对的情形是行政相对人不知道行政行为的情形

本条从文字表述上看，没有关于适用的前提条件。据此，有观点认为，5 年和 20 年的期限属于行政复议机关可以受理的期限。有人提出，“因不动产提出的行政复议申请自行政行为作出之日起超过二十年，其他行政复议申请自行政行为作出之日起超过五年的，行政复议机关不予受理”的规定可以反向理解为，因不动产申请行政复议自行政行为作出之日起未超过 20 年，其他行政复议申请自行政行为作出之日起未超过 5 年提起诉讼的，行政复议机关可以受理。这种理解是错误的。之所以规定最长的行政复议期限，是因为行政机关不制作文书、不送达文书或者其他原因，导致行政相对人根本无法知道行政机关作出行政行为或者行政行为内容。正因为如此，行政诉讼中的类似条文，司法解释作了进一步解释。即《行诉解释》第 65 条解释了行政诉讼法关于最长起诉期限的适用条件是行政相对人“不知道行政机关作出的行政行为内容”，即公民、法人或者其他组织不知道行政机关作出的行政行为内容的，其起诉期限从知道或者应当知道该行政行为内容之日起计算，但最长不得超过行政诉讼法第 46 条第 2 款规定的起诉期限。行政复议实践中，可以借鉴行政诉讼法及其司法解释的规定，正确理解和适用行政复议法第 21 条的规定。

（三）最长复议期限是不变期间

在理解最长复议期限时，需要注意两个问题：一是最长复议期限的起算点是绝对客观标准。本条规定的最长复议期限的起算点与行政复议法第 20 条第 3 款规定的起算点不同。该款规定的起算点是

“知道或者应当知道作出行政行为之日”，这个起算点取决于相对人“知道或者应当知道”的日期，虽然具有一定的主观性（“知道”），但这个起算点标准也可以视作相对客观的标准（“应当知道”）。而本条规定的起算点是“从行政行为作出之日起”，对于行政行为作出的时间而言，这是一个绝对客观的标准，并不以相对人“知道或者应当知道”作为标准。二是最长复议期限是不变期间。有观点认为，最长复议期限是一个相对的期限。例如，相对人在涉及不动产的行政行为作出后的第 19 年第 12 个月底时，才知道行政行为内容、诉权和起诉期限的，可以在知道行政行为内容、行政复议机关和复议期限后的 60 天，即第 20 年的前 60 天内提起诉讼。这种观点将 20 年作为一个相对固定的期限，并通过延长计算，使得行政复议期限超过 20 年，这种理解是不正确的。这一期限分为“因不动产”和“其他案件”两种情形，并以行政行为作出之日为起算点经历 5 年或者 20 年。这一期限是不变期限，不因任何“正当理由”予以延长。

四、行政复议前置

所谓复议前置，是指行政复议是行政诉讼必经阶段的情形，也就是说，在提起行政诉讼之前，必须先经过行政复议程序，未经行政复议程序的不得提起行政诉讼。行政诉讼法第 44 条第 2 款对此作了规定。即法律、法规规定应当先向行政机关申请复议，对复议决定不服再向人民法院提起诉讼的，依照法律、法规的规定。本次行政复议法修订过程中，笔者曾多次就增设行政复议前置程序呼吁。我的考虑是，行政复议是行政机关进行自我监督的法律机制；行政诉讼是行政纠纷解决的外部司法监督机制。现行法律制度规定，一般情况下，行政相对人可以选择行政复议，也可以选择行政诉讼。如果选择行政复议的，行政诉讼不予立案；如果选择行政诉讼的，行政复议不予受理。

行政复议是内部监督机制，在公正性保障方面不及法院；行政诉讼是外部监督机制，在及时性等方面不及复议机关。现行法律机制将救济渠道交由当事人选择，尊重了当事人的选择权，但也加重了当事人的救济成本，加大了国家行政救济的制度成本。对于当事人而言，如果首先进入行政诉讼要求解决行政处理决定合法性问题，其关于解决行政处理决定合理性的诉求因已经被诉讼羁束就无从救济；对于行政机关而言，行政机关也无法第一时间意识到行政执法中存在的问题和隐患，更无法运用自身权限化解行政争议；对于人民法院而言，进入到诉讼中的许多案件业已经过行政复议，“二次处理”也加重了人民法院的工作负担。从域外的情况来看，实行行政复议前置的国家基本实现了行政复议化解行政争议主渠道的作用。例如，德国实行的是行政复议前置，将大量的行政争议通过行政复议加以“过滤”“溶解”，促进了行政争议及时有效化解，减少了行政诉讼案件的数量。当然，复议前置是一项原则，对于法律、法规规定当事人可以选择救济的，从其规定。最后，立法机关采纳了对行政复议前置情形进行列举的方式。行政复议法第 23 条规定：

有下列情形之一的，申请人应当先向行政复议机关申请行政复议，对行政复议决定不服的，可以再依法向人民法院提起行政诉讼：

（一）对当场作出的行政处罚决定不服；

（二）对行政机关作出的侵犯其已经依法取得的自然资源的所有权或者使用权的决定不服；

（三）认为行政机关存在本法第十一条规定的未履行法定职责情形；

（四）申请政府信息公开，行政机关不予公开；

（五）法律、行政法规规定应当先向行政复议机关申请行政复议的其他情形。

对前款规定的情形，行政机关在作出行政行为时应当告知公民、法人或者其他组织先向行政复议机关申请行政复议。

本条主要包括五个方面的内容：

（一）对当场作出的行政处罚决定不服

“当场作出的行政处罚决定”，是指行政机关在执法现场直接作出行政处罚的情形。例如，行政处罚法第 51 条规定，违法事实确凿并有法定依据，对公民处以 200 元以下、对法人或者其他组织处以 3000 元以下罚款或者警告的行政处罚的，可以当场作出行政处罚决定。法律另有规定的从其规定。这类案件既包括金钱罚类的行政处罚，也包括申诫罚类的行政处罚。例如，道路交通安全法规定，对道路交通违法行为人予以警告、200 元以下罚款，交通警察可以当场作出行政处罚决定并出具行政处罚决定书。行政机关当场作出行政处罚决定适用的是简易程序。简易程序与普通程序不同，是由行政机关工作人员当场作出行政处罚决定，体现的是繁简分流、简便易行、高效执法、方便群众的精神。这类案件往往违法事实确凿，并且有法定的依据。对于这类案件，如果规定当事人可以选择行政复议或者行政诉讼的，在行政诉讼中可能会导致行政纠纷不能得到尽快解决，也不能充分发挥行政复议吸纳、化解行政纠纷主渠道的作用。据此，本次行政复议法修订，将当场作出行政处罚的情形纳入行政复议前置范围。

（二）对行政机关作出的侵犯其已经依法取得的自然资源的所有权或者使用权的决定不服

本项规定来源于修订前的行政复议法。修订前的行政复议法第

30 条第 1 款规定，公民、法人或者其他组织认为行政机关的行政行为侵犯其已经依法取得的土地、矿藏、水流、森林、山岭、草原、荒地、滩涂、海域等自然资源的所有权或者使用权的，应当先申请行政复议；对行政复议决定不服的，可以依法向人民法院提起行政诉讼。本条对上述条文作了精简，基本内容没有变化。

对于这一条文的理解，存在两种不同意见。一种意见认为，适用复议前置程序的案件应具备两个条件：其一，行政相对人认为行政行为侵犯了自己合法的使用权或所有权；其二，行政相对人必须“依法取得”了所涉自然资源的所有权或使用权。即必须持有手续完备的使用权或所有权证或者法院的生效裁判文书。这类案件包括不服收回、撤销或变更所有权或使用权证、许可证的，不包括确定自然资源权属的行政案件。另一种意见认为，行政相对人认为自己已经“依法取得”了自然资源所有权或使用权的情况比较复杂。有些虽未取得有关证件，但已实际使用多年，他人也无异议，有些存在争议虽经有关部门解决多次仍无结果，争议当事人或多或少都有一定证据或者理由认为依法应当由自己所有或者使用，法院也一时无法判定。因此，当事人提起诉讼的，都应当先经过复议，这类案件不仅包括前述案件，也应包括不服确权决定的案件。

对于这个问题，考诸立法背景材料，在适用复议前置时应当满足两个条件：一是行政相对人“认为”行政机关的行政行为侵犯其已经取得的自然资源所有权和使用权的。这里的“认为”包括：认为被申请行政行为违法；认为自己已经取得自然资源的所有权或者使用权。二是行政机关作出的行政行为必须是对有关自然资源所有权或者使用权的确权决定，不包括行政处罚等其他行政行为。最高人民法院司法解释对此进行了解释和明确。《最高人民法院关于适用行政复议法第三十条第一款有关问题的批复》（2003 年 2 月 25 日，法释〔2003〕5 号）规定，根据行政复议法第 30 条第 1 款的规定，公民、法人或者其他组织认为行政机关确认土地、矿藏、水流、森林、山岭、草原、荒地、滩涂、海域等自然资源的所有权或者使用权的行政行为，侵犯其已经依法取得的自然资源所有权或者使用权的，经行政复议后，才可以向人民法院提起行政诉讼，但法律另有规定的除外；对涉及自然资源所有权或者使用权的行政处罚、行政强制措施等其他行政行为提起行政诉讼的，不适用行政复议法第三十条第一款的规定。为了进一步准确理解上述司法解释，最高人民法院另外下发了司法解释就“确权决定”进行了明确。《最高人民法院行政审判庭关于行政机关颁发自然资源所有权或者使用权证的行为是否属于确认行政行为问题的答复》（2005 年 2 月 24 日，〔2005〕行他字第 4 号）中明确，最高人民法院法释〔2003〕5 号批复中的“确认”，是指当事人对自然资源的权属发生争议后，行政机关对争议的自然资源的所有权或者使用权所作的确权决定。有关土地等自然资源所有权或者使用权的初始登记，属于行政许可性质，不应当包括在行政确认范畴之内。据此，行政机关颁发自然资源所有权或者使用权证书的行为不属于复议前置的情形。上述司法解释对于行政复议法相关条款的解释仍然有效，继续适用。

（三）认为行政机关存在本法第 11 条规定的未履行法定职责情形

行政复议法第 11 条规定的“未履行法定职责”是个广义的概念，包括拒绝履行、未依法履行、未按照约定履行、不予答复、没有依法给付等情形。涉及的内容主要是：申请行政许可，行政机关拒绝或者在法定期限内不予答复；申请行政机关履行保护人身权利、财产权利、受教育权利等合法权益的法定职责，行政机关拒绝履行、未依法履行或者不予答复；申请行政机关依法给付抚恤金、社会保险待遇或者最低生活保障等社会保障，行政机关没有依法给付；认为行政机关不依法订立、不依法履行、未按照约定履行政府特许经营协议、土地房屋征收补偿协议等行政协议。本条规定的“未履行法定职责”采取了结果标准，即无论是拒绝履行、不依法履行、不予答复等具体情形，对于行政相对人而言得到的都是“零”。同时，“法定职责”既包括了法律、法规、规章明确规定的职责，还包括了法律、法规、规章允许的行政职责；既包括了法律明确规定或者允许的职责，也包括了因行政协议等合意行为产生的给付义务，等等。从这个意义上讲，本项内容实际上规定对于行政不作为案件均须复议前置。行政相对人如果要求行政机关作出一定的行政行为，例如，行政许可，可以提出课予义务的复议请求；如果要求行政机关提供一定给付，例如政府信息、抚恤金等社会保障待遇，可以提出一般给付的复议请求。行政相对人既可以要求复议机关决定被申请人作出一定行政行为，也可以要求作出一定事实行为；既可以要求复议机关决定被申请人作出一定行为，也可以要求提供金钱、物品的给付。据此，本项规定的内容，应当广义理解为，行政相对人请求行政复议机关为一定行为或者提供一定给付的，均须行政复议前置。

（四）申请政府信息公开，行政机关不予公开

公民、法人或者其他组织向行政机关申请政府信息，属于行政给付的类型。对于行政给付行为，公民、法人或者其他组织首先向行政复议机关申请复议，有利于便捷高效地获取政府信息。同时，政府信息公开案件相比较而言，数量较大且法律关系较为简单，通过行政复议内部监督机制解决有利于发挥行政复议实质性化解行政争议地职能作用。根据《政府信息公开条例》第 36 条的规定，对于政府信息公开申请，行政机关依据本条例的规定决定不予公开的，告知申请人不予公开并说明理由。这里的“不予公开”描述的未获得政府信息的状态，并不仅仅指决定不予公开。除了决定不予公开外，不予公开情形还包括：第一，告知信息不存在。即《政府信息公开条例》第 36 条第 4 项规定的，经检索没有所申请公开信息的，告知申请人该政府信息不存在。第二，告知不属于本机关公开。即《政府信息公开条例》第36条第5项规定的，所申请公开信息不属于本行政机关负责公开的，告知申请人并说明理由；能够确定负责公开该政府信息的行政机关的，告知申请人该行政机关的名称、联系方式。第三，行政机关告知不予重复处理。即《政府信息公开条例》第36条第6项规定的，行政机关已就申请人提出的政府信息公开申请作出答复、申请人重复申请公开相同政府信息的，告知申请人不予重复处理。第四，告知申请人依照有关法律、行政法规的规定办理。即《政府信息公开条例》第36条第7项规定的，所申请公开信息属于工商、不动产登记资料等信息，有关法律、行政法规对信息的获取有特别规定的，告知申请人依照有关法律、行政法规的规定办理。第五，部分不公开。即《政府信息公开条例》第37条规定的，申请公开的信息中含有不应当公开或者不属于政府信息的内容，但是能够作区分处理的，行政机关应当向申请人提供可以公开的政府信息内容，并对不予公开的内容说明理由。第六，告知相应渠道提出。《政府信息公开条例》第39条第1款规定的，申请人以政府信息公开申请的形式进行信访、投诉、举报等活动，行政机关应当告知申请人不作为政府信息公开申请处理并可以告知通过相应渠道提出，等等。

（五）法律、行政法规规定应当先向行政复议机关申请行政复议的其他情形

本项属于兜底条款。如果法律、行政法规规定应当先向行政复议机关申请行政复议的，须实行复议前置。需要注意的是，对于“行政法规”的明确列举，排除了地方性法规设定复议前置的可能。即使地方性法规规定了复议前置，亦不属于本条规定的复议前置。

第五讲　行政复议管辖

管辖是划分各级人民政府及其部门受理行政复议案件的职权范围，明确它们之间的审理行政复议案件具体分工的制度。管辖容易与主管混淆。管辖与主管是相互区别的两个概念。在行政复议制度中，主管是指行政机关有权审理行政复议案件的范围，解决的是行政机关与其他国家机关之间处理行政争议的权限和分工问题；行政复议的管辖，则是在确定了主管后，解决行政机关内部的权限和分工问题。只有首先确定案件属于行政机关主管，然后才确定行政复议案件由哪一级、哪一个行政机关管辖。但是，管辖不确定，主管也就会落空。可见，主管是确定管辖的前提条件，管辖是主管的贯彻体现。行政复议管辖的科学合理与否，直接影响到行政复议制度的实际效果。本次行政复议法修订，管辖部分是修改幅度比较大的部分。

一、县级以上地方各级人民政府的行政复议集中管辖权

根据行政复议工作的实践需要，行政复议管辖体制经历了一个不断发展完善的过程。原《行政复议条例》第 11 条规定了“条条管辖”和“块块管辖”相结合的模式，即对县级以上的地方各级人民政府工作部门的具体行政行为不服申请的复议，由本级人民政府或者上一级主管部门管辖。但是，法律、法规规定由本级人民政府管辖的，从其规定；法律规定由上一级主管部门管辖的，从其规定。行政复议法实施后，行政复议管辖模式进一步明确为“条块结合”。这一模式的主要内容包括：第一，政府部门行政复议案件的管辖，实行条块结合。

即修订前行政复议法第 12 条第 1 款规定的，对县级以上地方各级人民政府工作部门的具体行政行为不服的，由申请人选择，可以向该部门的本级人民政府申请行政复议，也可以向上一级主管部门申请行政复议。第二，垂直管理部门行政复议案件的管辖，实行条条管辖。即修订前的行政复议法第 12 条第 2 款规定的，对海关、金融、国税、外汇管理等实行垂直领导的行政机关和国家安全机关的具体行政行为不服的，向上一级主管部门申请行政复议。第三，地方政府或者派出机关行政复议案件的管辖，实行条条管辖。即修订前行政复议法第 13 条规定的，对地方各级人民政府的具体行政行为不服的，向上一级地方人民政府申请行政复议。对省、自治区人民政府依法设立的派出机关所属的县级地方人民政府的具体行政行为不服的，向该派出机关申请行政复议。第四，对国务院部门或者省级政府行政复议案件的管辖，实行本机关管辖。即修订前行政复议法第 14 条规定的，对国务院部门或者省、自治区、直辖市人民政府的具体行政行为不服的，向作出该具体行政行为的国务院部门或者省、自治区、直辖市人民政府申请行政复议。对行政复议决定不服的，可以向人民法院提起行政诉讼；也可以向国务院申请裁决，国务院依照本法的规定作出最终裁决。第五，对其他行政机关行政复议案件的管辖，原则上实行条条管辖。即修订前的行政复议法第 15 条规定的，对本法第 12 条、第 13 条、第 14 条规定以外的其他行政机关、组织的具体行政行为不服的，按照下列规定申请行政复议：(1) 对县级以上地方人民政府依法设立的派出机关的具体行政行为不服的，向设立该派出机关的人民政府申请行政复议；(2) 对政府工作部门依法设立的派出机构依照法律、法规或者规章规定，以自己的名义作出的具体行政行为不服的，向设立该派出机构的部门或者该部门的本级地方人民政府申请行政复议；(3) 对法律、法规授权的组织的具体行政行为不服的，分别向直接管理该组织的地方人民政府、地方人民政府工作部门或者国务院部门申请行政复议；(4) 对两个或者两个以上行政机关以共同的名义作出的具体行政行为不服的，向其共同上一级行政机关申请行政复议；(5) 对被撤销的行政机关在撤销前所作出的具体行政行为不服的，向继续行使其职权的行政机关的上一级行政机关申请行政复议。有前款所列情形之一的，申请人也可以向具体行政行为发生地的县级地方人民政府提出行政复议申请，由接受申请的县级地方人民政府依照本法第 18 条的规定办理。之所以设定行政复议条块结合的管辖模式，与行政复议体制的法律定位密切相关。

行政复议是行政机关之间上下级监督的重要法律机制。行政机关上下级之间的关系一般体现为双重领导。就政府的工作部门而言，既要接受本级政府的领导，也要接受上级业务机关的领导。宪法第 108 条规定，县级以上的地方各级人民政府领导所属各工作部门和下级人民政府的工作，有权改变或者撤销所属各工作部门和下级人民政府的不适当的决定。《地方各级人民代表大会和地方各级人民政府组织法》第 83 条规定："省、自治区、直辖市的人民政府的各工作部门，受人民政府统一领导，并且依照法律或者行政法规的规定受国务院主管部门的业务指导或者领导。自治州、县、自治县、市、市辖区的人民政府的各工作部门受人民政府统一领导，并且依照法律或者行政法规的规定受上级人民政府主管部门的业务指导或者领导。"行政复议制度是行政机关内部基于隶属关系确定的重要监督制度。除了个别情况下的自我管辖和国务院不直接管辖行政复议案件外，修订前的行政复议法确立的管辖基本上是体现上级政府对下级政府的监督权、领导权。

修订前的行政复议法确立的"条块结合"的管辖模式，主要基于上下级之间的监督、指挥、指导、领导关系，对于保障相对人合法权益、监督行政机关依法行使职权，促进法治政府建设起到了积极的作用。同时，修订前的行政复议法确立的管辖制度在行政复议实践中越来越呈现出一定的问题和困难，主要是：

1. 行政复议机关碎片化。修订前的行政复议法采取的管辖制度，确立了数量众多的行政机关的行政复议管辖权。行政复议机关既有区县级人民政府、地市人民政府，省级人民政府，又有区县级人民政府、地市人民政府，省级人民政府所属的工作部门。这就使得行政复议机关呈现散状分布。同时，每个行政复议机关必须配备相应的工作人员、办公场所、办公经费等，在机构设置方面存在叠床架屋的问题。据2013年《全国人民代表大会常务委员会执法检查组关于检查〈中华人民共和国行政复议法〉实施情况的报告》提出，在案件受理方面，目前县级以上政府和政府相关部门都具有行政复议职权，仅地方行政复议机关就有30450个，其中政府3281个，部门27169个，行政复议资源分散，资源配置效率偏低，有的单位“无人办案”和有的单位“无案可办”现象并存。同时，“各级政府行政复议能力普遍偏弱，与承担的工作任务不相适应，影响行政复议机关及时受理和依法办理复议案件。能力建设滞后问题在县级政府尤其突出，主要表现在：第一，机构不健全。行政复议法明确规定，负责法制工作的机构具体办理行政复议事项，但不少县级政府法制机构是政府办公室内部挂牌机构，约38.2%的县级政府没有设立法制机构或者只挂牌无编制，平均每个县级政府专职行政复议人员不到1人，人员素质、经费保障、办公场所等普遍不能满足办理行政复议案件的需要。第二，受案数量少。在执法检查涉及的15个省份1407个县中，2011年和2012年，分别有306个县和277个县没有办理行政复议案件，有的县甚至从行政复议法实施以来没有办理一起行政复议案件。但这些县每年信访数量少的三四百件，多的上千件。据统计，目前90%的行政争议发生在基层，行政复议工作的重点应当也在基层，县级政府行政复议工作的现状与中央提出的将行政争议化解在基层、化解在初发阶段的要求还有较大差距。”行政复议机关出现的碎片化现象，严重影响了行政复议的功能发挥。集中行使行政复议管辖权，有利于精兵简政，有利于充分发挥行政复议队伍的合力，有利于行政复议队伍的稳定性和专业性。

2. 法律适用出现不统一趋势。修订前的行政复议法确立了选择管辖制度。即该法第 12 条第 1 款规定的，对县级以上地方各级政府工作部门的具体行政行为不服的，由申请人选择，可以向该部门的本级政府或者上一级主管部门申请行政复议。这就是说，对于同一行政复议案件，根据修订前行政复议法的规定，有两个行政机关享有行政复议的管辖权。两个行政机关审理行政复议案件各有优势。比如，上一级主管部门的行政复议机关在专业性上就比本级人民政府的专业性更强。但是，不容忽视的是，由于两个行政机关享有行政复议管辖权，难免在事实认定、法律适用、专业判断等方面出现不同的决定。这就造成了行政复议案件的“同案不同判”，既浪费了行政复议资源，也损害了行政复议的权威性和公信力。与诉讼不同，诉讼法在规定选择管辖的同时，都明确规定了管辖争议和管辖权异议制度，而行政复议管辖则基于行政内部监督的属性，缺乏相应的制度设计。这种基于业务指导和上级领导关系确立的复杂的管辖体制必须向简洁化、明确化方向调整。

3. 不便于人民群众参与行政复议。便民利民是行政复议的重要原则。条块结合的行政复议管辖体制，从一定意义上讲，也是赋予行政复议申请人选择权，从而体现便民利民的初衷。如果行政相对人认为地方人民政府的地方保护主义严重，可以避开地方人民政府，而向上级主管部门申请行政复议；如果行政相对人认为上下级部门之间的行业保护色彩过浓，则可以选择向本级人民政府申请行政复议。[1] 由申请人选择行政复议机关，申请人可以选择方便进行行政复议活动的行政复议机关。同时，对于不熟悉行政复议制度的行政相对人而言，复杂的行政复议的管辖制度，可能导致其很难准确找到行政复议

1 方军主编:《中华人民共和国行政复议法条文释义》，工商出版社 1999 年版，第 90 页。

机关。为了弥补这一缺憾，修订前的行政复议法设置了“转送”制度。修订前的行政复议法第 15 条第 2 款规定，有前款所列情形之一的，申请人也可以向具体行政行为发生地的县级地方人民政府提出行政复议申请，由接受申请的县级地方人民政府依照本法第 18 条的规定办理。第 18 条规定，依照本法第 15 条第 2 款的规定，接受行政复议申请的县级地方人民政府，对依照本法第 15 条第 1 款的规定属于其他行政复议机关受理的行政复议申请，应当自接到该行政复议申请之日起 7 日内，转送有关行政复议机关，并告知申请人。接受转送的行政复议机关应当依照本法第 17 条的规定办理。转送制度实际上是通过行政内部程序保障行政相对人的申请权，这种制度设计在行政复议实践中已经证明无法切实保障甚至会影响相对人的行政复议权利。

4. 条条管辖存在部门保护倾向。条块管辖模式中，块块管辖基于人民政府对于部门的领导关系，条条管辖则基于上级人民政府工作部门对下级人民政府工作部门的业务指导关系。对于块块管辖而言，人民政府处于相对超脱的地位，更具有裁决者的特征；对于条条管辖而言，上级人民政府工作部门处于纯粹的业务指导地位，更具有行政性的特征。这种行政性的特征，体现为上级人民政府工作部门对下级人民政府工作部门的强有力指导，进而导致更倾向于维护下级人民政府工作部门的行政行为，从而导致行政复议公正性不足。

2010 年，《国务院关于加强法治政府建设的意见》[1] 中，明确要探索开展相对集中行政复议审理工作，进行行政复议委员会试点。2013 年，党的十八届三中全会通过《中共中央关于全面深化改革若干重大问题的决定》，明确要求“改革行政复议体制，健全行政复议案件审理机制，纠正违法或不当行政行为”。同年，《全国人民代表大会常务委员会执法检查组关于检查〈中华人民共和国行政复议法〉实施情况的报告》要求，总结各地相对集中复议权试点经验，合理确定复议受理机关，研究整合复议资源、提高复议效率，进一步完善行政

1 已失效。

复议体制，尽力避免“有案无人办”和“有人无案办”的现象。2015年，中共中央、国务院印发的《法治政府建设实施纲要（2015—2020年）》提出要改革行政复议体制，积极探索整合地方行政复议职责。2017年，原国务院法制办在报送国务院的《关于行政复议服务放管服改革情况的报告》中提出，加快推进地方行政复议体制改革，落实党的十八届三中全会关于改革行政复议体制的要求，探索集中行政复议权，实行地方政府“一个窗口对外”，适应“放管服”改革发展趋势要求。2020年2月5日，中央全面依法治国委员会第3次会议审议通过了行政复议体制改革方案，要求通过整合地方行政复议职责，健全配套工作机制，充分发挥行政复议监督功能，加强对行政复议工作的保障和监督等改革方式，有效解决制约行政复议工作发展的深层次体制机制问题。2021年8月11日，中共中央、国务院印发的《法治政府建设实施纲要（2021—2025年）》提出，全面深化行政复议体制改革，整合地方行政复议职责，按照事编匹配、优化节约、按需调剂的原则，合理调配编制资源的要求，2022年年底前基本形成公正权威，统一高效的行政复议体制。据此，行政复议法第24条规定：

县级以上地方各级人民政府管辖下列行政复议案件：

（一）对本级人民政府工作部门作出的行政行为不服的；

（二）对下一级人民政府作出的行政行为不服的；

（三）对本级人民政府依法设立的派出机关作出的行政行为不服的；

（四）对本级人民政府或者其工作部门管理的法律、法规、规章授权的组织作出的行政行为不服的。

除前款规定外，省、自治区、直辖市人民政府同时管辖对本机关作出的行政行为不服的行政复议案件。

省、自治区人民政府依法设立的派出机关参照设区的市级人民政府的职责权限，管辖相关行政复议案件。

对县级以上地方各级人民政府工作部门依法设立的派出机构依照法律、法规、规章规定，以派出机构的名义作出的行政行为不服的行政复议案件，由本级人民政府管辖；其中，对直辖市、设区的市人民政府工作部门按照行政区划设立的派出机构作出的行政行为不服的，也可以由其所在地的人民政府管辖。

这一条文是对修订前的行政复议法第12条的重大修改，内容非常重要，可以从以下几个方面理解：

（一）县级以上地方人民政府的行政复议集中管辖权

“县级以上地方人民政府”包括县级人民政府、设区的市人民政府、省级人民政府，不包括中央人民政府和乡镇人民政府。县级以上地方人民政府的行政复议管辖权包括四个方面：其一，对本级人民政府工作部门作出的行政行为不服的。对于本级人民政府工作部门作出的行政行为不服的，不再由上一级主管部门管辖，不再实行块块管辖，原则上由本级人民政府管辖。其二，对下一级人民政府作出的行政行为不服的。这一内容是修订前行政复议法第13条第1款的内容，没有变化。其三，对本级人民政府依法设立的派出机关作出的行政行为不服的。根据有关法律、法规的规定，县级以上地方各级人民政府可以根据工作需要，在一定区域内设立派出机关。派出机关和派出机构不同，派出机关是人民政府派出的国家行政机关，而派出机构是政府职能部门派出的从事某种专门职能的机构。我国地方人民政府的派出机关主要有三种类型：省、自治区人民政府经国务院批准设立的行政公署；县、自治县人民政府经省、自治区、直辖市人民政府批准设立的区公所；市辖区、不设区的市人民政府经上一级人民政府批准设立的街道办事处。也就是说，派出机关是哪级地方人民政府设立的，哪级地方人民政府就是行政复议机关。其四，对本级人民政府或者其工作部门管理的法律、法规、规章授权的组织作出的行政行为不服的。根据行政诉讼法和行政复议法的规定，“法律、法规、规章授权的组织”已经属于行政主体范畴，对于本级人民政府或者其工作部门管理的“法律、法规、规章授权的组织”作出的行政行为不服的，由县级以上地方人民政府行使复议管辖权。这一内容来源于修订前的行政复议法第 15 条第 1 款第 3 项。

(二) 省级人民政府的同级管辖和派出机关的行政复议管辖权

省级人民政府除了行使作为“县级以上地方人民政府”行政复议管辖权外，还行使“同级管辖权”，即除前款规定外，省、自治区、直辖市人民政府同时管辖对本机关作出的行政行为不服的行政复议案件。从公正审理角度考虑，应当尽可能减少同级管辖、自我管辖。但是，如果设计由省级人民政府的上级行政机关，即事务繁多的国务院行使行政管辖权，既没有可能也没有必要。同时，也考虑到省级人民政府行政复议力量相对较强，规范程度较高。因此，对于这一管辖没有修改。保留了修订前行政复议法第 14 条的内容。此外，省、自治区人民政府依法设立的派出机关可以参照设区的市级人民政府的职责权限，管辖相关行政复议案件。这一内容实际上是由修订前行政复议法第 13 条第 2 款的内容调整成为新的条文。即对省、自治区人民政府依法设立的排除机关所属的县级以上地方人民政府的行政行为不服的，向该派出机关申请复议。基本内容没有发生变化。

(三) 对于派出机构行政行为的行政复议管辖

派出机构，是指人民政府及其工作部门根据法律、法规、规章的授权和行政管理的实际需要设立的行政机构。例如，公安派出所、税务所等。派出机构属于行政机构的一种，一般不具备行政主体资格。

其一般不能以自己名义作出行政行为，法律后果由派出的人民政府及其工作部门承担。修订前的行政复议法第15条第1款第2项规定，对政府工作部门依法设立的派出机构依照法律、法规或者规章规定，以自己的名义作出的具体行政行为不服的，向设立该派出机构的部门或者该部门的本级地方人民政府申请行政复议。例如，治安管理处罚法第91条规定，治安管理处罚由县级以上人民政府公安机关决定；其中警告、五百元以下的罚款可以由公安派出所决定。对于警告、五百元以下的罚款，公安派出所可以依照法律规定，以自己名义作出治安处罚。行政相对人不服的，可以向所在的公安部门或者公安部门所属的人民政府申请行政复议。本次行政复议法修订，删除了一般情形下的"条条管辖"。修订后的行政复议法明确，对县级以上地方各级人民政府工作部门依法设立的派出机构依照法律、法规、规章规定，以派出机构的名义作出的行政行为不服的行政复议案件，由本级人民政府管辖。对于前例，按照修订后的行政复议法，公安派出所所属的公安部门不再具有行政复议法管辖权。在本法第三次审议过程中，有的常委委员、地方部门提出，实践中政府工作部门派出机构的情况比较复杂，对其行政行为不服的行政复议案件，不宜一律由派出机构所属工作部门的本级人民政府管辖，建议作出相对灵活的制度安排。宪法和法律委员会经研究，建议将第24条第1款第5项关于派出机构管辖的规定修改为："对县级以上地方各级人民政府工作部门依法设立的派出机构依照法律、法规、规章规定，以派出机构的名义作出的行政行为不服的行政复议案件，由本级人民政府管辖；其中，对直辖市、设区的市人民政府工作部门按照行政区划设立的派出机构作出的行政行为不服的，也可以由其所在地的人民政府管辖。"据此，对于派出机构的行政复议法管辖权作了适度的调整优化。

二、国务院部门的行政复议管辖权

对于省部级行政机关作出的行政行为的行政复议，实行同级复议原则。原《行政复议条例》第 11 条、第 12 条规定，对国务院各部门的具体行政行为不服申请的复议，由作出具体行政行为的部门管辖。对省、自治区、直辖市人民政府的具体行政行为不服申请的复议，由作出具体行政行为的省、自治区、直辖市人民政府管辖。修订前的行政复议法沿用了这一规定。该法第 14 条规定，对国务院部门或者省、自治区、直辖市人民政府的具体行政行为不服的，向作出该具体行政行为的国务院部门或者省、自治区、直辖市人民政府申请行政复议。这主要是考虑到，从原理上来讲，对于省级行政机关的行政行为不服申请复议的，应当由上一级行政机关，也就是国务院来行使行政复议管辖权。但是，考虑到国务院是国家最高行政机关，其主要职能是制定方针政策，一般不宜也难以处理大量的具体行政事务。如果规定国务院也要受理行政复议申请并作出行政复议决定，可能影响国务院的正常工作。[1] 同时，国务院部门和省一级行政机关的层次比较高，工作人员素质也比较高，应当相信这一级行政机关能够依法作出行政复议决定对其行政复议决定不服还可以向人民法院起诉。[2] 这同时也意味着，对省、自治区、直辖市人民政府的行政行为不服的，向作出该行政行为的省、自治区、直辖市人民政府申请行政复议；对国务院部门的行政行为不服的，向作出该行政行为的国务院部门申请行政复议，不得直接向国务院申请行政复议。修订后的行政复议法继续保留了这一规定。行政复议法第 25 条规定：

国务院部门管辖下列行政复议案件：

（一）对本部门作出的行政行为不服的；

（二）对本部门依法设立的派出机构依照法律、行政法规、部

1 曹康泰主编：《中华人民共和国行政复议法释义》，中国法制出版社 1999 年版，第 83 页。

2 全国人大常委会法制工作委员会研究室编著：《中华人民共和国行政复议法条文释义及实用指南》，中国民主法制出版社 1999 年版，第 88 页。

门规章规定，以派出机构的名义作出的行政行为不服的；

（三）对本部门管理的法律、行政法规、部门规章授权的组织作出的行政行为不服的。

对于这一条文，需要注意以下几个方面的内容：

（一）对于国务院部门作出的行政行为不服的，由国务院部门行使行政复议管辖权

“国务院部门”主要是指国务院的各部、委员会、行、署。根据《国务院关于机构设置的通知》（国发〔2023〕5号），国务院组成部门包括：外交部、国防部、国家发展和改革委员会、教育部、科学技术部、工业和信息化部、国家民族事务委员会、公安部、国家安全部、民政部、司法部、财政部、人力资源和社会保障部、自然资源部、生态环境部、住房和城乡建设部、交通运输部、水利部、农业农村部、商务部、文化和旅游部、国家卫生健康委员会、退役军人事务部、应急管理部、中国人民银行、审计署。此外，广义上的国务院部门还包括直属机构。主要包括：海关总署、国家税务总局、国家市场监督管理总局、国家金融监督管理总局、中国证券监督管理委员会、国家广播电视总局、国家体育总局、国家信访局、国家统计局、国家知识产权局、国家国际发展合作署、国家医疗保障局、国务院参事室、国家机关事务管理局等。对于这些部门作出的行政行为不服的，由该部门自己行使行政复议管辖权。

（二）对本部门依法设立的派出机构依照法律、行政法规、部门规章规定，以派出机构的名义作出的行政行为不服的，由国务院部门行使行政复议管辖权

这一内容来源于修订前行政复议法第15条第1款第2项的规定，即对政府工作部门依法设立的派出机构，依照法律、法规或者规章规

定，以自己的名义作出的具体行政行为不服的，向设立该派出机构的部门或者该部门的本级地方人民政府申请行政复议。本部门依法设立的派出机构依照法律、行政法规、部门规章规定，以派出机构的名义作出的行政行为，其行政行为属于法律、行政法规、部门规章授权的行政行为，应当由上级行政机关行使行政复议管辖权，不能实行同级复议。对于国务院部门依法设立的派出机构，其行使职权的法律依据是法律、行政法规或者部门规章，不能是地方性法规或者地方规章，也不能是规章以下规范性文件。

（三）对本部门管理的法律、行政法规、部门规章授权的组织作出的行政行为不服的，由国务院部门行使行政复议管辖权

这一内容来源于修订前的行政复议法第 15 条第 1 款第 3 项的规定，即对法律、法规授权的组织的具体行政行为不服的，分别向直接管理该组织的地方人民政府、地方人民政府工作部门或者国务院部门申请行政复议。国务院部门管理的法律、行政法规、部门规章授权的组织作出的行政行为，其法律效果归属于法律、法规、规章授权组织。但是，国务院部门管理的法律、行政法规、部门规章授权的组织并非国务院部门，不能实行同级复议。

三、国务院最终裁决

对于省部级行政机关的行政行为实行同级复议，虽然有其必要性，但对于保障行政复议申请人的合法权益是不利的，必须有一定的制度保障来予以弥补。由作出行政行为的行政机关自己复议自己，实行同级行政复议有着难以克服的缺陷。因为行政机关在作出行政行为时，总是按照自己的习惯和偏好来收集和对待有关证据和材料，按照自己的理解和经验来适用法律，这样很容易把成见带入行政复议阶

段，影响对行政复议案件的正确处理。因此，实行同级行政复议从制度设计上讲不尽合理，既不利于及时发现和纠正行政机关的错误，也不利于充分保护公民、法人和其他组织的合法权益。[1] 在全国人大常委会审议过程中，大多数委员认为由本机关复议自己作出的行政行为，从法律制度上说不够合理，难以保障行政复议的公正性，也不利于充分保护公民、法人和其他组织的合法权益。由国务院受理行政复议案件有利于发现和纠正部委和省级政府的违法或者不当的行政行为，加强国务院对他们的监督。同时，也能在广大人民群众中树立有错必究的良好形象，取信于民。因此，委员们建议国务院应当受理行政复议申请，可以考虑申请人对国务院有关部门或省级政府的行政行为不服的，可以向人民法院提起诉讼，也可以向国务院申请行政复议。如果向国务院申请行政复议，国务院作出的行政复议决定为终局决定，不能再向人民法院提起行政诉讼。修订后的行政复议法继续保留了这一规定。行政复议法第 26 条规定：

> 对省、自治区、直辖市人民政府依照本法第二十四条第二款的规定、国务院部门依照本法第二十五条第一项的规定作出的行政复议决定不服的，可以向人民法院提起行政诉讼；也可以向国务院申请裁决，国务院依照本法的规定作出最终裁决。

对于这一内容，可以从以下几个方面来理解：

（一）对于省部级行政机关作出的行政复议决定不服的，可以向人民法院提起行政诉讼

修订后的行政复议法第 10 条规定，公民、法人或者其他组织对行政复议决定不服的，可以依照行政诉讼法的规定向人民法院提起行政诉讼，但是法律规定行政复议决定为最终裁决的除外。对于省、

1 方军主编：《中华人民共和国行政复议法条文释义》，工商出版社 1999 年版，第 93 页。

自治区、直辖市人民政府和国务院部门作出的行政复议决定，属于可诉的行政行为，公民、法人或者其他组织可以向人民法院提起行政诉讼。需要注意的是，修订前的行政复议法第30条第2款有关行政复议决定最终裁决的内容已经删除。该条规定，根据国务院或者省、自治区、直辖市人民政府对行政区划的勘定调整或者征收土地的决定，省、自治区、直辖市人民政府确认土地、矿藏、水流、森林、山岭、草原、荒地、滩涂、海域等自然资源的所有权或者使用权的行政复议决定为最终裁决。在适用时要注意到该条已经删除。

（二）对于省部级行政机关作出的行政复议决定不服的，也可以向国务院申请裁决

这是一级行政复议制度的唯一例外。一级行政复议制度，是我国行政复议法实行的一项重要原则。也就是说，一般情况下，行政复议都采取一级复议制。之所以采取一级行政复议制，主要是为了与行政复议作为内部监督救济的性质相适应。行政复议并非最后的法律救济途径，公民、法人或者其他组织不服的，还可以向人民法院提起诉讼，由法院作出最终的法律判断。因此，在行政复议程序的设计上，不宜设定过多环节。如果行政复议审级过多，可能会导致行政纠纷一直处在行政程序中，影响行政效率，影响行政法律关系的稳定，影响行政法律秩序，也影响申请人的权利救济。但是，明确国务院最终裁决作为一级复议制的例外，也有其必要性。前已述及，对于国务院部门和省级人民政府的行政行为，一般由本级行政机关行使行政复议管辖权。对于本级行政机关作出的行政复议决定，法律规定了一级行政复议制的例外，即可以继续向国务院和省级人民政府的上级行政机关申请行政裁决。国务院直接受理对省部级行政机关行政行为的行政复议案件，并作出相应的行政复议决定，既体现了国务院作为最高国家行政机关为人民服务的宗旨，也符合宪法和法律规定的国务院的地

位和权限，同时也有利于国务院加强对省部级行政机关的监督。

（三）国务院作出裁决为最终裁决，不具有可诉性

根据宪法的规定，国务院是最高国家权力机关，即全国人民代表大会的执行机关，它由全国人民代表大会产生，对其负责并受其监督，并不对司法机关负责，也不宜由司法机关对此监督。也就是说，国务院作出的任何行政决定都不具有可诉性。根据宪法第 89 条的规定，国务院有权根据宪法和法律，规定行政措施，制定行政法规，发布决定和命令。对于国务院发布的决定和命令，受最高国家权力机关的监督，不受司法机关的监督。此外，立法法第 91 条规定，国务院各部、委员会、中国人民银行、审计署和具有行政管理职能的直属机构以及法律规定的机构，可以根据法律和国务院的行政法规、决定、命令，在本部门的权限范围内，制定规章。部门规章规定的事项应当属于执行法律或者国务院的行政法规、决定、命令的事项。没有法律或者国务院的行政法规、决定、命令的依据，部门规章不得设定减损公民、法人和其他组织权利或者增加其义务的规范，不得增加本部门的权力或者减少本部门的法定职责。据此，国务院的“决定、命令”属于规章的制定依据。而规章属于立法法规定的“法”，且属于人民法院审理行政案件的“参照”。规章不具有可诉性，作为规章依据的国务院的“决定、命令”自然也不属于可诉的范围。

四、上一级主管部门的行政复议管辖权

修订前的行政复议法规定了垂直领导的行政机关和特定行政机关的条条管辖权。修订前的行政复议法第 12 条第 2 款规定，对海关、金融、国税、外汇管理等实行垂直领导的行政机关和国家安全机关的具体行政行为不服的，向上一级主管部门申请行政复议。之所以这

样规定，一般来说，和这类行政机关的垂直管理体制有直接关系。例如，在中央层面垂直管理的部门主要有，海关总署、国家税务总局、国家外汇管理局、中国人民银行、国家证券监督管理委员会等国务院部门，在地方一级这些部门主要有技术监督、市场监督，等等。这些行政机关依照法律和行政法规的规定，在下级人民政府所管辖的区域内设立若干派出机构或者分支机构，作为下一层次的行政机关，由该行政部门实行垂直领导，不受地方人民政府的管理。例如，根据中国人民银行法第13条的规定，中国人民银行根据履行职责的需要设立分支机构，作为中国人民银行的派出机构，并对分支机构实行统一领导和管理。此外，国家安全机关与一般的行政机关不同，它承担的主要任务是涉及国家安全的事项，特别是涉及许多国家秘密，具有高度的特殊性。根据国际通行做法，对于包括国家安全机关作出的所有行政行为等活动要给予特别的保障。因此，对于国家安全机关的行政行为不服的，须向上一级国家安全机关申请行政复议。修订后的行政复议法基本延续了这一内容，作为块块管辖原则的例外。行政复议法第27条规定：

> 对海关、金融、外汇管理等实行垂直领导的行政机关、税务和国家安全机关的行政行为不服的，向上一级主管部门申请行政复议。

对于本条规定，需要注意的问题是：

（一）对实行垂直领导的行政机关的行政行为不服的，均须向上一级主管部门申请行政复议

本条“海关、金融、外汇管理等”中的“等”属于不完全列举的等外等。对于属于国务院部门（例如海关总署）等作出的行政行为不

服的，应当按照行政复议法第 25 条的规定，由国务院部门实行同级管辖。

（二）修订前的“国税”属于垂直领导的行政机关，本次修订删除了有关“国税”的表述

2018 年 7 月，中共中央办公厅、国务院办公厅印发了《国税地税征管体制改革方案》，对税务部门领导管理体制作了规定，国税地税机构合并，并明确国税地税机构合并后实行以税务总局为主、与省区市党委和政府双重领导的管理体制。虽然本条删除了“国税”等列举式表述，但税务机关的行政行为较一般行政机关的行政行为也具有特殊性和专业性。因此，根据本条规定，对税务机关的行政行为不服的，向上一级税务主管部门申请行政复议。

（三）“税务和国家安全机关的行政行为”属于完全列举，不能作扩大理解。

本条对税务、国家安全机关的行政复议管辖权作了特殊规定，主要原因是这两类行政机关具有一定的特殊性。但是，“特殊性”行政机关实行例外的条条管辖是立法机关的明确授权，不能作扩大解释。例如，有的观点认为，对于公安机关的行政行为，也应当允许向上一级公安机关申请复议。理由是，公安机关具有行政管理的特殊性，特别是法律规定限制人身自由的行政处罚权只能由公安机关行使，不能由其他行政机关，包括所属人民政府行使。实际上，这种观点混淆了对于行政行为的实施权力和对于行政行为的监督权力。上级人民政府对公安机关行政行为的复议监督，属于内部监督，并非代替公安机关行使行政权力。根据修订后行政复议法的规定，原则上，对于公安机关的行政行为不服的，应当由公安机关所属的人民政府行使行政复议管辖权。

五、对地方人民政府司法行政部门的行政复议管辖权

修订后的行政复议法设立的行政复议管辖制度，以块块管辖为原则，以其他管辖方式为辅。2018 年 3 月，中华人民共和国第十三届全国人民代表大会第一次会议表决通过了《关于国务院机构改革方案的决定》。明确要重新组建司法部，不再保留国务院法制办公室。时任国务委员王勇在就国务院机构改革方案的大会说明中表示，全面依法治国是国家治理的一场深刻革命。为贯彻落实全面依法治国基本方略，统筹行政立法、行政执法、法律事务管理和普法宣传，推动政府工作纳入法治轨道，将司法部和国务院法制办公室的职责整合，重新组建司法部，作为国务院组成部门，不再保留国务院法制办公室。改革之后重新组建的司法部将承担以下主要职责：负责有关法律和行政法规草案起草，负责立法协调和备案审查、解释，综合协调行政执法，指导行政复议应诉，负责普法宣传，负责监狱、戒毒、社区矫正管理，负责律师公证和司法鉴定仲裁管理，承担国家司法协助等。之后，地方人民政府司法行政部门和法制部门也进行了职责整合。这是司法行政部门机构改革的重大变化。

根据修订后的行政复议法第 24 条的规定，原则上，对本级人民政府工作部门作出的行政行为不服的，由县级以上地方各级人民政府行使行政复议管辖权。也就是说，对于作为县级人民政府工作部门的司法局作出的行政行为，应当由县级人民政府行使行政复议管辖权。而县级人民政府行使行政复议管辖权的职责仍然在司法局。这就会造成事实上的同级管辖。为了弥补这一缺陷，修订后的行政复议法对于地方人民政府司法行政部门的行政行为保留了选择管辖，即行政复议申请人除了可以向本级人民政府申请行政复议，也可以向上一级司法行政部门申请行政复议。行政复议法第 28 条规定：

对履行行政复议机构职责的地方人民政府司法行政部门的行政行为不服的，可以向本级人民政府申请行政复议，也可以向上一级司法行政部门申请行政复议。

六、行政复议与行政诉讼的衔接

关于行政复议和行政诉讼救济渠道的关系问题，修订前的行政复议法第 16 条作了规定：“公民、法人或者其他组织申请行政复议，行政复议机关已经依法受理的，或者法律、法规规定应当先向行政复议机关申请行政复议、对行政复议决定不服再向人民法院提起行政诉讼的，在法定行政复议期限内不得向人民法院提起行政诉讼。公民、法人或者其他组织向人民法院提起行政诉讼，人民法院已经依法受理的，不得申请行政复议。”行政复议和行政诉讼都是通过法定程序化解行政争议、监督行政机关依法行政、维护公民、法人或者其他组织的合法权益的重要法律制度。这两种制度有着基本相同的目的，也存在着密切的关系。但是，两者也存在较大不同，各有优势，各有特点。行政复议主要是行政内部监督，而行政诉讼是司法外部监督。两种制度在处理行政争议的程序、审查方式和作出决定的方式上也存在较大区别。对于同一争议而言，是无法同时适用这两种制度的。对于这个问题，行政诉讼法也有类似表述。例如，行政诉讼法第 44 条规定，对属于人民法院受案范围的行政案件，公民、法人或者其他组织可以先向行政机关申请复议，对复议决定不服的再向人民法院提起诉讼；也可以直接向人民法院提起诉讼。法律、法规规定应当先向行政机关申请复议，对复议决定不服再向人民法院提起诉讼的，依照法律、法规的规定。修订后的行政复议法继续沿用了这一规定。行政复议法第 29 条规定：

公民、法人或者其他组织申请行政复议，行政复议机关已经依法受理的，在行政复议期间不得向人民法院提起行政诉讼。

公民、法人或者其他组织向人民法院提起行政诉讼，人民法院已经依法受理的，不得申请行政复议。

对于这一条文，需要注意以下几个问题：

（一）行政复议阻却行政诉讼

本条第1款就此作了规定。所谓“行政复议机关已经依法受理”，是指行政复议机关已经按照行政复议法第30条等规定，对于行政复议案件予以受理。即行政复议机关收到行政复议申请后，应当在5日内进行审查。对符合下列规定的，行政复议机关应当予以受理：（1）有明确的申请人和符合本法规定的被申请人；（2）申请人与被申请行政复议的行政行为有利害关系；（3）有具体的行政复议请求和理由；（4）在法定申请期限内提出；（5）属于本法规定的行政复议范围；（6）属于本机关的管辖范围；（7）行政复议机关未受理过该申请人就同一行政行为提出的行政复议申请，并且人民法院未受理过该申请人就同一行政行为提起的行政诉讼。所谓“在行政复议期间”，是指行政复议申请人的申请仍处于法定的行政复议期间。主要包括：公民、法人或者其他组织认为行政行为侵犯其合法权益的，可以自知道或者应当知道该行政行为之日起60日内提出行政复议申请；但是法律规定的申请期限超过60日的除外；因不可抗力或者其他正当理由耽误法定申请期限的，申请期限自障碍消除之日起继续计算；行政机关作出行政行为时，未告知公民、法人或者其他组织申请行政复议的权利、行政复议机关和申请期限的，申请期限自公民、法人或者其他组织知道或者应当知道申请行政复议的权利、行政复议机关和申请期限之日起计算，但是自知道或者应当知道行政行为内容之日起最长不得超过 1 年；因不动产提出的行政复议申请自行政行为作出之日起超过 20 年，其他行政复议申请自行政行为作出之日起超过 5 年的，行政复议机关不予受理。

（二）行政诉讼阻却行政复议

本条第 2 款作了规定。根据行政法的一般原理，行政程序先于司法程序。行政程序正在进行之时，诉讼程序不能提前介入；如果已经进入了诉讼程序，诉讼程序中的决定往往是最终的法律判断。因此，选择进入诉讼程序，也就意味着对行政程序的舍弃。需要注意的是，本款内容的前提是“人民法院已经依法受理”，如果人民法院尚未受理，起诉人的起诉行为不能当然阻却行政复议的管辖权。还需要注意两个问题：其一，公民、法人或者其他组织在行政诉讼程序中撤诉的，在行政复议期限内，行政复议机关对于被申请行政行为一般来说仍然具有主管权。行政诉讼中，公民、法人或者其他组织撤诉，有的是基于行政机关改变行政行为，有的是由于动员撤诉导致的，都代表其对行政行为并不满意。此外，考虑到行政复议机关对行政行为审查程度较深，可以对行政行为合理性等进行审查，能够给予公民、法人或者其他组织更加充分的保护，不宜将其排除在行政复议范围之外。其二，对于行政机关基于同一事实，部分公民、法人或者其他组织申请行政复议，部分提起行政诉讼的，应当区别情况处理。如果行政行为属于行政复议前置的，人民法院应当向当事人释明，由当事人撤诉后，先通过行政复议程序解决；如果行政行为属于可选择行政复议或者行政诉讼，当事人的诉讼请求中有要求对行政行为合理性审查的，人民法院应当向当事人释明，由当事人撤诉后，先通过行政复议程序解决；如果行政行为属于可选择行政复议或者行政诉讼，当事人的诉讼请求属于对行政行为合法性审查的，人民法院应当向当事人释明，并由当事人协商选择。

第六讲 行政复议受理

行政复议要发挥化解行政争议主渠道的作用，就必须对行政复议受理制度进行全新的改革。行政复议工作只有受理的范围广了，门槛低了，行政复议化解行政争议的作用才能充分地体现出来。因此，正确把握行政复议的受理条件，是行政复议充分发挥制度实效的重要环节。行政复议受理，是指行政复议机关对行政复议申请人的申请进行审查之后，如果认为申请人的申请符合行政复议法的申请复议条件的，确定立案受理；或者认为行政复议申请不符合行政复议法规定的申请条件的，作出不予受理的决定。行政案复议案件经受理之后，行政复议机关与申请行政复议的申请人、第三人以及被申请人之间形成行政复议法律关系。修订前的行政复议法对于行政复议受理规定得比较简单，主要包括行政复议受理的原则性规定、转送、行政复议前置情形下的诉权以及上级行政机关对行政复议立案的监督等。《行政复议法实施条例》就行政复议受理作了进一步的规定，包括宣示行政复议机关的受理义务、明确行政复议申请的条件、行政复议申请材料的补正、行政复议的管辖冲突以及上级行政机关对不予受理行政复议申请的监督等。本次行政复议法修订，结合前述相关规定，就行政复议受理问题作了补充完善。

一、行政复议受理条件

修订前的行政复议法第 17 条第 1 款规定，行政复议机关收到行政复议申请后，应当在 5 日内进行审查，对不符合本法规定的行政复议申请决定不予受理，并书面告知申请人；对符合本法规定，但是不属于本机关受理的行政复议申请，应当告知申请人向有关行政复议机关提出。在行政复议实践中，有意见认为，该条规定明确了行政复议机关不予受理的情形，但是作为行政复议程序初始的、重要的环节，为了宣示和保障公民法人和其他组织申请行政复议的权利，应当正面肯定行政复议受理的条件。据此，行政复议法第30条规定：

> 行政复议机关收到行政复议申请后，应当在五日内进行审查。对符合下列规定的，行政复议机关应当予以受理：
>
> （一）有明确的申请人和符合本法规定的被申请人；
>
> （二）申请人与被申请行政复议的行政行为有利害关系；
>
> （三）有具体的行政复议请求和理由；
>
> （四）在法定申请期限内提出；
>
> （五）属于本法规定的行政复议范围；
>
> （六）属于本机关的管辖范围；
>
> （七）行政复议机关未受理过该申请人就同一行政行为提出的行政复议申请，并且人民法院未受理过该申请人就同一行政行为提起的行政诉讼。
>
> 对不符合前款规定的行政复议申请，行政复议机关应当在审查期限内决定不予受理并说明理由；不属于本机关管辖的，还应当在不予受理决定中告知申请人有管辖权的行政复议机关。
>
> 行政复议申请的审查期限届满，行政复议机关未作出不予受理决定的，审查期限届满之日起视为受理。

本条的内容可以从以下几个方面理解：

（一）审查期限

行政复议机关收到行政复议申请后，应当在5日内进行审查。根据行政复议法第88条第2款的规定，此处的“5日”是指工作日，不包含节假日。明确行政复议申请的审查期限，是为了行政复议机关尽快审查申请是否符合行政复议受理条件。如果行政复议机关在审查期限届满时，没有作出受理的意思表示或者未作出不予受理决定的，法律拟制为受理。即自审查期限届满之日起视为受理。

（二）受理条件

1. 有明确的申请人和符合本法规定的被申请人

行政复议法第14条就申请人的资格和承继作了规定。即依照本法申请行政复议的公民、法人或者其他组织是申请人。有权申请行政复议的公民死亡的，其近亲属可以申请行政复议。有权申请行政复议的公民为无民事行为能力人或者限制民事行为能力人的，其法定代理人可以代为申请行政复议。有权申请行政复议的法人或者其他组织终止的，承受其权利的法人或者其他组织可以申请行政复议。有权申请行政复议的公民为无民事行为能力人的，其法定代理人可以代为申请行政复议。值得注意的是，这里表述的是“明确的申请人”，而不是“正确的申请人”。这就意味着在这个阶段对实体意义上的被申请人是否适格并不重要。也就是说，有明确的申请人不是要求申请人证明其具备申请人资格等实体审理要件，而是要求申请人的名称、地址必须明确。“明确”的标准以行政复议机关能否以书面方式通知其参加行政复议为准。至于被通知之后，是否适格的申请人，是否应当承担行政法律责任则是审理之后才考虑的问题。在此阶段，对于申请人适格问题不交由申请人举证来解决。本项规定的这个证明标准是很低的。

“符合本法规定的被申请人”，是指被申请人资格符合行政复议法的规定。行政复议法第 19 条规定，公民、法人或者其他组织，对行政行为不服申请行政复议的，作出行政行为的行政机关或者法律，法规，规章授权的组织是被申请人；两个或者两个以上行政机关以共同的名义作出同一行政行为的，共同作出行政行为的行政机关是被申请人；行政机关委托的组织作出行政行为的，委托的行政机关是被申请人；作出行政行为的行政机关被撤销或者职权变更的，继续行使其职权的行政机关是被申请人。此外，《行政复议法实施条例》第 11 条至第 14 条，还对特殊情况下的被申请人的资格作了补充的规定。这些都是判断是否符合本法规定的被申请人资格的基本依据。需要注意的是，行政复议被申请人的要求与行政诉讼中被告的要求不同。根据行政诉讼法第 49 条的规定，对于被告也是要求形式上“明确”即可。因此，在行政复议实践中，行政复议机关对于行政复议被申请人资格的举证不宜加予申请人。也就是说，行政复议被申请人只要具备形式上的条件即可。

2. 申请人与被申请行政复议的行政行为有利害关系

行政复议法第 2 条第 1 款规定，公民、法人或者其他组织认为行政机关的行政行为侵犯其合法权益，向行政复议机关提出行政复议申请，行政复议机关办理行政复议案件，适用本法。第 14 条第 1 款规定，依照本法申请行政复议的公民、法人或者其他组织是申请人。从前述规定来看，行政复议是公民、法人和或者其他组织为维护自身的合法权益而提出的行政救济。具有主观法的性质。据此，本项规定，申请人须与被申请行政复议的行政行为有利害关系。

这一规定是参考了行政诉讼法第 25 条第 1 款关于行政诉讼原告资格的规定。该条规定，行政行为的相对人以及其他与行政行为有利害关系的公民、法人或者其他组织，有权提起诉讼。行政诉讼原告资格限定在“有利害关系”，是属于采用“利害关系”的表述，而没有采用“法律上的利害关系”的表述，主要是由于目前法院不愿受理行政案件的情况下，"法律上的利害关系"存在的不同理解可能会在客观上限制公民的起诉的权利[1]。在公民、法人或者其他组织提起诉讼时，应当提供证据证明其与被诉行政行为之间存在利害关系。这就要求起诉人证明：①行政行为已经发生或者行政行为的存在。行政诉讼的审查对象是行政行为的合法性，只有存在行政行为才能进行合法性审查。因此，原告必须提供证据加以证明，否则法院可能裁定不予受理或者驳回起诉。实践中，原告可以提供该行政行为的载体——行政处理决定书、证人证言、行政机关的通知等证明行政行为的存在。②自己与行政机关之间发生了利害关系。法院在起诉阶段审查起诉人是否有起诉资格或者诉权时，只能看被诉行政行为是否"可能"侵犯了起诉人的合法权益。"可能"标准的最基本的确定方法是观察被诉行政行为与起诉人之间是否具有利害关系。这是行政诉讼原告的规定。

需要注意的是，"法律上的利害关系"比"利害关系"的含义和范围都要窄。"利害关系"更有利于保障行政复议申请人的合法权益。利害关系既包括法律上的利害关系，也包括事实上的利害关系；既包括直接的利害关系，也包括间接的利害关系；既包括既往的利害关系，还包括未来的利害关系。行政诉讼法和行政复议法关于利害关系的表述，有利于保障公民、法人或者其他组织的诉讼权利和复议权利。如法律上的利害关系，强调行政行为是一种法律行为，是行政机关在作出行政行为当时的合法性状态，是行政机关在作出行政行为时，对于受到不利影响的公民、法人或者其他组织的范围。而利害关系强调的是行政行为对于公民、法人或者其他组织的权利的救济，重点不在于行政行为的合法性状态。如行政许可作出之后，行政许可权人经过若干次变更后，最终的行政许可权人原告资格的确定，如果按照法律上的利害关系，那么最终的行政许可权人，由于在行政行为作出当时并不存在，因此往往不能赋予其原告资格；但是如果按照利害关系标准来判断，那么最终的行政许可权人因为与行政许可行为之间

1 袁杰主编：《中华人民共和国行政诉讼法解读》，中国法制出版社2014年版，第73页。

存在着利害关系，因此具备原告资格。行政复议申请人资格的判定与行政诉讼原告资格的判定原理保持一致。

3. 有具体的行政复议请求和理由

行政复议申请人提出行政复议请求和理由的标准是“具体”。具体的行政复议请求是行政复议申请人向行政复议机关提出的实体权利请求，其基础在于行政法律关系中的权利义务关系。其基本要求是：申请人的复议请求所涉及的行政法律关系必须是已然的，不是未然的；必须是具体实在的，不是虚幻猜测的；必须是值得法律上保护的合法权益，不是违法的或者法律不保护的权益。“具体”（而非“充分”“正确”）的要求还意味着，对于事实和理由不是指足以达到作出行政复议决定的程度。在行政复议实践中，行政复议申请人在申请复议时，应当明确复议请求的类型。申请人必须按照复议请求的类型，具体提出请求行政复议机关撤销、变更、确认违法或者无效、确认行政法律关系是否存在、履行法定职责、履行给付义务等，不能笼统含糊不清。对于行政复议申请人提出的行政复议请求，行政复议机关应当按照行政复议法的规定，按照行政复议请求的类型，给予充分释明，告知申请人选择最能保障自身合法权益的请求类型。对于行政复议申请人提交的申请材料等，行政复议机关应当按照行政复议法的规定，充分向申请人释明，对相关不规范的材料进行整理、补正。只要能够证明行政复议申请人对被申请的行政行为不服并要求获得救济的，行政复议机关一般不得以材料不符合要求而拒绝。

4. 在法定申请期限内提出

行政复议的请求需在法定的申请期限内提出，否则就可能导致行政复议权利被滥用。行政复议法第 20 条第 1 款规定了申请行政复议的一般期限是 60 日。即公民、法人或者其他组织认为行政行为侵犯其合法权益的，可以自知道或者应当知道该行政行为之日起 60 日内提出行政复议申请；但是法律规定的申请期限超过 60 日的除外。行政复议法第 20 条第 2 款还规定，因不可抗力或者其他正当理由耽误法定申请期限的，申请期限自障碍消除之日起继续计算。为了保障行政复议申请人复议权利，行政复议机关对于“正当理由”不宜作过严要求。为了监督行政机关在作出行政行为时履行告知行政复议权利、行政复议期限等教示义务，行政复议法第 20 条第 3 款进一步规定，行政机关作出行政行为时，未告知公民、法人或者其他组织申请行政复议的权利、行政复议机关和申请期限的，申请期限自公民、法人或者其他组织知道或者应当知道行政复议权利、行政复议机关和申请期限之日起计算，但是从知道或者应当知道行政行为内容之日起最长不得超过一年。此外，《行政复议法实施条例》第 15 条至第 17 条，也对行政复议申请期限的起算和延长作了规定。上述条文也属于法定申请期限的内容。

5. 属于本法规定的行政复议范围

行政复议法第 2 条第 1 款规定了行政复议的概括性范围。即公民、法人或者其他组织认为行政机关的行政行为侵犯其合法权益，向行政复议机关提出行政复议申请，行政复议机关办理行政复议案件，适用本法。一般认为，这既是行政复议权利的规定，同时也是行政复议范围的规定。行政复议法第 11 条规定了公民、法人或者其他组织，可以依照行政复议法的规定申请行政复议的范围；第 12 条规定了不属于行政复议范围的 4 个事项；第 13 条规定了公民、法人或者其他组织认为行政机关的行政行为所依据的规范性文件不合法的，可以一并向行政复议机关提出对规范性文件的附带审查申请制度。上述规定是行政复议法关于行政复议范围的明确规定。行政复议机关在审查行政复议申请时，既要按照行政复议法的概括性规定、列举性规定确定是否属于行政复议范围，同时也要注意不能盲目扩大行政复议的范围，注意把不属于行政复议范围的复议请求排除在外。

6. 属于本机关的管辖范围

属于本机关的管辖范围，是指申请行政复议的案件必须符合行政复议法上关于管辖的规定。为了便利行政复议申请人获得行政复议救济，我国行政复议管辖确定的一般原则是县级以上地方各级人民政府管辖原则。行政复议法第 24 条规定，县级以上地方各级人民政府管辖下列行政复议案件：（1）对本级人民政府工作部门作出的行政行为不服的；（2）对下一级人民政府作出的行政行为不服的；（3）对本级人民政府依法设立的派出机关作出的行政行为不服的；（4）对本级人民政府或者其工作部门管理的法律、法规、规章授权的组织作出的行政行为不服的；除前款规定外，省、自治区、直辖市人民政府同时管辖对本机关作出的行政行为不服的行政复议案件。省、自治区人民政府依法设立的派出机关参照设区的市级人民政府的职责权限，管辖相关行政复议案件。对县级以上地方各级人民政府工作部门依法设立的派出机构依照法律、法规、规章规定，以派出机构的名义作出的行政行为不服的行政复议案件，由本级人民政府管辖；其中，对直辖市、设区的市人民政府工作部门按照行政区划设立的派出机构作出的行政行为不服的，也可以由其所在地的人民政府管辖。第 25 条规定，国务院部门管辖下列行政复议案件：（1）对本部门作出的行政行为不服的；（2）对本部门依法设立的派出机构依照法律、行政法规、部门规章规定，以自己的名义作出的行政行为不服的；（3）对本部门管理的法律、行政法规、部门规章授权的组织作出的行政行为不服的。行政复议法第 26 条规定，对省、自治区、直辖市人民政府依照本法第 24 条第 2 款的规定、国务院部门依照本法第 25 条第 1 项的规定作出的行政复议决定不服的，可以向人民法院提起行政诉讼；也可以向国务院申请裁决，国务院依照本法的规定作出最终裁决。行政复议法第 27 条规定，对海关、金融、外汇管理等实行垂直领导的行政机关、税务和国家安全机关的行政行为不服的，向上一级主管部门申请行政复议。此外,《行政复议法实施条例》第23条至第25条对行政复议申请的受理机关作了规定。一般来说，由于行政复议法对复议机关的管辖规定比较明确，申请人不需要对行政复议机关管辖的正当性提供证据。但是在特殊地域管辖、专属管辖的情形下，申请人应当对适用专属管辖和特殊地域管辖等事实及法律要件提供必要的、初步的证据。当然，对于申请人提供证据的责任不能过分、过严要求，对于行政复议申请人提交的材料能够初步证明属于行政复议机关管辖范围的，该条件即已具备。

7. 行政复议机关未受理过该申请人就同一行政行为提出的行政复议申请，且人民法院未受理过该申请人就同一行政行为提起的行政诉讼

这是关于"一事不再理"的规定。"一事不再理"包括两种情形：一是不能同时提起行政复议和行政诉讼。行政诉讼和行政复议是两种并行的行政救济法定渠道。当事人只能选择其中一种救济渠道，不能同时提起行政复议和行政诉讼。如行政复议法第29条规定，公民、法人或者其他组织申请行政复议，行政复议机关已经依法受理的，在行政复议期间不得向人民法院提起行政诉讼。公民、法人或者其他组织向人民法院提起行政诉讼，人民法院已经依法受理的，不得申请行政复议。二是不能就同一行政行为重复提起行政复议。就同一行政行为，行政复议申请人，只能向一个行政复议机关申请，不能同时向另一个行政复议机关申请。即使申请人向另一个行政复议机关申请，另一个行政复议机关也不能再受理。

（三）审查后的处理

行政复议法第30条规定的审查行政复议申请的7个条件，既是申请人提出行政复议申请应当符合的条件，也是行政复议机关在收到行政复议申请后进行审查的主要方面。行政复议机关根据行政复议

法第30条的规定，对该条规定的7项内容逐项审查之后，认为全部符合复议受理条件的，应当受理。行政复议机关受理的，无须作出任何法律文书，而直接进入行政复议审理阶段。对于行政复议申请人的申请不符合行政复议法第30条的任何一项情形，均构成不予受理的理由，行政复议机关可以作出不予受理决定。行政复议机关决定不予受理的，应当说明理由。在说明理由部分，应当对行政复议申请人的申请作全面的审查。值得注意的是，虽然行政复议申请人申请不符合受理的任何一项情形，行政复议机关均可作出不予受理的决定。但是，考虑到当事人有可能对行政复议不予受理决定提起行政诉讼，行政诉讼将针对不予受理的理由进行审理。如果行政复议不予受理的理由不全面，法院可能仅就某项理由进行合法性审查。在行政复议申请人的复议申请不予受理的理由若干项的情况下，法院对行政复议机关因某项内容作出行政复议不予受理决定否定之后，行政复议机关如果置换成其他不全面、不完整的理由，仍然可能出现法院否定某项理由进而否定不予受理决定的情况，导致不必要的程序空转。因此，行政复议机关不予受理决定的理由应当逐项阐述，不宜择一阐述。对于行政复议申请人的复议申请，仅仅不符合“本机关的管辖范围”项的，在作出不予受理的决定的同时，还应当告知申请人向有管辖权的行政复议机关提出申请。

二、补正材料

行政复议法对于行政复议申请人的申请材料的要求没有专门作出规定。对于行政复议申请材料不齐全或者表述不清楚的，行政复议机关不宜作出不予受理的决定，这也不符合行政复议法的立法宗旨。为了解决和规范这一问题，《行政复议法实施条例》第29条规定：“行政复议申请材料不齐全或者表述不清楚的，行政复议机构可以自收到该行政复议申请之日起5日内书面通知申请人补正。补正通知应当载明需要补正的事项和合理的补正期限。无正当理由逾期不补正的，视为申请人放弃行政复议申请。补正申请材料所用时间不计入行政复议审理期限。”行政复议法本次修订，将上述内容上升为法律条文。行政复议法第31条规定：

> 行政复议申请材料不齐全或者表述不清楚，无法判断行政复议申请是否符合本法第三十条第一款规定的，行政复议机关应当自收到申请之日起五日内书面通知申请人补正。补正通知应当一次性载明需要补正的事项。
>
> 申请人应当自收到补正通知之日起十日内提交补正材料。有正当理由不能按期补正的，行政复议机关可以延长合理的补正期限。无正当理由逾期不补正的，视为申请人放弃行政复议申请，并记录在案。
>
> 行政复议机关收到补正材料后，依照本法第三十条的规定处理。

本条内容可以从以下几个方面理解：

（一）补正时间

根据行政复议法第30条的规定，行政复议机关在收到行政复议申请之后，应当在5日内进行审查。对于符合行政复议受理条件的，应当受理并进入审理程序；对于不符合规定的行政复议申请，应当在审查期限内决定不予受理。行政复议机关在5日内经过初步审查发现行政复议申请材料不齐全或者表述不清楚的，在决定是否受理之前，要求申请人补正。该5日是不变期间。如果行政复议机关在5日后要求申请人补正的，则不符合本条规定。理由是，5日的审查期限届满，根据行政复议法第 30 条第 3 款的规定，视为已经受理。

（二）补正形式和内容

行政复议机构应当向申请人发出书面的行政复议申请补正通知。行政复议机构应当在补正通知内给予指导和释明，并一次性载明申请人需要补正的内容。“一次性载明”是指行政复议机关不得多次要求申请人补正，不得以材料不全等笼统理由让申请人跑冤枉路。指导和释明是行政复议机构必须履行的义务。如果违背这一义务，将承担相应的法律后果。同时，行政复议机构在发出上述补正通知时，应当明确补正的期限。依照本条的规定，申请人应当自收到补正通知之日起 10 日内提交补正材料。但是，如果有正当理由不能按期补正的，行政复议机关可以延长合理的补正期限。合理的补正期限时间长短，可以根据实际情况综合考虑补正行政复议申请的各种因素灵活掌握。如申请人的住所地、申请复议的方式、申请人的文化程度、交通便利条件、不可抗力或者意外事件发生状况等。申请人无正当理由超过 10 日，或者无正当理由超过行政复议机构另行确定的延长期限不补正的，视为申请人放弃行政复议申请，并记录在案。“视为申请人放弃行政复议申请”属于法律拟制的撤回行政复议申请，将会导致案件处理终结的法律效果。

（三）补正后的处理方式

行政复议机关收到补正材料后，依照行政复议法第 30 条的规定处理。行政复议机关收到补正材料后。其效果相当于行政复议申请人首次提交行政复议申请。对于是否扣除之前因复议申请材料审查所经过的时间，一般认为应当扣除。但是，如果经过的时间较短，可以重新起算行政复议申请的审查期限。在这方面，可以借鉴《行诉解释》第 49 条的规定。即行政诉讼法第 51 条第 2 款规定的立案期限，因起诉状内容欠缺或者有其他错误通知原告限期补正的，从补正后递交人民法院的次日起算。根据行政复议法第 30 条的规定，对于补正后的处理方式主要有三种：第一，受理。申请人补正行政复议申请之后，对于行政复议申请符合行政复议法第 30 条规定的受理条件的，行政复议机构应当受理该行政复议申请。受理期限，应当自收到补正后的行政复议申请材料之日起算。第二，决定不予受理。申请人补正复议申请之后，对于行政复议申请仍然不符合行政复议法第 30 条第 1 款规定的受理条件的，行政复议机关应当在审查期限内作出不予受理的决定，同时说明理由。第三，拟制受理。申请人补正行政复议申请之后，行政复议申请的审查期限届满，但行政复议机关仍然未受理或者作出不予受理决定的，自审查期限届满之日起视为受理。

三、驳回申请决定

行政复议机关受理行政复议申请后，在审理案件过程中，如果发现行政复议申请不符合行政复议受理条件的，如何处理是一个比较有争议的问题。主要有三种意见：第一种意见认为，关于行政复议的受理条件，完全限于行政复议法第 30 条第 1 款规定的 7 种情形。除此之外，没有关于行政复议的额外受理条件。第二种意见认为，关于行政复议的受理条件，除了行政复议法第 30 条第 1 款规定的 7 种情形之外，还包括其他的受理条件。如不符合受理条件的情形包括撤回行政复议申请后无正当理由再行提起行政复议的、行政复议请求的标的已经被生效裁判或者调解书所拘束的等。第三种意见认为，为了保障申请人的行政复议申请权利，原则上行政复议受理条件不能超出行政复议法第 30 条第 1 款的规定。对于其他确实不属于受理条件的情形，应当通过法律适用和法律解释的手段解决。行政复议法采纳了第三种意见。行政复议法第 33 条规定：

行政复议机关受理行政复议申请后，发现该行政复议申请不符合本法第三十条第一款规定的，应当决定驳回申请并说明理由。

行政复议法第 30 条规定，行政复议机关收到行政复议申请后，应当在 5 日内进行审查。对符合下列规定的，行政复议机关应当予以受理：（1）有明确的申请人和符合本法规定的被申请人；（2）申请人与被申请行政复议的行政行为有利害关系；（3）有具体的行政复议请求和理由；（4）在法定申请期限内提出；（5）属于本法规定的行政复议范围；（6）属于本机关的管辖范围；（7）行政复议机关未受理过该申请人就同一行政行为提出的行政复议申请，并且人民法院未受理过该申请人就同一行政行为提起的行政诉讼。对于行政复议申请不符合行政复议受理条件的，如果尚在审查阶段，行政复议机关应当决定不予受理；如果已经立案，行政复议机关应当针对行政复议程序权利作出决定，即决定驳回申请并说明理由。

这种情况类似于行政诉讼中的裁定不予立案和裁定驳回起诉。在行政诉讼中，裁定不予立案和裁定驳回起诉的适用条件除了阶段不同之外，可以统一适用。如《行诉解释》第 69 条第 1 款规定：有下列情形之一，已经立案的，应当裁定驳回起诉：（1）不符合行政诉讼法第 49 条规定的；（2）超过法定起诉期限且无行政诉讼法第 48 条规定情形的；（3）错列被告且拒绝变更的；（4）未按照法律规定由法定代理人、指定代理人、代表人为诉讼行为的；（5）未按照法律、法规规定先向行政机关申请复议的；（6）重复起诉的；（7）撤回起诉后无正当理由再行起诉的；（8）行政行为对其合法权益明显不产生实际影响的；（9）诉讼标的已为生效裁判或者调解书所羁束的；（10）其他不符合法定起诉条件的情形。此外，《关于人民法院登记立案若干问题的规定》第 10 条明确了不予登记立案的范围：违法起诉或者不符合法律规定的；涉及危害国家主权和领土完整的；危害国家安全的；破坏国家统一和民族团结的；破坏国家宗教政策的；所诉事项不属于人民法院主管的。对于前述事项，如果尚未立案的，人民法院裁定不予立案，已经立案的裁定驳回起诉。在行政复议申请的审查中，也有类似的情况。

但是，行政复议法第 30 条规定的受理条件比起行政诉讼法第 49 条规定的起诉条件，内容更充实一些。如行政诉讼法第 49 条规定，提起诉讼应当符合下列条件：原告是符合行政诉讼法第 25 条规定的公民、法人或者其他组织；有明确的被告；有具体的诉讼请求和事实根据；属于人民法院受案范围和受诉人民法院管辖。行政诉讼法起诉条件仅仅对原告、被告、诉讼请求和事实根据、受案范围和管辖作了规定。相比之下，行政复议受理条件增加了“在法定申请期限内提出”、“行政复议机关未受理过该申请人就同一行政行为提出的行政复议申请，并且人民法院未受理过该申请人就同一行政行为提起的行政诉讼”两项。

由于行政复议受理条件是借鉴行政诉讼起诉条件设置的。而行政诉讼起诉条件中类似行政复议受理的内容，能否为行政复议法第 30 条第 1 款所容纳，值得进一步探讨。在行政复议法现有条文范围内，对于其他可能属于不符合受理条件的情形，一般可以在行政复议法第 30 条第 1 款内容项下讨论。主要是：第一，不属于本机关的管辖范围的情形。如《关于人民法院登记立案若干问题的规定》第 10 条规定：“涉及危害国家主权和领土完整的”“危害国家安全的”“破坏国家统一和民族团结的”“破坏国家宗教政策的”“所诉事项不属于人民法院主管的”可以包括在此范围内。第二，不符合行政复议法规定的被申请人资格条件。如《行诉解释》第 69 条第 3 项规定的“错列被告且拒绝变更的”情形可以被行政复议法第 30 条第 1 款第 1 项不“符合本法规定的被申请人”所吸收。第三，不符合申请人与被申请行政复议的行政行为有利害关系条件。《行诉解释》第69条第3款规定的“行政行为对其合法权益明显不产生实际影响的”情形，可以被行政复议法第30条第1款第2项内容吸收。第四，不符合一事不再理条件的。《行诉解释》第69条第6项规定的“重复起诉”、第本项规定的“撤回起诉后无正当理由再行起诉的”、第9项“诉讼标的已为生效裁判或者调解书所羁束的”等情形，可以被行政复议法第30条第1款第7项内容吸收。其他未列举项也基本上能够为上述条文所吸收和包括。但是，从适用法律的准确性和便利性上讲，对于行政复议法第30条第1款没有明确列举事项，通过将来行政复议法的解释或者《行政复议法实施条例》的修订予以明确，是很必要的。

四、复议前置情形下的诉权

根据行政复议法第23条的规定，法律、法规规定应当先向行政复议机关申请行政复议的，申请人应当先向行政复议机关申请行政复议，对行政复议决定不服的可以依法向人民法院提起行政诉讼。行政复议法第34条就此问题进一步规定：

> 法律、行政法规规定应当先向行政复议机关申请行政复议、对行政复议决定不服再向人民法院提起行政诉讼的，行政复议机关决定不予受理、驳回申请或者受理后超过行政复议期限不作答复的，公民、法人或者其他组织可以自收到决定书之日起或者行政复议期限届满之日起十五日内，依法向人民法院提起行政诉讼。

理解本条规定，注意以下几个要点：

（一）行政复议前置情形下决定的形式

本条明确“行政复议机关决定不予受理、驳回申请或者受理后超过行政复议期限不作答复的”，公民、法人或者其他组织可以依法向人民法院提起行政诉讼。而根据行政复议法第 23 条的规定，申请人对“行政复议决定”不服的，均可向人民法院提起请求诉讼。本条对于行政复议决定的形式属于列举限制性规定还是例示开放性规定？从行政复议法的立法宗旨来看，该行政复议决定形式的规定属于例示开放性规定。行政复议机关除了可以依法作出不予受理、驳回申请决定之外，还可以根据行政复议法的规定，作出撤销、变更被申请行政行为、驳回行政复议请求、责令履行法定职责、确认被申请行政行为违法或者无效等等各类行政复议决定。如果公民、法人或者其他组织不服复议前置情形下行政复议机关作出的行政复议决定，均得提起行政诉讼。本条此处之所以明确列举了“不予受理决定、驳回申请决定”两类情形，主要是因为本章是有关行政复议受理的内容，为了保障公民、法人或者其他组织在行政复议前置情形下的诉权，在此作了例示性规定。这两种决定形式的列举，不意味着排除其他形式的行政复议决定的可诉性。

（二）自收到决定书之日起或者行政复议期满之日起 15 日内

行政复议机关作出复议决定之后或者受理后超过行政复议期限不作答复，公民、法人或者其他组织不服的，可以自收到决定书之日起或者行政复议期满之日起 15 日内，向人民法院提起诉讼。如果被申请的行政行为是行政复议决定，自收到决定之日起 15 日；如果被申请的行政行为是行政复议机关的不作为，自行政复议期满之日起 15 日。在行政复议前置情形下，被申请的行政行为是行政复议机关的行政复议决定或者不作为。因此，公民、法人或者其他组织可以就行政复议决定或者行政复议机关的不作为提起行政诉讼。被申请的行政行为的效力，已经被行政复议决定所覆盖。如行政复议机关作出的撤销、变更、责令履行法定职责、责令履行给付义务、确认违法或者无效等，均改变了被申请行政行为，只能以行政复议决定为被申请行政行为。行政复议机关作出的维持决定、驳回申请人复议请求的决定，虽然没有改变被申请的行政行为，但是对原行政行为的效力作了肯定，赋予了更强公定力、先定力、执行力。据此，在复议前置情形下，行政复议决定或者不作为均属于行政复议机关自己的行为，应当作为行政诉讼的审理对象。

（三）依法向人民法院提起行政诉讼

公民、法人或者其他组织不服行政复议决定，可以“依法”向人民法院提起行政诉讼。所谓依法，是指须符合行政诉讼的起诉条件。本次行政复议法修订，行政复议和行政诉讼受案范围基本保持一致。因此，绝大多数的行政复议决定可以进入行政诉讼。但是，在特定情形下，公民、法人或者其他组织不能就行政复议决定提起行政诉讼。这就是所谓“复议最终裁决型”行政复议决定。复议最终裁决型，是指按照有关法律规定，公民、法人或者其他组织不服行政机关行政行为，可以进行选择。如果选择行政复议，复议决定即为最终裁决，不能再向人民法院起诉；也可以在申请复议前，直接向人民法院起诉。也就是说，行政相对人只要选择行政复议，就丧失了起诉权。只有在申请复议前才具有诉权。当然，行政复议最终裁决型还有一种情形是，申请人只能申请行政复议，行政复议决定为最终决定，不能提起行政诉讼。最典型的是出境入境管理法，该法第 64 条规定，外国人对依照本法规定对其实施的继续盘问、拘留审查、限制活动范围、遣送出境措施不服的，可以依法申请行政复议，该行政复议决定为最终决定。其他境外人员对依照本法规定对其实施的遣送出境措施不服，申请行政复议的，适用前款规定。此种情形下，行政复议结果是最终结果，公民、法人或者其他组织不能向人民法院提起行政诉讼。

五、上级行政机关对行政复议受理的监督

为了保障公民、法人或者其他组织依法申请行政复议的权利，行政复议法第35条规定了上级行政机关的监督制度：

> 公民、法人或者其他组织依法提出行政复议申请，行政复议机关无正当理由不予受理、驳回申请或者受理后超过行政复议期限不作答复的，申请人有权向上级行政机关反映，上级行政机关应当责令其纠正；必要时，上级行政复议机关可以直接受理。

本条规定，包括以下几个方面的内容：

（一）本条针对的情形是“公民、法人或者其他组织依法提出行政复议申请，行政复议机关无正当理由不予受理、驳回申请或者受理后超过行政复议期限不作答复的”

在行政复议执法实践中，有的行政复议机关确实存在随意作出不予受理、驳回申请决定，或者受理后超过行政复议期限不作答复的情况。这种情形属于违法的行政行为，应当得到纠正。“无正当理由不予受理”既包括违法作出不予受理决定，也包括毫无理由地排斥受理、拒绝受理的情形。

（二）申请人的反映权

本条授予了公民、法人或者其他组织对于违法的行政复议行为或者行政复议不作为的反映权利。本条虽然规定“申请人”有权向上级行政机关反映，但此处的“申请人”包括了第三人在内的公民、法人

或者其他组织。

（三）上级行政机关的纠正职责

如果存在申请人反映的违法的行政复议作为或者不作为的，上级行政机关“应当”责令行政复议机关纠正。必要时，行政复议机关可以直接行使管辖权，直接受理该行政复议案件。这一制度，类似行政诉讼法第 52 条规定的“飞跃起诉”制度。即人民法院既不立案又不作出不予立案裁定的，当事人可以向上一级人民法院起诉。上一级人民法院认为符合起诉条件的，应当立案、审理，也可以指定其他下级人民法院立案、审理。行政复议机关在直接受理时，亦须符合行政复议法第 30 条第 1 款规定的受理条件。

第七讲　行政复议审理

行政复议的审理程序是指行政复议机关对被申请的行政行为的合法性、适当性进行审查的程序。修订前的行政复议法并未将审理程序作为单独程序规定。修订前的行政复议法第 22 条规定了行政复议原则上采取书面审查的办法，只有在例外的情况下才听取申请人、被申请人和第三人的意见。本次修订，立足于将行政争议化解在行政复议主渠道内，加大了审理方式的改革力度。

一、一般规定

（一）行政复议的法律适用

行政复议机关适用何种法律规范对行政行为合法性和适当性进行审查，涉及行政复议的法律适用问题。修订前的行政复议法没有规定行政复议的适用依据问题。行政诉讼和行政复议的法律适用规则不同。根据行政诉讼法第 63 条的规定，人民法院审理行政案件，以法律和行政法规、地方性法规为依据，地方性法规适用于本行政区域内发生的行政案件。人民法院审理民族自治地方的行政案件，并以该民族自治地方的自治条例和单行条例为依据。人民法院审理行政案件参照规章。根据上述规定，人民法院审理行政案件以法律、法规为依据，以规章为参照。在行政复议案件审理中，被申请的行政行为的合法性来源于法律、法规、规章的规定，规章是作出行政行为的重要依据，而规范性文件通常又是行政执法的直接依据。本次行政复议法修订在第一次审议稿中规定，行政复议机关审理行政复议案件，依照法律、法规、规章，参照规范性文件。行政复议机关审理民族自治地方的行政复议案件，同时依照该民族自治地方的自治条例和单行条例。在审议时，有委员提出，对于规范性文件，根据行政复议法的规定，其本身属于附带审查的对象。如果将其作为审理行政复议活动案件的依据，会产生一定的矛盾。据此，行政复议法第37条规定：

> 行政复议机关依照法律、法规、规章审理行政复议案件。
>
> 行政复议机关审理民族自治地方的行政复议案件，同时依照该民族自治地方的自治条例和单行条例。

理解本条文，需要注意以下几个问题；

1. 关于法律

法律是指全国人民代表大会及其常务委员会根据宪法，并依照立法程序制定、通过和颁布的规范性文件。按照制定机关的不同，法律分为基本法律和普通法律。前者一般是指全国人民代表大会制定的法律；后者则一般是指全国人民代表大会常务委员会制定的法律。法律作为最高立法机关制定的规范性文件，一般来说行使的是创设性的权力。其法律位阶和效力仅次于宪法。法律是行政复议活动最重要的依据。

2. 关于法规

法规包括行政法规和地方性法规。行政法规，是指国务院根据宪法和法律，为领导和管理国家各项行政管理工作，依照法定程序制定的政治、经济、文化、外交等各类法规的总称。行政法规在位阶上低于宪法和法律，但高于地方性法规和规章。根据《最高人民法院关于审理行政案件适用法律规范问题的座谈会纪要》的规定，考虑到中华人民共和国成立后立法程序的沿革情况，现行有效的行政法规有以下三种类型：一是国务院制定并公布的行政法规。二是立法法施行以前，按照当时有效的行政法规制定程序，经国务院批准、由国务院部门公布的行政法规。但在立法法施行以后，经国务院批准、由国务院部门公布的规范性文件，不再属于行政法规。三是在清理行政法规时由国务院确认的其他行政法规。地方性法规，是指省、自治区和直辖市的人民代表大会及其常委会，省、自治区人民政府所在地的市和国务院批准的较大的市以及经济特区所在地的市的人民代表大会及其常委会所制定的规范性文件的总称。此外，立法法第 81 条第 1 款规定了设区的市人民代表大会及其常务委员会的地方性法规制定权限，即设区的市的人民代表大会及其常务委员会根据本市的具体情况和实际需要，在不同宪法、法律、行政法规和本省、自治区的地方性法规相抵触的前提下，可以对城乡建设与管理、生态文明建设、历史文化保护、基层治理等方面的事项制定地方性法规，法律对设区的市制定地方性法规的事项另有规定的，从其规定。设区的市的地方性法规须报省、自治区的人民代表大会常务委员会批准后施行。省、自治区的人民代表大会常务委员会对报请批准的地方性法规，应当对其合法性进行审查，认为同宪法、法律、行政法规和本省、自治区的地方性法规不抵触的，应当在 4 个月内予以批准。

3. 关于规章

规章是行政规章的简称，是指国务院各部门以及省、自治区、直辖市人民政府和较大的市的人民政府根据法律、法规制定的有关行政管理的规定、办法、规则等规范性文件的总称。规章包括国务院部门制定的规章和地方政府制定的规章，简称为部门规章和地方规章。地方规章，是指由省、自治区、直辖市和较大的市的人民政府根据法律、行政法规、地方性法规并按照法定程序制定的适用于本地区行政管理工作的规定、办法、规则等规范性文件的总称。

4. 关于自治条例和单行条例

自治条例和单行条例，是指民族自治地方的人民代表大会依照宪法，民族区域自治法或者其他法律规定的权限，结合当地的政治、经济、社会、文化特点所制定的规范性文件。自治条例规定的内容大多涉及自治与统一的关系、自治机关的组织和职责等根本性问题；单行条例与自治条例相比处于次要地位，大多就自治条例的某一方面作出具体化的规定。自治条例和单行条例在权限范围内可以对法律和行政法规进行变通，如此规定的主要目的在于保证民族区域自治机关行使自治权，充分体现宪法规定的“各民族一律平等”原则。民族自治地方根据本地区实际情况，对国家的法律、政策和上级国家机关的决议、决定、指示、命令等，可以经适当程序作出变通和补充规定。需要注意的是，本条第 2 款规定的“同时依照”是指，行政复议机关在审理行政复议案件时，除了可以依照法律、法规、规章外，可以并列适用民族自治地方的自治条例和单行条例。

（二）行政复议中止

本次行政复议法修订，参考行政诉讼中止制度，规定了行政复议中止制度。行政复议中止，是指在行政复议进行过程中，由于出现了特殊情况而使复议程序无法继续须暂时停止的制度。一般来讲，行政复议程序一经开始就应当连续进行，不能随意停止。但是，在遇有无法克服或者难以避免的特殊情形发生时，行政复议不能继续进行或者继续进行不符合复议公正的要求的时候，应当暂时中止行政复议程序。行政复议法第 39 条规定：

> 行政复议期间有下列情形之一的，行政复议中止：
>
> （一）作为申请人的公民死亡，其近亲属尚未确定是否参加行政复议；
>
> （二）作为申请人的公民丧失参加行政复议的行为能力，尚未确定法定代理人参加行政复议；

（三）作为申请人的公民下落不明；

（四）作为申请人的法人或者其他组织终止，尚未确定权利义务承受人；

（五）申请人、被申请人因不可抗力或者其他正当理由，不能参加行政复议；

（六）依照本法规定进行调解、和解，申请人和被申请人同意中止；

（七）行政复议案件涉及的法律适用问题需要有权机关作出解释或者确认；

（八）行政复议案件审理需要以其他案件的审理结果为依据，而其他案件尚未审结；

（九）有本法第五十六条或者第五十七条规定的情形；

（十）需要中止行政复议的其他情形。

行政复议中止的原因消除后，应当及时恢复行政复议案件的审理。

行政复议机关中止、恢复行政复议案件的审理，应当书面告知当事人。

这一条文，包括如下内容：

1. 作为申请人的自然人死亡，其近亲属尚未确定是否参加行政复议

作为申请人的自然人死亡的，其权利能力自然消亡，不再具有当事人的复议资格。但是，可以由近亲属继续参加诉讼。近亲属的有无、是否具备复议行为能力以及是否放弃复议等，均需近亲属自愿表态。从自然人死亡到近亲属表态之间存在一定时间差距，为了保障死亡的自然人及其近亲属的合法权益，应当等待近亲属作出最后表态之后才能继续行政复议。当然，对于在行政复议程序中类似申请人地位的第三人，亦得适用。

2. 作为申请人的自然人丧失参加行政复议的行为能力，尚未确定法定代理人参加行政复议

申请人之所以能够参加行政复议的前提是其具有行政复议的行为能力。在行政复议过程中，如果自然人因病或者其他事由造成精神疾患或者其他丧失行政复议行为能力的情况，应当由自然人的法定代理人代其参加诉讼。无行政复议行为能力的人由其监护人作为法定代理人代为参加行政复议。法定代理人之间相互推诿代理责任的，由行政复议机关指定其中一人代为参加行政复议。在法定代理人尚未确定的期间，应当中止诉讼行政复议。本项对于在行政复议程序中类似申请人的第三人，亦得适用。

3. 作为申请人的自然人下落不明

自然人下落不明，是指公民最终离开住所或者居住地后，去向不明，没有消息。此时，需要等待有权机关是否宣告失踪等，此时应当中止复议。

4. 作为申请人的法人或者其他组织终止，尚未确定权利义务承受人

如果作为申请人的法人或者其他组织终止的，其权利义务的承受人的确定需要一段时间，亦须中止复议。

5. 申请人、被申请人因不可抗力或者其他正当理由，不能参加行政复议

不可抗力，主要是指，来自自然的或者社会的不能预见、不可避免的事由。如地震、水灾、战争等。其他正当理由是指，客观上不能控制、不能避免、不能克服的其他事由。比如罹患疾病、交通事故等事由。

6. 依照本法规定进行调解、和解，申请人和被申请人同意中止

行政复议法第 73 条规定了调解制度，第 74 条规定了和解制度。调解和和解期间，申请人和被申请人同意中止复议程序的，行政复议机关应当准许。

7. 案件涉及的法律适用问题需要有权机关作出解释或者确认

这里的"解释"，是指立法法规定的有权机关对法律适用问题进行解释的权力。例如，立法法第 48 条规定，法律解释权属于全国人民代表大会常务委员会。法律有以下情况之一的，由全国人民代表大会常务委员会解释：（1）法律的规定需要进一步明确具体含义的；（2）法律制定后出现新的情况，需要明确适用法律依据的。第 49 条第 1 款规定，国务院、中央军事委员会、国家监察委员会、最高人民法院、最高人民检察院、全国人民代表大会各专门委员会，可以向全国人民代表大会常务委员会提出法律解释要求或者提出相关法律案。这里的"确认"，主要是指立法法规定的有权机关对相关事项进行裁决的权力。如法律之间对同一事项的新的一般规定与旧的特别规定不一致，不能确定如何适用时，由全国人民代表大会常务委员会裁决。

8. 案件审理需要以其他案件的审理结果为依据，而其他案件尚未审结

在这种情况下，需要满足两个条件：案件的审判须以其他案件的审理结果为依据；相关案件尚未审结。这两个条件缺一不可。这主要是指复议前提的情况。即将案件涉及到的附属问题作为本案审理的前提，按照管辖规则对附属问题有管辖权的行政复议机关审理而不由本案行政复议机关审理。需要注意两个问题：一是这里的"其他案件"不仅包括其他行政复议案件，也包括其他刑事、民事、行政诉讼案件。二是虽然用了以其他案件审理结果为"依据"，但实际上并非是指"依据"，而是指行政复议案件的审理需要等待其他案件审理完毕之后才能继续审理之意。所以，这里的"依据"的本意是指前提或者基础。

9. 有行政复议法第 56 条或者第 57 条规定情形

在行政复议案件审理过程中，申请人可以依法提起规范性文件审

查申请，对于审查申请以及规范性文件本身的处理，需要一定时间，难以在复议程序进行中解决。如第 53 条规定了规范性文件申请的审查，即申请人依照本法第 13 条的规定提出对有关规范性文件的审查申请，行政复议机关有权处理的，应当在 30 日内依法处理；无权处理的，应当在 7 日内转送有权处理的行政机关依法处理。第 57 条规定了对规范性文件的处理，即行政复议机关在对被申请人作出的行政行为进行审查时，认为其依据不合法，本机关有权处理的，应当在 30 日内依法处理；无权处理的，应当在 7 日内转送有权处理的国家机关依法处理。

10. 其他需要中止行政复议的情形

本项是关于复议中止的兜底条款。

对于中止复议，需要注意以下几个问题：第一，中止复议只是暂时停止相关复议活动，并非复议活动的结束。一旦中止原因消除，行政复议机关应当及时恢复行政复议案件的审理。第二，无论是中止复议还是恢复复议，都应当书面告知当事人。第三，中止复议只是行政复议审理过程中的程序性事项，对当事人合法权益不产生实际影响。因此，一般不属于可诉的行政行为。第四，行政复议期间，行政复议机关无正当理由中止行政复议的，上级行政机关应当责令其恢复审理；必要时，上级行政机关可以直接审理。

（三）行政复议终止

行政复议终止，是指在行政复议进行过程中，因发生法定情形，使得行政复议无法继续或者继续进行已经没有必要而结束行政复议程序的制度。复议中止和复议终结的情形在部分内容上呈现出重合的迹象。也就是复议中止后，如果相关的权利人放弃复议权利或者经过法定期限无人继续复议的，行政复议机关应当终结复议。但是，还有一些事项，在内容上不存在重合之处。如案件涉及法律适用问题，需要送请有权机关作出解释或者确认的情形、案件的审判须以其他案件的结果为依据，而相关案件尚未审结的情形则无复议终结之规定。这就说明该事项既不能放弃又无法在期限上作出明确限制。同时也就说明，复议中止和复议终结的关系，在一些事项上具备一定的时间顺序意义，在另外一些事项上又不存在时间顺序意义。行政复议法第41条规定：

> 行政复议期间有下列情形之一的，行政复议机关决定终止行政复议：
>
> （一）申请人撤回行政复议申请，行政复议机构准予撤回；
>
> （二）作为申请人的公民死亡，没有近亲属或者其近亲属放弃行政复议权利；
>
> （三）作为申请人的法人或者其他组织终止，没有权利义务承受人或者其权利义务承受人放弃行政复议权利；
>
> （四）申请人对行政拘留或者限制人身自由的行政强制措施不服申请行政复议后，因同一违法行为涉嫌犯罪，被采取刑事强制措施；
>
> （五）依照本法第三十九条第一款第一项、第二项、第四项的规定中止行政复议满六十日，行政复议中止的原因仍未消除。

主要包括以下五种情形：

1. 申请人撤回行政复议申请，行政复议机构准予撤回

修订前的行政复议法第25条规定，行政复议决定作出前，申请人要求撤回行政复议申请的，经说明理由，可以撤回；撤回行政复议申请的行政复议终止。修订前的行政复议法仅对此种情形规定为终结复议。本条对此作了类似规定。申请人撤回行政复议申请，表明其不再希望通过行政复议程序解决争议，行政复议机构准予撤回的，亦

属于结案方式，行政复议程序终结。

2. 作为申请人的自然人死亡，没有近亲属或者其近亲属放弃行政复议权利

一般而言，作为申请人的自然人死亡，如果没有近亲属的，则意味着无权利义务的承受人；近亲属放弃复议权利的，则意味着近亲属放弃其可能在复议中获得的利益。行政复议的结果既然无人承担，行政复议程序自然亦须终结。这里的“放弃”是一种狭义上的放弃，即作出明示放弃的意思表示。不包括拟制的“放弃”，拟制放弃，一般是指在法定期限内不作出继续复议或者放弃诉讼的表示的，应当视为放弃。对于视为放弃的行为，又称为拟制的放弃行为，根据本条第 2 款的规定，即申请人死亡后，行政复议机关等待其近亲属表明是否参加行政复议，如果行政复议机关在复议中止后满 60 日仍然无人继续诉讼复议的，亦得终结复议。

3. 作为申请人的法人或者其他组织终止，没有权利义务承受人或者其权利义务承受人放弃行政复议权利

作为申请人的法人或者其他组织终止后，如果其权利义务承受人继续复议的，行政复议机关应当继续审理；如果其权利义务承受人放弃行政复议权利的，行政复议机关应当终结复议。这里只规定了作为申请人的法人或者其他组织，没有规定被申请人终止后的权利义务承受人“放弃”的情形。这是因为，根据行政管理连续性的原理，行政机关在终止之后，必然存在行政管理的继受人。并且该行政管理继受人亦无“放弃”行政管理职权的意思自治权限，因此，无须行政机关权利义务承受人放弃的情形作出规定。

4. 申请人对行政拘留或者行政强制措施不服申请行政复议后，因申请人同一违法行为涉嫌犯罪，该行政拘留或者行政强制措施变更为刑事拘留或者刑事强制措施

申请人申请行政复议的行政行为如果属于行政拘留或者行政强

制措施等行政行为，则行政复议程序应当持续和继续。但是，在执法实践中，申请人的违法行为有可能先行按照行政程序处理，之后又按照刑事诉讼程序转为刑事拘留或者刑事强制措施。此时，申请人的违法行为的性质已经不再是一般违法行为，而是刑事犯罪行为，被申请的行为不再属于行政行为，从而不属于行政复议范围。此时，行政复议机关应当终结复议。此时，对于申请人的救济，依照刑事诉讼法的规定执行。需要注意的是，第一，本项内容仅仅限于“行政拘留”和“行政强制措施”，不包括其他形式的行政处罚、行政许可等行政行为。第二，防止执法机关利用本条，通过变更行政拘留、行政强制措施，从而达到限制和惩罚申请人提起行政复议的目的。对于发现有此种情况的，应当认定为滥用职权，严肃追究其法律责任。

5. 依照本法第 39 条第 1 款第 1 项、第 2 项、第 4 项的规定中止行政复议，满 60 日行政复议中止的原因仍未消除

本项内容属于拟制情形下的复议终止。第 1 项的内容前文已经述及。第 2 项中，作为申请人的自然人死亡，其近亲属尚未确定是否参加行政复议，行政复议中止满 60 日。第 4 项中，作为申请人的法人或者其他组织终止，尚未确定权利义务承受人，行政复议中止满 60 日，行政复议机关可以决定终结复议。也就是说，只要上述期限经过，申请人就丧失了申请行政复议的机会。

（四）行政复议不停止执行

修订前的行政复议法第 21 条规定了行政复议不停止执行制度。一般认为，行政复议不停止执行的理由主要是：其一，行政复议不停止执行制度的确立，是由行政行为所具有的效力先定性决定的。即行政机关的行政行为一旦作出，就假设符合法律规定，是合法的行政行为，对于被申请人自身和申请人具有约束力，必须遵照执行。行政行为具有的约束力和执行力，不因申请人提起行政复议而失效，行政行

为的执行也不因申请人提起行政复议而中止，只有依照法律规定才能停止执行。其二，行政行为是依据行政职权作出的，具有国家权威性。即行政机关作出的行政行为是代表政府为了维护国家利益、社会公共利益而行使的，具有权威性，要求被尊重、被承认执行。如果申请人提起行政复议，在还没有确定其违法时就停止执行，就可能导致申请人滥用行政复议权利，法律秩序就处于不稳定的状态，影响行政管理的有效进行，国家和社会公共利益可能会受到损害。其三，存在着错误矫正机制。即如果行政复议机关经过审理认为行政行为违法或者不合理的，可以决定撤销，同时，对造成损失的，应当予以赔偿。据此，行政复议法第42条规定：

> 行政复议期间行政行为不停止执行；但是有下列情形之一的，应当停止执行：
>
> （一）被申请人认为需要停止执行；
>
> （二）行政复议机关认为需要停止执行；
>
> （三）申请人、第三人申请停止执行，行政复议机关认为其要求合理，决定停止执行；
>
> （四）法律、法规、规章规定停止执行的其他情形。

本条确立的是以行政复议不停止执行为原则，以停止执行为例外的规则。与修订前的行政复议法相比，主要有两个变化：一是将“可以停止执行”修改为“应当停止执行”；二是将“法律规定停止执行”修改为“法律、法规、规章停止执行”。“应当停止执行”包括以下四个方面：

1. 被申请人认为需要停止执行

一般而言，被申请复议的行政行为是被申请人依职权作出的，行政复议程序开始后，行政机关为实现行政管理目的，继续执行还是停止执行行政行为属于被申请人的权限范围和职责范围。这里强调的是，被申请人“认为”需要停止执行，而非被申请人为了国家利益、社会公共利益而需要停止执行。“认为”表明的是被申请人的主观愿望，除了法律、法规、规章规定行政机关在何种情况下须停止执行的客观限制外，对于是否停止执行属于行政机关的酌处权。

2. 行政复议机关认为需要停止执行

行政复议案件进入到行政复议程序后，行政复议机关作为被申请人的上级机关，基于层级监督职能，认为需要停止执行的，应当停止执行。这里的“认为”表明的也是行政复议机关的酌处权。一般来讲，行政复议机关停止执行的理由是，行政行为的执行会造成难以弥补的损失和停止执行不损害国家利益和社会公共利益。这样既有利于纠正被申请人的错误，又有利于保护申请人的合法权益。[1] 基于行政复议实质化解行政纠纷的目的，法律没有规定行政复议机关在何种情况下属于“需要停止执行”，而是规定“行政复议机关认为需要停止执行”。行政复议机关只要“认为”需要停止执行的，按照本条的规定，“应当停止执行”，赋予了行政复议机关充分的裁量权限。

3. 申请人、第三人申请停止执行，行政复议机关认为其要求合理，决定停止执行

行政复议制度为了救济申请人、第三人合法权益所设。对于行政行为不停止执行，将会给申请人、第三人带来不可避免、不可逆转、不可弥补损害的，申请行政复议机关停止执行。被申请人、行政复议机关对于是否停止执行既具有主动的裁量权、酌处权，又具有依申请对于是否停止执行的裁量权、酌处权。申请人、第三人向行政复议机关申请停止执行，行政复议机关经审查认为，行政行为的执行可能会给申请人、第三人造成难以弥补的损失或者执行将会给国家利益、社会公共利益损害的，可以认定申请人、第三人的要求合理，应当决定停止执行。对于“要求合理”的具体情形，应当按照案件具体情

1 曹康泰主编:《中华人民共和国行政复议法释义》，中国法制出版社 1999 年版，第 109 页。

况判断。

4. 法律、法规、规章规定停止执行

修订前的行政复议法规定，只有法律规定停止执行的，行政复议机关才能决定停止执行。如治安管理处罚法第 107 条规定，被处罚人不服行政拘留处罚决定，申请行政复议、提起行政诉讼的，可以向公安机关提出暂缓执行行政拘留的申请。公安机关认为暂缓执行行政拘留不致发生社会危险的，由被处罚人或者其近亲属提出符合本法第 108 条规定条件的担保人，或者按每日行政拘留 200 元的标准交纳保证金，行政拘留的处罚决定暂缓执行。本次行政复议法修订，为了确保行政争议在行政复议程序中化解，一方面赋予了行政复议机关较大的酌处权，另一方面从停止执行制度设计上，也放宽了停止执行的规范性文件层级。如果法律层级之下的法规、规章规定了停止执行的情形，行政复议机关也应当决定停止执行。

二、行政复议证据

行政复议证据是行政复议制度的重要组成部分。修订前的行政复议证据部分比较零散，只规定了被申请人在行政复议期间不得收集证据和申请人、第三人的查阅权。本次行政复议法修订，借鉴行政诉讼证据的有关规定，强化了行政复议机关的证据审查职责，初步完善了行政复议证据规则。主要包括证据种类、举证责任、行政复议机关的调查取证权力、被申请人不得自行收集证据、申请人、第三人的查阅复制权利等。

（一）行政复议证据种类

证据种类，是指根据证据事实的表现形式，在学理上和在法律上对证据进行的分类。由于不同种类的证据具有许多特有的收集、固定程序，在审查和判断的重点上亦有所不同。因此，科学地划分证据，不仅有利于审查判断某一类证据的证明力，也有利于对证据进行系统化和科学化，有利于相应的证据规范的进一步完善。行政复议法第43条规定：

> 行政复议证据包括：
> （一）书证；
> （二）物证；
> （三）视听资料；
> （四）电子数据；
> （五）证人证言；
> （六）当事人的陈述；
> （七）鉴定意见；
> （八）勘验笔录、现场笔录。
> 以上证据经行政复议机构审查属实，才能作为认定行政复议案件事实的根据。

本条包括以下几个方面内容：

1. 书证

书证，是以文字、符号、图案等形式记载，能够表达人的思想和行为的，能证明案件事实的物品。行政复议中的书证表现形式很多，常见的有行政强制决定书、行政处罚决定书、行政许可决定书、申请人提交的申请书等。书证的载体一般多是纸张，但并非只有纸张才是书证。只要是思想内容与案件的待证事实具有关联性，载体的形式可以是其他物质载体。书证的特点主要包括：一是内容性。书证的重大特点在于通过文字、符合或者图画等来记述人的思想和行为，或者对某一事件进行记载，或者对于某一特定物体予以描述，只有其内容能够证明案件的待证事实或者与案件的待证事实有关联性，才能作为书证使用。而其他证据（比如物证）则是通过其外部特征来证明案件事实的。二是直接性。书证记载的内容一般具有较为明确的思想内容，书证无须其他证据那样需要加以分析和判断。大多数的行政行为均需通过书面形式予以确定，该书证的真实性一旦被确定，行政复议机关可以作为直接证据而无须与其他证据相互印证。三是案卷性。此处的“案卷”是指行政案卷。案卷排他性原则要求行政机关应当提供其在行政程序中的案卷材料。行政机关在行政程序之外或者在行政复议中取得的书证一般不能作为此处的“书证”使用。同样申请人在行政复议中提出在行政程序中没有提出的书证的，亦不得作为“书证”使用，除非赋予被申请人补充证据的权力。

2. 物证

物证，是指以其物质属性、外部特征、存在状况、空间方位等来证明案件事实的物品和痕迹。物质属性，是指实体物的各种物理和化学性质、质量、结构、成分、功效等；外部特征，是指实体物的大小、形状、数量、颜色等；存在状况，是指固态、液态还是气态存在以及有无缺损等情况；空间方位，是指物证所在的地理位置、空间位置、环境以及与其他物品之间的相互关系等。所谓痕迹，是指外界因素作用于固态物品上遗留下的印迹。物证的特点主要是：一是客观性。物证是客观存在的物品或者痕迹，以物质本身的存在形式来反映案件事实。物证是独立于人类主观因素之外的客观事物，具有较强的稳定性。一般而言，物证比其他证据更为可靠，具有较高的证明价值。二是形成性。物证一般来说只是反映案件事实在特定阶段的发生、发展和变化。因此，当需要证明某一发生变化的案件事实时，物证就会成为某一阶段的物证。三是有限性。一般来说，物证只能以静态的、静止的画面证明待证事实的某个阶段或者某个环节。

3. 视听资料

视听资料，是指用以证明案件事实，利用录音、录像以及计算机等高科技设备取得的音像图象材料和利用电脑等设备取得和存储的数据材料。视听资料的特点主要包括：一是科学性。视听资料是科学技术发展的产物，对于科学技术有着较强的依赖性。不仅生成需要特定的科学技术，人类认识它亦需要特定的科学技术设备。人类凭靠自己的感官无法直接感知电、磁等无形物质，因此必须通过特定的设备，如录音带、录像带、激光唱片、计算机软盘、X 射线探测信息存储软盘等载体内。二是直观性。视听资料可以直观地、形象地展示、反映、再现有关案件事实的声音特征和现象特征。视听资料一般较当事人陈述更加形象、直观、全面、综合；较物证更有动态性、连续性、完整性。正因为如此，视听资料一般包含的信息量较大，说服力也比较强。三是便利性。视听资料一般来说，体积较小、重量较轻、存储方便、保存时间久远、便于保存、便于检索、便于复制、便于使用等特点。与其他证据相比，具有明显的便利性和高效性。但是正是由于这些特点，视听资料也存在易于毁灭、易于删改、易于伪造的缺陷，这些缺陷将使其证明案件事实的客观性受到一定程度的影响。因此，在行政复议审查中通常要注意视听资料是否已经被复制、删改、伪造，是否已经遗失相关重要信息等。在对视听资料的真实性进行判断时，必须注意其可能存在的缺陷。

4. 电子数据

电子数据，是指与案件事实有关的电子邮件、网上聊天记录、电子签名、网络访问记录等以数字形式存在的证据。电子数据的载体包括磁盘、硬盘、光盘等计算机软件、硬件和网上淘宝、电子邮件、微博、MSN、QQ 账号等虚拟网络交易和交流方式的记录等。之所以单独规定电子数据，是因为目前列举的任何一种证据形式都无法将电子证据完全囊括进去。特别是，随着时代发展，电子技术特别是计算机网络技术在司法活动中的作用越来越大。依靠现有证据规则难以解决电子数据所带来的诸多法律难题，也无法发挥电子数据的证明价值。所以，建立一套符合电子数据自身特点的收集、质证、认证规则，有利于行政复议机关及时公正审理涉及计算机违法、网络侵权等行政案件。

5. 证人证言

证人证言，是指了解案件有关情况的、非本案行政复议参加人关于案件事实的陈述。向行政复议机关陈述自己知道的情况、证明案情的人，称为证人。证人证言的特点主要包括：一是主观性。法律要求证人证言必须是对案件事实的客观描述，不允许作推测、推断、预测和评论。但是，对于证人证言来说，法律的要求并不能杜绝证人证言的主观性，即证人自身对于案件事实是根据个人感觉和经验作出的判断。一般而言，证人应当陈述其亲历的具体事实，其根据其经历所作的判断、推测或者评论，不能作为定案的依据。二是易变性。证人证言由于证人个体的记忆能力和感受能力的限制。随着时间的推移，不同的证人对于特定的案件事实的感知和记忆结果会逐渐淡化和模糊。如果在其他信息的干扰下，有可能出现变化甚至向相反的记忆转化。因此，许多国家的法律规定，出庭作证的证人不得旁听案件的审理。并且在向证人发问时，发问的内容应当与案件事实有关联，不得采用引诱、威胁、侮辱等言语或者方式。这都是为了保证证人证言不受到外界信息的干扰而损害其真实性。

6. 当事人的陈述

当事人陈述，是指原告、被告、第三人就自己所经历的案件事实，向法院所作的叙述、承认和陈词。当事人陈述的特点主要是：一是双重性。双重性，是指当事人是行政法律关系的参与者，对于行政法律关系的产生、变更或者消灭较诸其他诉讼参与者（如证人、鉴定人、勘验人等）都更加了解、更加全面、更加深刻；另一方面，正因为其是行政法律关系的参与者，因此，陈述者往往倾向于陈述对自己有利的内容，对于案件事实可能有所隐瞒、有所删节甚至有所编造，始终带有有利于陈述者的主观性、片面性和情绪性。正因为如此，行政复议机关对于当事人的陈述，不能偏听偏信，而必须结合本案的其他证据，审查确定是否作为认定案件事实的根据。二是时间性。时间性，是指当事人陈述必须限制在行政复议过程中。对于行政复议前或者在行政复议外进行的陈述，即便与案件事实有关联性，也不属于当事人陈述。当事人在行政程序中的陈述可能属于书证或者其他证据形式，但是，当事人陈述必须是在行政复议过程中形成。

7. 鉴定意见

鉴定意见，是指具备资格的鉴定人对行政案件中出现的专门性问题，通过分析、鉴别、检验和判断后作出的书面意见。如产品质量鉴定、医疗事故鉴定、痕迹分析鉴定、文书鉴定、指纹鉴定等。由于鉴定意见是运用专业知识所作出的鉴别和判断，具有科学性和较强的证明力。需要注意的是，鉴定意见是由专门知识的人员，根据客观材料作出的鉴别和判断，表达的是个人的认识和判断，具有一定的主观性。既然具有一定的主观性，就应当允许当事人对其提出质疑。行政复议机关应当结合案件的全部证据，加以综合审查判断，准确认定案件事实，作出正确判断，而非将鉴定意见直接认定为定案证据。

8. 勘验笔录、现场笔录

勘验笔录，是指行政复议机关对有关案件事实的现场或者物品进行就地检验、测量、勘查和分析所作的书面记录。一般来说，它是对客观事实的反映，能够证明案件的真实情况，是行政复议中的一种独立证据。勘验笔录的特点主要包括：一是客观性。勘验笔录记载的内容不允许含有主观成分，不允许勘验人员进行分析判断，只能是勘验人员自身或者借助于仪器设备感知的事实。勘验笔录的基本要求就是如实记录，不能记录自己的分析、推测和判断。为了保证勘验笔录的客观性和公正性，勘验现场时，勘验人必须出示证件，并邀请当地基层组织或者当事人所在单位派人参加。当事人或其成年亲属应当到场，拒不到场的，不影响勘验的进行，但应当在勘验笔录中说明情况。二是综合性。勘验笔录反映的往往不是勘验对象某一方面的特征，而是各个方面的综合性特征，其笔录可以采取文字记录、现场绘图、现场照片或者现场录像等多种方式进行。

现场笔录，是指行政机关工作人员在执行职务过程中对有关管理活动的现场情况所作的书面记录。现场笔录的特点主要是：一是客观性。即现场笔录必须是基于客观事实所作出的笔录。现场笔录的客观性并不意味着现场笔录一定符合待证事实的客观情况。是否能够证明待证事实需要经过法院的审查判断。二是行政性。表现在以下几个方面：现场笔录是行政机关及其工作人员在行政程序中制作的，构成了行政案卷部分；现场笔录不能事后补作；该笔录必须是在现场制作的。“现场”包括两个要求：其一，必须是在案件事实发生之时，即当场作出的；其二，必须是在案发现场作出的，即当地作出的。现场笔录必须由执法人员和当事人签名以证明其现场性。当事人拒绝签名或者不能签名的，应当注明原因。有其他人在现场的，可由其他人签名。

9. 以上证据经行政复议机构审查属实，才能作为认定案件事实的根据

上述证据需要经过行政复议机构的审查，属实的，才能作为认定案件事实的根据。“认定案件事实的根据”是指以上证据须具备客观性、关联性和合法性。证据的客观性，是指证据事实本身是客观真实的，不是主观臆断的；证据的关联性，是指证据事实与待证事实之间具有客观关联性并且具有证明力；证据的合法性，是指对于该证据的来源、形式、审查判断等是合法的。客观性反映的是证据的实质内容，证据的关联性反映的是证据的本质属性；合法性反映的则是法律

对于证据的容许度和可得性。一个证据只有三性具备，才能作为认定案件事实的根据。

（二）举证责任

举证责任制度是证据制度的核心。举证责任是指在事实真伪不明的情况下采取的一种诉讼技术。设定举证责任的目的，在于使行政复议机关在难以确认事实、辨明是非的情况下，平争息诉，解决争议。在行政复议过程中，经常出现的情况是：一定事实是否存在或者真假虚实难以确定的情况下，无法对事实加以准确认定。此种情况即为通常所称的“疑案”。如由于时过境迁、证据已经灭失，仅有当事人的陈述，而别无旁证；由于某些证据材料的特殊性，难以确定其真实性；由于当事人双方都提供的一些证据，而一方的证据无法证明另一方的证据是绝对虚假等。对于举证责任的性质，学术界有较多讨论。如果单纯从举证责任的法律规定而言，行政复议法对于被申请人负举证责任规定得比较明确。实际上，从广义上而言，举证责任无非就是提出证据的责任而已，没有必要将被申请人负举证责任的规定作僵化的理解。对于提供证据来证明自己的主张而言，无论是申请人还是被申请人都必须提出证据。修订后的行政复议法对被申请人和申请人的举证责任作了规定。行政复议法第 44 条规定：

> 被申请人对其作出的行政行为的合法性、适当性负有举证责任。
>
> 有下列情形之一的，申请人应当提供证据：
>
> （一）认为被申请人不履行法定职责的，提供曾经要求被申请人履行法定职责的证据，但是被申请人应当依职权主动履行法定职责或者申请人因正当理由不能提供的除外；
>
> （二）提出行政赔偿请求的，提供受行政行为侵害而造成损

害的证据，但是因被申请人原因导致申请人无法举证的，由被申请人承担举证责任；

（三）法律、法规规定需要申请人提供证据的其他情形。

本条主要包括以下几个方面的内容：

1. 被申请人的举证责任

修订前的行政复议法没有规定被申请人的举证责任。只是在第23条第1款规定，行政复议机关负责法制工作的机构应当自行政复议申请受理之日起7日内，将行政复议申请书副本或者行政复议申请笔录复印件发送被申请人。被申请人应当自收到申请书副本或者申请笔录复印件之日起10日内，提出书面答复并提交当初作出具体行政行为的证据依据和其他有关材料。行政复议法第1条规定，立法目的之一是“为了防止和纠正违法的或者不当的行政行为”，第63条规定，行政行为只有内容适当的情况下才能作出维持行政行为的决定。也就是说，行政复议机关对行政行为的合法性和适当性进行审查。在行政诉讼中，人民法院对行政行为的合法性进行审查，根据行政诉讼法第34条第1款的规定，被告应当对行政行为的合法性承担举证责任。行政复议法借鉴行政诉讼法的规定，明确被申请人对其作出的行政行为的合法性、适当性负有举证责任。

之所以由被申请人对被申请的行政行为的合法性和适当性负举证责任，理由主要是：第一，在行政复议案件中，被申请人在行政程序中作出行政行为，是行政行为的作出方和主动方，应当对行政行为的合法性和适当性负责任。第二，被申请人在作出行政行为时，应当遵循“先取证，后裁决”规则，只有具备充分的证据才能作出行政行为。在行政复议中，按照“谁主张、谁举证”的规则，被申请人在行政程序中是最初的“主张方”，应当由其承担举证责任。第三，由被申请人承担举证责任，提供作出行政行为的证据和所依据的规范性文件，有利于法院对案件的审理。

被申请人对行政行为的合法性、适当性承担举证责任是一种法定义务，具有排他性。申请人或者第三人不承担此义务。被申请人对于行政行为合法性、适当性承担举证责任是行政复议法作为客观法的必然要求。行政复议法第 1 条规定的“防止和纠正违法的或者不当的行政行为”“监督和保障行政机关依法行使职权”，均是行政复议法客观法功能的表述。客观法的目的在于维护一定的客观法律秩序，对于不能满足客观举证责任的一方将承担不利的法律后果。既然是一种法定义务，则该法定义务不能抛弃，不能转让。被申请人对于该法定义务的承担有两个方面的要求：第一，对于行政行为合法性、适当性的举证责任必须有相应的证据加以支撑；第二，被申请人必须在法定的举证期限内提供。根据行政复议法第 45 条的规定，被申请人应当在收到申请书副本或者申请笔录复印件之日起 10 日内提出书面答复，并提交作出行政行为的证据、依据和其他有关材料。根据行政复议法第 67 条的规定，被申请人不提供或者无正当理由逾期提供证据的，视为该行政行为没有相应的证据。被申请人对于该项义务是法定的，申请人对于行政行为合法性、适当性提供证据则是意定的。即申请人如果提供有关行政行为合法性、适当性的证据，用于证明自己的主张，属于申请人的权利范畴，不承担举证不能或者证据失权的消极后果。

2. 申请人的举证责任

前已述及，被申请人负举证责任并不否认申请人提供证据。申请人在提起行政复议时，应当有具体的复议请求和事实根据。在被申请人提出了行政行为的证据后，申请人能否提出反证，对能否获得救济有重要作用。同时，申请人提供证据有利于对案件的审理，也有利于保护自己的合法权益。但是，不能要求依申请人提供的证据来确定其行政行为是否合法或者适当。即申请人不因提供的证据不充分而承担不利的法律后果。也就是说，行政复议法确立的被申请人负举证责任原则，同时也认可申请人提供证据。但是，本条对于“提供证据”的行为性质没有认定。这主要是由于如果将明确将申请人的提供证据的行为性质认定为举证责任，一则可能冲淡被申请人负举证责任的原则，二则可能淡化制约行政行为的“先取证，后裁决”的原则。实际上，举证的含义就是指“提出证据”。当事人提出证据有两种目的：一种目的在于证实自己的主张，以便引起法律上的后果。如申请人提出证据证明案件事实的存在、证明行政行为的存在，以引起行政复议机关立案受理的后果。此种举证责任属于“主张责任”。另一种目的在于使自己在实体上获胜或者处于有利位置。如被申请人如果不能证明自己行政行为的合法性、适当性，就将导致不利的法律后果。我们称之为“证实责任”，是一种与实体上的法律后果相联系的举证责任。也就是说，对于举证责任的理解不能仅仅局限于行政复议法第44条第1款的规定，该款规定的只是被申请人对于作为类行政行为的举证责任，对于申请人的举证责任、对于不作为情形下的举证责任不具有排除意义。以下分述之。

（1）不作为案件的举证责任

对于不作为案件，不能要求被申请人承担举证责任。因为此时被申请人在行政复议中并未提出积极主张。相关举证责任应当由申请人承担。即申请人认为被申请人不履行法定职责的，提供曾经要求被申请人履行法定职责的证据，但是被申请人应当依职权主动履行法定职责或者申请人因正当理由不能提供的除外。这一内容来源于行政诉讼法关于原告举证责任的规定。最早规定原告举证责任的是《行政诉讼法证据规定》，该司法解释第4条第2款规定，在起诉被告不作为的案件中，原告应当提供其在行政程序中曾经提出申请的证据材料。之后，行政诉讼法第38条规定了原告的举证责任，即在起诉被告不履行法定职责的案件中，原告应当提供其向被告提出申请的证据。但有下列情形之一的除外：（1）被告应当依职权主动履行法定职责的；(2) 原告因正当理由不能提供证据的。本法借鉴行政诉讼法及其司法解释的相关规定作了明确。

值得注意的是，申请人承担此项举证责任是一种“主张责任”而非“证实责任”。申请人必须提供提出申请的证据材料，以证明已经向行政机关申请履行法定职责而行政机关没有作为。申请人提供行政程序中提出申请的材料，意味着申请人曾经在行政程序中作出和行政机关发生法律上的权利义务关系的意思表示，而行政机关不予答复或者拒绝履行，申请人举证责任就已经完成。申请人提供其在行政程序中的申请材料一般发生在行政复议受理阶段，行政复议机关对其申请材料可以进行初步审查以便决定是否进入行政复议。此外，本款虽然针对的是“被申请人不履行职责”的案件，实际上包括所有不作为案件。如申请人申请抚恤金的案件，申请人也应当提供其向被申请人提出申请的证据。

申请人承担不作为的举证责任有两个例外：第一，被申请人应当依职权主动履行法定职责的。对于依职权情形下的不作为，申请人无须提供申请材料等证据，实际上也无法提供相关证据。第二，申请人因正当理由不能提供的。如被申请人的登记制度不完备就属于“正当理由”。申请人因被申请人受理申请的登记制度不完备等正当事由不能提供相关材料并能够作出合理说明的，可以不提供相应的申请材料。申请人提供相应的申请材料证据，主要来自于被申请人的登记制度。申请人向被申请人申请的，被申请人一般应当载于登记簿。被申请人由于登记制度不完备，导致申请人无法提供相关提出申请材料的，应当由被申请人就此负举证责任。

(2) 行政赔偿案件的举证责任

即申请人提出行政赔偿请求的，提供受行政行为侵害而造成损害的证据，但是因被申请人原因导致申请人无法举证的，由被申请人承担举证责任。根据行政诉讼法和国家赔偿法的相关规定，承担行政赔偿责任应当满足以下几个要件：侵权主体是行政机关或者其工作人员；违法行为的存在；权益受到损害；违法行为与权益受损之间存在相关因果关系。对于上述各个要件的证明，应当区别不同的待证事实分别进行分析。一般而言，对于损害事实，申请人最为清楚，在证据距离上最近。因此，申请人应当就其财产贬值、人身权受到伤害等方面的事项提供证据。而对于侵权主体、违法行为是否存在、违法行为与权益受损之间存在相关因果关系等待证事实由被申请人来承担。造成的损害必须满足以下要求：作为损害的事实，必须是已经发生或者将来一定要发生的；损害只能发生于受到法律保护的权益，对于违法利益或者法律不保护的利益不发生损害的问题。可见，对于行政赔偿案件中的损害事实的举证责任和民事诉讼中"谁主张，谁举证"的含义基本相同。需要注意的问题主要有：第一，在特定的情形下，因被申请人原因导致申请人无法举证的，由被申请人承担举证责任。如如果申请人被羁押期间遭到被申请人工作人员对其人身权的伤害，而申请人取证困难，难以提供受行政行为侵害而造成损害的证据。对于此时的侵害事实，除非被申请人能够证明是自残或者他人侵害所致，否则不能免除举证责任。第二，参照行政诉讼法第41条第2款的规定，对于申请人提出行政补偿请求的，亦得适用本项规定。

（3）法律、法规规定需要申请人提供证据的其他情形

本项内容属于兜底条款。如果法律、法规规定应当由申请人提供证据，从其规定。

（三）行政复议机关调取证据

修订前的行政复议法没有规定行政复议机关调取证据的权力。《行政复议法实施条例》第34条规定了行政机关调查取证的权力："行政复议人员向有关组织和人员调查取证时，可以查阅、复制、调取有关文件和资料，向有关人员进行询问。""调查取证时，行政复议人员

不得少于2人，并应当向当事人或者有关人员出示证件。被调查单位和人员应当配合行政复议人员的工作，不得拒绝或者阻挠。”“需要现场勘验的，现场勘验所用时间不计入行政复议审理期限。”行政复议法第45条将上述内容上升为法律条文：

> 行政复议机关有权向有关单位和个人调查取证，查阅、复制、调取有关文件和资料，向有关人员进行询问。
>
> 调查取证时，行政复议人员不得少于两人，并应当出示行政复议工作证件。
>
> 被调查取证的单位和个人应当积极配合行政复议人员的工作，不得拒绝或者阻挠。

理解上述条文，应当注意以下几个问题：

1. 行政复议机关依职权调取证据的情形

调取证据是行政复议机关的法定职权，也是法定义务。一般来说，行政复议的证据应当由行政复议当事人来提供，并由行政复议机关根据举证责任等规则来确定案件事实和法律责任。但是在特定情况下，有些案件确实事实不清，证据材料之间相互矛盾，行政复议机关还有调查核实的必要。调取证据，又称为调查收集证据，是指行政复议机关在行政复议中按照法定程序依职权发现、提取、采集并固定与案件事实有关的证据材料的活动。“调取”的基本含义是调查和提取。

行政复议机关可以依申请调取证据，也可以依职权调取证据。依申请调取证据的情形，如申请人或者第三人及其代理人提供了证据线索，但无法自行收集而申请行政复议机关调取的；当事人应当提供而无法提供原件或者原物的。依职权调取证据的情形，如涉及国家利益、公共利益或者他人合法权益的事实认定的；涉及依职权追加当事人、中止复议、终结复议、回避等事实认定的。

2. 关于行政复议机关是否可以为证明行政行为的合法性调取被申请人作出行政行为时未收集的证据的问题

人民法院调取证据特别是依职权调取证据的，有一个限制——法院不得为证明行政行为的合法性调取被告作出行政行为时未收集的证据。其主要理由是，行政行为合法性的举证责任由被告来承担。即便是被告在行政诉讼过程中补充的证据，亦只能用来反驳原告或者第三人提出的“新证据”。被告尚且不能违法收集证据，人民法院作为中立的裁判者更不允许为证明被诉行政行为的合法性，调取被告在作出行政行为时未收集的证据。因为这不符合行政诉讼法的宗旨和原则。在本法审议过程中，有常委委员提出，参照行政诉讼法第 40 条的规定，明确规定行政复议机关不得为证明行政行为的合法性调取被申请人作出行政行为时未收集的证据。这种意见没有被采纳。主要考虑是，行政复议和行政诉讼的一个明显不同是，行政诉讼完全处于居中裁决者的地位，行政复议虽然具有“准司法”的性质。但更重要的是，行政复议是行政系统内部上下级监督的重要渠道，由上级行政机关纠正下级行政机关的违法或者不当的行政行为，以保护相对人的合法权益，是一种行政救济及行政系统内部对行政权的监督形式。[1]因此，行政机关的内部纠错机制和具有外部监督特征的行政诉讼具有明显不同。如行政诉讼中允许甚至鼓励行政复议机关自我纠错。如《行诉解释》第 22 条规定，行政诉讼法第 26 条第 2 款规定的“复议机关改变原行政行为”，是指复议机关改变原行政行为的处理结果。复议机关改变原行政行为所认定的主要事实和证据，改变原行政行为所适用的规范依据，但未改变原行政行为处理结果的，视为复议机关维持原行政行为。根据这一规定，行政复议机关在不改变原行政行为处理结果的情况下，即便主要事实和证据发生改变，仍属于维持原行政行为，得与原行政行为机关为行政诉讼共同被告。这一规定，实际上是

1 张春生主编：《中华人民共和国行政复议法释义》，法律出版社 1999 年版，第 1 页。

在鼓励行政复议机关运用行政系统内部层级监督权限，对原行政行为进行纠错纠偏。据此，行政复议法作出了和行政诉讼法不同的规定。

3. 关于调查取证的方式

行政复议机关向有关单位和个人调查取证的方式主要是，查阅、复制、调取有关文件和资料，向有关人员进行询问。在调查取证时，行政复议人员不得少于两人。同时，要告知当事人有如实作证的义务，否则要承担法律责任。在调查取证过程中，不能采取胁迫、欺骗的手段调取证据，要主动出示行政复议工作证件。被调查的单位和个人有义务积极配合，允许行政复议人员查阅、复制和调取有关文件和资料，接受行政复议人员的询问，并有如实陈述的义务，不得阻挠和拒绝行政复议机关调查取证工作。调查取证一般要制作笔录。特别是询问笔录，必须交当事人核对后签字或者盖章确认。

（四）被申请人在复议期间收集证据之禁止及补充证据

在行政复议过程中，被申请人不得自行向申请人和其他有关单位或者收集证据。之所以这样规定，主要是由于，被申请人作出行政行为的程序应当是先有确凿证据和客观事实，才能作出行政行为。如果先作出行政行为，再收集证据，就意味着允许被申请人在行政程序中先定结论后补证据，显然不符合法治政府的要求。行政诉讼法第35条规定，在诉讼过程中，被告及其诉讼代理人不得自行向原告、第三人和证人收集证据。行政复议法借鉴行政诉讼法关于被告禁止在诉讼中收集证据的规定，明确了被申请人在复议期间禁止收集证据规定。这样规定，可以促使行政机关严格依照法定程序或者正当法律程序作出行政行为，防止行政机关武断、轻率、片面作出行政行为，以便更好地保护公民、法人或者其他组织的合法权益。据此，行政复议法第46条规定：

行政复议期间，被申请人不得自行向申请人和其他有关单位或者个人收集证据；自行收集的证据不作为认定行政行为合法性、适当性的依据。

行政复议期间，申请人或者第三人提出被申请行政复议的行政行为作出时没有提出的理由或者证据的，经行政复议机构同意，被申请人可以补充证据。

本条包括以下几个方面的内容：

1. 禁止被申请人在复议期间自行收集证据

本条第 1 款中，禁止被申请人收集的是其在行政行为中应当收集而没有收集、涉及行政行为合法性、适当性的证据。对于行政行为在作出时，因其他正当原因没有收集的，以及行政行为合法性、适当性之外的证据，被申请人是可以收集的。这里需要注意的问题是：第一，被申请人不能“自行”收集证据的含义在于，在特定的情况下，被申请人经过行政复议机关允许是可以收集相关证据的。这就涉及了本条第二款的情形，即行政复议期间，申请人或者第三人提出了在行政程序中没有提出的理由或者证据的，被申请人可以为了反驳申请人或者第三人的事实和理由而补充证据。第二，“行政复议期间”只是例示性规定，对于行政复议之前行政行为作出之后仍得适用。根据“先取证，后裁决”规定，行政行为收集证据必须在作出行政行为之前完成，对于行政行为作出之后，无论其是否在行政复议程序中，都不能作为证明行政行为合法、适当的依据。即在“行为后”和“行政复议期间”，被申请人不能为了证明被申请行政行为的合法性、适当性而事后补证。对于行为后取得的证据也不能作为证明行政行为合法性、适当性的证据。第三，本条中“不得自行”的限定，意味着经过行政复议机构准许，被申请人可以收集不涉及行政行为合法性、适当性的证据。

2. 补充证据

本条第 2 款规定的被申请人补充证据的内容，正好成为本条第 1 款规定的“不得自行”的注脚。也就是说，第 1 款规定的内容与第 2 款规定的“行政复议期间，申请人或者第三人提出了被申请行政复议的行政行为作出时没有提出的理由或者证据的，经行政复议机构同意，被申请人可以补充证据”的内容形成补充关系。补充证据，又称补证行为，是指行政复议案件中已有的证据不足，尚不能证明案件事实，需要补充证据进一步证明案件事实的行为。本款内容借鉴了行政诉讼法第 36 条第 2 款“原告或者第三人提出了其在行政处理程序中没有提出的理由或者证据的，经人民法院准许，被告可以补充证据”的规定。

根据这一规定，被申请人补充证据需要满足以下条件：

（1）行政复议期间，申请人或者第三人提出了被申请行政复议的行政行为作出时没有提出的理由或者证据。如果经行政复议机关审理查明，申请人或者第三人提出的理由和证据在行政行为作出时曾经提出过的，被申请人不能补充证据。因为该理由和证据在行政行为作出时提交过，行政机关就必须作为行政行为的考虑因素；如果准许被申请人在行政复议程序中补充相关证据，就等于放任行政机关在行政程序中漠视申请人或者第三人的权益。“理由”，一般是指申请人或者第三人在被申请人作出行政行为时提出的免除处罚、减轻处罚、从轻情节等事项；“证据”一般是指申请人或者第三人在被申请人作出行政行为时提供的免除处罚、减轻处罚、从轻情节等材料。行政机关在作出行政行为时应当充分听取当事人的意见，对当事人提出的事实、理由和证据，应当进行复核；当事人提出的事实、理由或者证据成立的，行政机关应当采纳。这些“事实、理由和证据”，必须作为行政机关作出行政行为的考虑因素，并载入行政卷宗。如果行政卷宗中没有载明相关理由或者证据，视为申请人或者第三人在行政程序中没有提出过。

（2）须经行政复议机构准许。被申请人须提交补充证据的申请，在行政复议机构准许后，被申请人才能补充证据。

（3）被申请人补充证据的目的在于反驳或者重新考虑申请人或者第三人的主张，而不能以证明自己行政行为的合法性、适当性为目的。申请人或者第三人在行政程序中一般处于“利害关系人”的地位，法律一般规定，行政机关在作出行政行为时，应当听取当事人的意见。如果申请人或者第三人认为行政机关在作出行政行为前，没有听取利害关系人意见，提起行政复议或者作为第三人参加行政复议，并提出相应证据的，应当区分具体情况处理：如果法律规定应当听取利害关系人意见，行政机关没有听取的，构成程序违法，不得补充证据；如果法律规定应当听取利害关系人意见，行政机关听取并且记录在案，申请人或者第三人提出其他理由和证据的，应当允许行政机关补充证据。

三、普通程序

修订前的行政复议法没有单独规定行政复议的审理程序。对于行政复议案件的审理，行政复议法明确了以书面审查为原则的审理方式，在特定情况下才听取当事人意见。修订前的行政复议法第22条规定，行政复议原则上采取书面审查的办法，但是申请人提出要求或者行政复议机关负责法制工作的机构认为有必要时，可以向有关组织和人员调查情况，听取申请人被申请人和第三人的意见。之所以采用书面审查的办法，主要是考虑到行政复议要兼顾公平与效率。在行政复议案件的审理过程中，行政机关的行政行为一般情况下都能够按照有关法律法规的规定，提供证明其合法、适当的书面证据和其他的书面材料。此外，采用书面审查的办法，也能够满足效率原则的要求，从而节省时间节约费用，体现行政复议制度的优势。在本次行政复议法修订过程中，大多数意见认为，为了实质化解行政争议，充分发挥行政复议化解行政争议主渠道作用，应当在兼顾效率的前提下，确保行政复议案件审理的公正性，明确行政复议案件的审理程序。据此，行政复议法取消了以书面审查为原则的规定。行政复议法第 34 条规定："行政复议机关受理行政复议申请后，依照本法适用普通程序或者简易程序进行审理。"其中，普通程序包括听取意见程序和听证程序。

（一）听取意见程序

从世界范围来看，行政程序的核心在于通知程序和评论程序。前者在于将保障当事人的知情权，确保及时参与行政程序；后者在于保障当事人得到公正审理的权利，确保案件审理公平。行政复议申请人申请行政复议后，须通知被申请人就相关案件作出书面答复，并履行举证义务。行政复议法第 48 条规定：

> 行政复议机构应当自行政复议申请受理之日起七日内，将行政复议申请书副本或者行政复议申请笔录复印件发送被申请人。被申请人应当自收到行政复议申请书副本或者行政复议申请笔录复印件之日起十日内，提出书面答复，并提交作出行政行为的证据、依据和其他有关材料。

本条规定主要包括以下两个方面的内容：

1."7 日"是行政复议机构必须遵守的法定期限

行政复议机构在受理行政复议申请之日起 7 日内，须将行政复议申请书副本或者行政复议申请笔录复印件发送被申请人。

2.“10 日”是被申请人提交材料的法定期限

如前所述，10 日也是被申请人的举证时限。书面答复，是指被申请人针对申请人的申请书，就被申请行政行为的合法性、适当性等作出的答复意见。作用类似行政诉讼中的答辩状。被申请人不提交书面答复的，不影响行政复议机关的审理，应当承担相应的不利后果。证据，是指本法第 43 条规定的书证、物证、视听资料、电子数据、证人证言、当事人的陈述、鉴定意见、勘验笔录和现场笔录等。依据，是指被申请人作出行政行为时所依据的法律、法规、规章和其他规范性文件。这里的“依据”应当从广义上理解，不仅包括行政复议法第 35 条规定的法律、法规、规章、自治条例、单行条例，也包括直接作为行政行为依据的其他规范性文件。其他有关材料，是指与被申请的行政行为合法性、适当性有关的证据、依据以外的其他材料。

被申请人依照法定程序和法定期限提交相关材料后，行政复议机构决定开始对案件的审理。行政复议法第 49 条规定：

> 适用普通程序审理的行政复议案件，行政复议机构应当当面或者通过互联网、电话等方式听取当事人的意见，并将听取的意见记录在案。因当事人原因不能听取意见的，可以书面审理。

本条规定了普通程序的主要内容，主要包括三个方面的内容：

1. 当面听取意见

当面听取意见，也称为现场听取意见。“应当”表明“听取意见程序”是普通程序的通常方式，也是行政复议审理的核心环节。在行政复议机构的主持下，被申请人、申请人或者第三人就案件相关问题陈述、质辩。当面听取意见，需要行政复议所有当事人同时参与，确保能够澄清案件事实、明辨是非，以便行政复议机关作出正确决定。在当面听取意见程序中，当事人可以根据自己的意愿陈述主张、案件事实和理由，提供相应的证据材料和规范性文件，针对行政复议标的行使各项复议权利。如申请回避、进行辩论、申请停止执行行政行为、撤回行政复议申请、改变行政行为等。

2. 互联网、电话等听取意见

在案件事实比较简单、是非清楚的情况下，行政复议机关可以征求申请人的意见，采用互联网、电话等方式听取意见。采用当面听取意见还是互联网、电话等方式听取意见，均属于普通程序所明确规定的方式。其中，当面听取意见是通常程序，互联网、电话等方式听取意见则是特别程序。

3. 书面审查

书面审查，是指行政复议机关在申请人、第三人和被申请人不在现场的情况下，直接对申请人、第三人和被申请人所提交的证据、依据和其他材料进行审查的活动。书面审查是行政复议机关审理行政复议案件的例外程序。只有在“因当事人原因不能听取意见的”情况下，才能采用。当事人原因，可能是当事人主观上不愿意参加当面听取意见或者互联网、电话等方式听取意见，也可能是当事人在客观上无法听取意见。当事人包括申请人、第三人或者被申请人。

（二）听证程序

听证程序，是指对于重大、疑难、复杂的行政复议案件，行政复议机关组织的类似法院开庭审理程序的行政复议审理程序。从域外行政复议实践来看，听证程序是最正式的程序，必须经过通知利害关系人的通知程序、利害关系人就被申请行政行为发表评论程序、利害关系人提供证明和盘问反对方证人的审判式听证程序。由于相关复议决定须依照听证笔录作出，所以这一程序通常又称为“根据记录的程序”。行政复议法第 50 条规定：

审理重大、疑难、复杂的行政复议案件，行政复议机构应当组织听证。

行政复议机构认为有必要听证，或者申请人请求听证的，行政复议机构可以组织听证。

听证由一名行政复议人员任主持人，两名以上行政复议人员任听证员，一名记录员制作听证笔录。

本条包括以下几个方面的内容：

1.法定组织听证的情形

根据本条的规定，审理重大、疑难、复杂的行政复议案件，行政复议机构应当组织听证。重大案件主要是本区域内具有较大影响力的案件，如人数较多的征收补偿案件；疑难案件主要是新领域、新类型的案件，如标的额较大的行政协议等案件；复杂案件主要是法律关系复杂的案件，如涉及到多重行政法律关系、民事行政交叉案件等。对于何为“重大、疑难、复杂”行政复议案件，本身具有不确定性，由行政复议机关确定。为实质化解行政纠纷，对于判断“重大、疑难、复杂”行政复议案件的标准不宜过高，尽可能适用法定组织听证的情形。

2.酌定组织听证的情形

酌定组织听证包括两种情形：第一，行政复议机构认为有必要听证。行政复议机关如果“认为”行政复议案件有必要听证，可以组织听证。此项权力属于行政复议机关的酌定权力，无须征求申请人、第三人或者被申请人意见。对于是否属于“有必要”，由行政复议机关根据案件具体情况判断。同时，也不受“重大、疑难、复杂”行政复议案件标准的限制。第二，申请人请求听证。对于申请人请求听证的，行政复议机关经审查认为有必要的，可以决定听证。本条没有规定申请人申请听证案件的类型，亦即所有行政复议案件，申请人均可申请听证，是否准许，由行政复议机关决定。

3. 行政复议听证人员

对于听证人员是否必须为单数，还存在不同意见。有意见认为行政复议的听证和法院在行政诉讼中组成合议庭不同，不一定是 3 人以上单数。实际上，对于行政复议机关决定听证的案件，一般属于重大疑难复杂的案件，产生分歧意见常有发生。确定 3 人以上单数行政复议人员进行听证，有利于形成多数意见，有利于案件得到及时公正审理。据此，听证一般由 3 人以上单数的行政复议人员参加。其中，1 名行政复议人员任主持人，2 名以上行政复议人员任听证员。1 名记录员制作听证笔录。

4. 负责人参加听证的义务

在听证程序中，行政复议法借鉴行政诉讼法的行政机关负责人出庭应诉制度，明确了负责人参加听证的义务。即被申请人的负责人应当参加听证；不能参加的，应当说明理由并委托相应的工作人员参加听证。对于这一规定，可以参照行政诉讼法及其司法解释的有关规定执行。所谓“负责人”，包括行政机关的正职、副职负责人、参与分管被申请行政行为实施工作的副职级别的负责人以及其他参与分管的负责人。“应当参加听证”的情形包括：涉及食品药品安全、生态环境和资源保护、公共卫生安全等重大公共利益社会高度关注或者可能引发群体性事件等的行政复议案件。此外，被申请行政行为，涉及公民、法人或者其他组织重大人身财产权益、被申请人的上级机关规范性文件要求行政机关负责人参加听证，行政复议机关通知被申请人负责人听证的，负责人也应当参加听证。“不能参加的”，包括因不可抗力，意外事件，需要履行他人不能代替的公务等正当事由。被申请人负责人有正当理由不能参加听证的，应当提交相关证明材料，并加盖被申请人印章，或者由该被申请人主要负责人签字认可。行政复议机关应当对被申请人的负责人不能参加听证的理由以及证明材料进行审查。“相应的工作人员”，是指被申请人内部具体行使行政职权的工作人员。包括该行政机关具有国家行政编制身份的工作人员，以及其他依法履行公职的人员。被申请行政行为是地方人民政府作出的，地方人民政府法制工作机构的工作人员，以及被申请行政行为具体承办机关工作人员，可以视为被申请人相应的工作人员。行政机关委托行使行政职权的组织，或者下级行政机关的工作人员，也可以视为行政机关相应的工作人员。

对于行政复议听证程序的具体要求，行政复议法第 51 条第 1、2 款规定：

> 行政复议机构组织听证的，应当于举行听证的五日前将听证的时间、地点和拟听证事项书面通知当事人。
>
> 申请人无正当理由拒不参加听证的，视为放弃听证权利。

本条内容可以从以下几个方面理解：

1. 通知听证

行政复议机关决定听证的，应当在举行听证的 5 日前以书面形式通知申请人和被申请人。听证通知书应当载明下列事项：当事人的姓名或者名称；举行听证的时间、地点；听证人员、记录员的姓名；告知当事人提供证据材料；告知当事人有申请回避等权利。

2. 听证步骤

听证按照下列程序进行：记录员核对当事人身份，宣布听证纪律；听证主持人询问当事人是否申请回避。当事人申请回避的，听证主持人应当宣布暂停听证，按法定程序决定是否回避；申请人陈述复议请求和理由；被申请人进行陈述、申辩；听证员就案件事实、有关证据和法律依据进行询问；当事人作最后陈述。为了推动被申请人自动履行义务，听证可以进行调解。

3. 听证公开

听证应当公开进行，但涉及国家秘密、商业秘密、个人隐私和法律另有规定的除外。

4. 听证参与人

下列人员应当参加听证：当事人或者其委托代理人；证人、鉴定人、勘验人、翻译人员；应当参加听证的其他公民、法人或者组织。

5. 当事人的听证权利和义务

当事人在听证中依法享有下列权利：委托其代理人参加听证；申请听证员、记录员回避；进行陈述、申辩和质证；核对、复制听证笔录；法律、法规规定的其他权利。当事人在听证中负有下列义务：按照指定时间和地点参加听证；遵守听证秩序；如实陈述、回答询问、提供证据；在听证笔录上签名或者加盖指印；法律、法规规定的其他义务。申请人无正当理由不参加听证或者未经听证主持人准许中途退场的，视为撤回复议申请。被申请人无正当理由不参加听证或者未经听证主持人准许中途退场的，行政复议机关可以径行作出决定。

6. 制作听证笔录

听证应当制作听证笔录。听证笔录应当载明下列事项：案由；当事人的姓名或者名称，委托代理人的姓名；听证员、记录员的姓名；举行听证的时间、地点和过程；当事人陈述的内容、出示的证据和法律依据，当事人质证的内容；其他需要载明的事项等。

（三）行政复议委员会

党的十八届三中全会最早提出改革行政复议体制的要求。中共中央、国务院印发的《法治政府建设实施纲要（2015—2020 年）》要求“改革行政复议体制，积极探索整合地方行政复议职责”。2020 年 2 月 5 日，中央全面依法治国委员会第三次会议，明确要求落实行政复议体制改革方案，优化行政复议资源配置，推进相关法律法规修订工作，发挥行政复议公正高效、便民为民的制度优势和化解行政争议的主渠道作用。2020 年 4 月 18 日，中央全面依法治国委员会印发了《行政复议体制改革方案》（中法委发〔2020〕5 号），明确了改革目标、步骤措施，提出了具体工作要求，搭建了改革的主体框架。中共中央、国务院印发的《法治政府建设实施纲要（2021—2025 年）》进一步要求全面深化行政复议体制改革，整合地方行政复议职责。整合地方行政复议职责之后，原有的以行政管理领域为管辖标准的格局发生改变。与此相适应，按照中央《行政复议体制改革方案》要求，要探索建立政府主导，相关政府部门、专家学者参与的行政复议委员会，为重大、疑难、复杂的案件提供咨询意见。行政复议委员会的设立，有助于提升行政复议的公正性，提高行政复议决定的合法性、说理性，有力促进矛盾纠纷的实质性化解。对于重大复杂案件，通过专家参与，还能提高复议的公信力。据此，行政复议法第 52 条规定：

> 县级以上各级人民政府应当建立相关政府部门、专家、学者等参与的行政复议委员会，为办理行政复议案件提供咨询意见，并就行政复议工作中的重大事项和共性问题研究提出意见。行政复议委员会的组成和开展工作的具体办法，由国务院行政复议机构制定。
>
> 审理行政复议案件涉及下列情形之一的，行政复议机构应当提请行政复议委员会提出咨询意见：
>
> （一）案情重大、疑难、复杂；
>
> （二）专业性、技术性较强；
>
> （三）本法第二十四条第二款规定的行政复议案件；
>
> （四）行政复议机构认为有必要。
>
> 行政复议机构应当记录行政复议委员会的咨询意见。

本条主要包括以下几个方面的内容:

1. 行政复议委员会的组成和职能

行政复议委员会由相关政府部门、专家、学者等组成。行政复议法对行政复议委员会委员的组成比例没有作出规定。在行政复议法修订草案第二次审议过程中, 有委员建议增加规定, 行政复议委员会的组成人员中, 专家、学者所占比例不得低于 50%。在每次咨询中提供咨询意见的委员, 必须至少有 1 位是专家学者。考虑到行政复议委员会主要是由专家、委员提出专业性意见, 其他政府部门的意见可以通过行政程序反映和表达, 一般认为, 行政复议委员会中专家、学者的比例不能低于 50%。行政复议委员会包括两个方面的职能: 一是咨询职能。主要针对行政复议案件审理。即参与具体的行政复议案件的咨询工作, 并提出咨询意见。二是主要针对宏观的行政复议工作。就行政复议工作中的重大事项和共性问题进行研究, 提出意见和建议。行政复议委员会提出的咨询意见和其他意见建议, 只具有建议性质, 不当然对行政复议决定产生效力。

2. 法定提请行政复议委员会的情形

行政复议机构对于行政复议案件有下列情形之一的, 应当提请行政复议委员会提出咨询意见: 第一, 案情重大、疑难、复杂。根据行政复议法第 50 条第 1 款的规定, 对于重大、疑难、复杂的行政复议案件, 行政复议机构应当组织听证。这些案件如果案情重大、疑难、复杂的, 行政复议机构还应当提请行政复议委员会提出咨询意见。当然, 对于是否属于"案情重大、疑难、复杂", 由行政复议机构判断。第二, 专业性、技术性较强。被申请行政行为涉及的行政管理领域众多, 大多涉及专业性、技术性知识。行政复议体制改革之后, 行政复议机关不再是原来的具有专业性的具体行政机关, 而是统一为县级以上地方各级人民政府。对于涉及专业性、技术性较强的行政复议案件, 应当提请行政复议委员会提出咨询意见。第三, 申请人对省、自治区、直辖市人民政府作出的行政行为不服。省、自治区、直辖市人民政府作出的行政行为往往具有涉及面广、影响力大、引导性强等特点，这类案件往往也属于重大、疑难、复杂案件，应当提请行政复议委员会提出咨询意见。第四，行政复议机构认为有必要。行政复议机构在审理行政复议案件时，为稳妥起见，认为有必要提请行政复议委员会提出咨询意见的，也属于法定情形。对于是否“有必要”，属于行政复议机构的裁量权限。

3. 行政复议委员会的咨询程序

启动行政复议案件咨询程序的，行政复议人员应当提供行政复议案件初步审查报告。初步审查报告应当包括案件基本情况、存在问题、争议焦点、有关法律依据、提请咨询事项和其他需要说明的事项等内容。还可以附有关案件调查、核实的主要事实、证据及法律法规依据等相关材料，但不宜提出倾向性意见。行政复议人员应当对提供给委员的案件材料作适当处理，不得擅自公开案件当事人的个人信息。对于多数委员认为事实不清，有必要对所咨询的行政复议案件再行听证或者补充调查的，行政复议委员会可以要求查清事实。行政复议机构应当记录行政复议委员会的咨询意见。行政复议人员应当在案件审查报告中就有关咨询行政复议委员会情况作出说明，包括采纳、不采纳意见情况及主要事实、理由。行政复议人员应当尊重委员的咨询意见，并通过适当方式反馈咨询意见的采纳情况。对于经过行政复议委员会咨询的行政复议案件，行政复议人员应当及时将行政复议决定书复印件发送给有关委员。

四、简易程序

所谓简易程序，是指行政复议机关在审理简单的行政复议案件时所适用的一种简便易行的行政复议程序。简易程序与普通程序相对应。修订前行政复议法没有规定简易程序，是由于行政复议审查方式以书面审查为原则，当面听取意见为例外。修改后的行政复议法以当面听取意见为原则，书面审查为例外。但是，如果行政复议案件比较简单，完全按照普通程序审理案件，可能会导致行政复议程序冗长，行政复议成本加大，也不能充分体现行政复议快捷高效的优势。行政复议案件繁简不同，适用行政复议程序亦应当有所不同。不同的行政复议案件，专业领域不同、社会影响不同、复杂程度不同。对于复杂的、社会影响较大的案件应当适用普通程序；对于案情简单的、对当事人权益影响不大的案件则可以通过简易程序实现繁简分流。

（一）适用简易程序的情形

行政复议法第 53 条规定：

> 行政复议机关审理下列行政复议案件，认为事实清楚、权利义务关系明确、争议不大的，可以适用简易程序：
>
> （一）被申请行政复议的行政行为是当场作出；
>
> （二）被申请行政复议的行政行为是警告或者通报批评；
>
> （三）案件涉及款额三千元以下；
>
> （四）属于政府信息公开案件。
>
> 除前款规定以外的行政复议案件，当事人各方同意适用简易程序的，可以适用简易程序。

本条规定，可以从以下几个方面理解：

1. 简易程序的适用条件

行政复议机关审理行政复议案件，认为事实清楚、权利义务关系明确、争议不大的，可以适用简易程序。“事实清楚”，是指被申请的行政行为认定的基础性事实清晰、完整，负有举证责任一方的当事人能够提出有关证据，行政复议机关不需要进行调查；“权利义务明确”，是指被申请的行政行为涉及的权利义务关系简单、明晰、准确，行政复议当事人之间的行政纠纷形成过程也不复杂。“争议不大”，是指行政复议当事人之间对行政法律关系的产生、变更或者消灭的法律事实，以及纠纷产生的原因、权利义务的归属等不存在或者基本不存在争议。需要注意的是，只有三项条件同时具备，才能适用简易程序。

2. 简易程序的适用情形

简易程序适用情形也是借鉴了行政诉讼法的规定。主要包括四种情形：一是被申请行政复议的行政行为是依法当场作出。被申请人“依法当场作出”，是指行政机关在执法现场直接作出行政行为的情形。如行政处罚法第 51 条规定，违法事实确凿并有法定依据，对公民处以 200 元以下、对法人或者其他组织处以 3000 元以下罚款或者警告的行政处罚的，可以当场作出行政处罚决定。法律另有规定的，从其规定。这类案件既包括金钱罚类的行政处罚，也包括申诫罚类的行政处罚。二是被申请行政复议的行政行为是警告或者通报批评。即行政处罚法第 9 条规定的警告、通报批评的申诫类行政处罚。三是案件涉及款额 3000 元以下。这类案件属于涉及财产金额较小的行政复议案件。相比之下，行政诉讼法规定的简易程序适用案件涉及款额 2000 元以下。四是属于政府信息公开案件。政府信息公开类案件属于行政给付案件，案情一般比较简单，采用普通程序审理，成本较高，适用简易程序有利于案件得到快捷高效处理。

3. 各方同意适用简易程序

当事人各方自愿选择简易程序，表明当事人之间愿意通过简单、有效、及时、快捷的方式予以解决，行政复议机关应当从尊重各方当事人处分权利的角度出发，经审查不存在法律禁止情形的，亦可适用简易程序。需要注意的是，须经各方当事人同意适用简易程序才可以。

（二）审理程序

行政复议法第54条规定了简易程序的审理程序：

> 适用简易程序审理的行政复议案件，行政复议机构应当自受理行政复议申请之日起三日内，将行政复议申请书副本或者行政复议申请笔录复印件发送被申请人。被申请人应当自收到行政复议申请书副本或者行政复议申请笔录复印件之日起五日内，提出书面答复，并提交作出行政行为的证据、依据和其他有关材料。
>
> 适用简易程序审理的行政复议案件，可以书面审理。

与普通程序相比，简易程序在送达被申请人相关材料的时间为3日，较普通程序的7日为短；被申请人举证时限为5日，较普通程序的10日为短。适用简易程序的案件，可以实行不同于普通程序的审理方式，即原则上可以书面审理。而在普通程序中，只有因当事人原因不能听取意见的，才可以例外采取书面审查的办法。

行政复议法第55条规定了简易程序的转换程序：

> 适用简易程序审理的行政复议案件，行政复议机构认为不宜适用简易程序的，经行政复议机构的负责人批准，可以转为普通程序审理。

行政诉讼法第84条规定了简易程序的转换程序，即人民法院在审理过程中，发现案件不宜适用简易程序的，裁定转为普通程序。这是为了防止简易程序可能带来的对于案件公正审理的质疑。“不宜适用简易程序”的情形主要包括：行政复议当事人的复议请求发生改变，导致案情复杂化；因当事人申请调取、保全证据、申请证人出庭等原因导致案件无法在法定审限内审结；案件虽然简单，但属于某一领域的标志性案件，可能影响同类案件的审理；案件虽然比较简单，但是当事人情绪激烈，可能引发重大事件；相关法律文书无法直接或者留置送达，需要公告送达等。行政诉讼法的这些规定可以评为行政复议简易程序转换的参照。

五、行政复议附带审查规范性文件

修订前的行政复议法第 7 条规定了一并审查规范性文件制度。修订后的行政复议法第 13 条第 1 款规定，公民、法人或者其他组织认为行政机关的行政行为所依据的规章以下的规范性文件不合法，在对行政行为申请行政复议时，可以一并向行政复议机关提出对该规范性文件的附带审查申请。行政复议法区别规范性文件审查来源的不同，规定了两种不同的程序。

（一）规范性文件审查申请的处理

对于规范性文件审查申请的处理，根据行政复议机关依申请还是依职权进行规范性文件审查，分为两种情形：

1. 行政复议机关依申请对规范性文件附带审查申请的处理

行政复议法第 56 条针对行政复议法第 13 条规定的附带审查申请规定了处理方式：

> 申请人依照本法第十三条的规定提出对有关规范性文件的附带审查申请，行政复议机关有权处理的，应当在三十日内依法处理；无权处理的，应当在七日内转送有权处理的行政机关依法处理。

本条主要包括以下几个方面的内容:

(1) 本条适用于行政复议法第 13 条规定的规范性文件附带审查情形。即行政复议机关附带审查规范性文件的来源,来自于申请人在申请行政复议同时附带提起的规范性文件附带审查请求。对于行政复议机关依职权对规范性文件的审查,适用行政复议法第 57 条的规定。

(2) 附带审查的规范性文件,属于行政复议法第 13 条规定的规章以下的规范性文件。包括:国务院部门的规范性文件;县级以上地方各级人民政府及其工作部门的规范性文件;乡、镇人民政府的规范性文件;法律、法规、规章授权的组织的规范性文件。

(3) 行政复议机关有权处理的,应当在 30 日内依法处理。行政复议机关"有权处理"的情况,主要针对的对象是行政复议机关及其下属的行政机关制定的规范性文件。对于这类规范性文件,行政复议机关有权改变或者撤销该类规范性文件。同时,行政复议机关应当在 30 日内依法处理。

(4) 行政复议机关无权处理的,应当在 7 日内转送有权处理的行政机关依法处理。行政复议机关无权处理的,主要是针对的对象是行政复议的上级行政机关或者相互之间没有隶属关系的行政机关制定的规范性文件。对于这类规范性文件行政复议机关无权处理,即无权作出改变或者撤销该类规范性文件的决定。行政复议机关只能转送有关行政机关依法处理。

2. 行政复议机关依职权对规范性文件附带审查申请的处理

行政复议机关的审理活动,是对法律规范的再次适用。行政复议机关在对被申请的行政行为进行合法性、合理性审查时,经常会遇到法律适用的冲突问题。被申请行政行为的依据,属于行政复议机关管辖权限范围的,可以依法作出处理;不属于行政复议机关管辖权限范围的,仍然需要转送有关国家机关处理。行政复议法第 57 条规定:

行政复议机关在对被申请人作出的行政行为进行审查时，认为其依据不合法，本机关有权处理的，应当在三十日内依法处理；无权处理的，应当在七日内转送有权处理的国家机关依法处理。

本条规定的主要内容包括：

（1）本条规定的“依据”是指包括法律、法规、规章在内的所有规范性文件。与第56条规定的针对规章以下规范性文件不同，本条规定的“依据”既包括行政复议机关审理案件时所依据的法律、法规、规章，也包括行政行为所直接依据的规章以下规范性文件。

（2）本条针对的行政复议机关主动发现的法律冲突的处理方式。第56条针对的是申请人在提起行政行为复议申请的同时，附带提起规范性文件审查申请。第56条的规范性文件附带审查申请属于行政复议请求的部分。而本条针对的审查对象并非申请人提出的附带审查的复议请求。该审查是由行政复议机关发动引起。包括两种情形：第一，复议机关主动发现法律规范性文件之间存在法律冲突。如行政复议机关在审理案件中发现的规章和法规之间的冲突；规章与规章的冲突；规章与规章以下规范性文件的冲突等。第二，复议机关主动发现申请人在附带审查规范性文件之外的法律冲突问题。在申请人提出附带审查规范性文件复议请求的复议活动中，行政复议发现除了申请人提起的规范性文件附带审查之外的其他法律冲突。如申请人附带提起规章以下规范性的审查请求，但行政复议机关“逸出”上述请求发现规章以上规范性文件的法律冲突或者规章以下规范性文件的法律冲突等。

（3）依据不合法，行政复议机关有权处理的，应当在30日内依法处理。行政复议机关有权处理的情形主要是针对本机关或者下级机关的规范性文件的处理。如行政复议机关发现本机关制定的规章与规章以下规范性文件之间的法律冲突；行政复议机关发现下级机关制定的规范性文件与本机关制定的规范性文件之间的法律冲突。行政复议机关应当在30日内作出撤销、修改等决定。

（4）依据不合法，行政复议机关无权处理的，应当在7日内转送有权处理的国家机关依法处理。行政复议机关无权处理主要包括两种情形：第一，行政复议机关发现其他国家机关制定的规范性文件可能不合法。如行政复议机关发现部委规章与地方立法机关制定的地方性法规之间存在法律冲突。第二，行政复议机关发现上级行政机关制定的规范性文件与其他规范性文件之间存在法律冲突。可见，与第56条规定不同，转送的对象是“有权处理的其他国家机关”而非“有权处理的行政机关”。

3. 接受转送机关的处理意见回复期限

修订前的行政复议法，对于接受转送的行政机关规定了处理意见的期限。如修订前行政复议法第26条规定，有权处理的行政机关应当在60日内依法处理。但是，修订前的行政复议法第27条对复议机关无权处理的情况，只规定了复议机关的转送期限，对有权处理的国家机关依法处理的时间没作规定。这主要是考虑对作出行政行为依据的处理的情况比较复杂，处理机关、处理权限以及处理程序等各不相同，无法作出统一的时间规定。因此，修订前行政复议法对此没有作出时限的要求。在本次行政复议法修订过程中，有委员提出，由于行政复议法没有对有权处理的国家机关处理的时间作出规定，导致许多涉及法律冲突的问题没有在合理的时间内作出处理，大大影响了行政复议工作的效率。建议与附带审查规范性文件情形下，接受转送的机关处理期限保持一致。据此，行政复议法第60条规定：

> 依照本法第五十六条、第五十七条的规定接受转送的行政机关、国家机关应当自收到转送之日起六十日内，将处理意见回复

转送的行政复议机关。

需要注意的是：第一，本条涉及的接受转送的国家机关，既包括行政机关，也包括行政机关以外的其他国家机关。第二，接受转送的国家机关，应当自收到转送之日起 60 日内回复行政复议机关。由此可见，对于接受转送的行政机关之外的国家机关，也与接受转送行政机关的时限要求保持一致。第三，接受转送的国家机关应当将处理意见回复转送的行政复议机关。包括两种情况：其一，对于依照本法第 53 条规定接受转送的行政机关，应当在 60 日内作出处理并回复行政复议机关。这里的“处理”，是指接受转送的行政机关应当作出撤销或者变更相应规范性文件的决定。其二，对于依照本法第 57 条规定接受转送的国家机关，应当在 60 日内作出处理意见并回复行政复议机关。需要注意的是，这里的“处理意见”是指接受转送的国家机关根据工作程序、工作要求等提出的意见，包括直接对规范性文件的处理，也包括对规范性文件合法性审查后的处理意见。

（二）附带审查程序

前已述及，行政复议机关依法有权处理有关规范性文件或者依据，主要针对的是行政复议本机关以及行政复议机关的下级机关。对于申请人对行政行为提出行政复议时附带审查规范性文件的请求，规范性文件的制定机关有义务作出答复；对于行政复议机关主动审查规范性文件的规定的，规范性文件的制定机关也有义务作出答复。据此，行政复议法第 58 条规定：

> 行政复议机关依照本法第五十六条、第五十七条的规定有权处理有关规范性文件或者依据的，行政复议机构应当自行政复议中止之日起三日内，书面通知规范性文件或者依据的制定机关就

相关条款的合法性提出书面答复。制定机关应当自收到书面通知之日起十日内提交书面答复及相关材料。

行政复议机构认为必要时，可以要求规范性文件或者依据的制定机关当面说明理由，制定机关应当配合。

在行政复议实践中，需要注意以下几个方面的问题：

1. 行政复议机关依照本法第56条、第57条的规定有权处理有关规范性文件或者依据的，应当决定中止复议

根据行政复议法第39条的规定，有本法第56条或者第57条规定情形的，行政复议机关应当决定中止行政复议。

2. 行政复议机构应当自行政复议中止之日起3日内，书面通知规范性文件或者依据的制定机关就相关条款的合法性提出书面答复

行政复议机关有权处理有关规范性文件或者依据的应当自行政复议中止之日起3日内，书面通知规范性文件或者依据的制定机关（通常是行政复议机关的下级机关）就相关的条款的合法性提出书面答复。对于行政复议机关无权处理的，不适用本条的规定。行政复议机关应当书面通知相关的制定机关，不能采用口头方式通知。相关的制定机关就“相关条款的合法性”提出书面的答复。“相关的条款”，既包括规范性文件当中的单独的条款，也包括整部规范性文件的内容。“相关条款的合法性”意味着，行政复议机关仅就相关条款的合法性问题，也就是法律冲突的问题进行审查。对于相关条款的合理性不作审查。相关规范性文件制定机关，也无须就相关条款的合理性提出书面答复。

3. 制定机关应当自收到书面通知之日起10日内提交书面答复及相关材料

包括三个方面的内容：其一，制定机关应当自收到书面通知之日起10日内提交材料。其二，制定机关应当提供的材料，包括书面答

复及相关材料。书面答复，是指制定机关就制定的规范性文件的合法性提出的书面答复；相关材料，是指书面答复之外的，包括涉案规范性文件等相关材料。其三，制定机关在行政复议案件审理过程当中，并不具有行政复议当事人的地位，其所提交的书面答复及相关材料也并非证据，而是行政复议机关审理的参考。

（三）针对规范性文件条款的处理

修订前的行政复议法没有对行政复议机关对规范性文件合法性审查之后，如何进行处理作出规定。修订后的行政复议法，对此作了规定。行政复议法第 59 条规定：

> 行政复议机关依照本法第五十六条、第五十七条的规定有权处理有关规范性文件或者依据，认为相关条款合法的，在行政复议决定书中一并告知；认为相关条款超越权限或者违反上位法的，决定停止该条款的执行，并责令制定机关予以纠正。

理解本条规定，包括以下几个方面的内容：

1. 本条针对的是行政复议机关有权处理有关规范性文件或者依据的情形，对于无权处理有关规范性文件或者依据的情形，在有关国家机关作出书面答复之后，应当尊重该国家机关作出的判断。

2. 行政复议机关应当对规范性文件的条款进行审查。这一内容参考了《行诉解释》第 148 条第 1 款的规定，即人民法院对规范性文件进行一并审查时，可以从规范性文件制定机关是否超越权限或者违反法定程序、作出行政行为所依据的条款以及相关条款等方面进行。申请人就被申请的行政行为提出附带审查申请时，一般是请求就被申请行政行为依据规范性文件的具体条款，很少整体上就规范性文件的整体提出附带审查申请。这是行政复议重在解决行政纠纷的需要，也是行政复议机关的主要审理职能。如果行政复议机关对规范性文件的审查，超越复议的请求，或者主动审查规范性文件的整体，可能会影响行政复议的效率。因此，原则上，行政复议机关应当对规范性文件的条款进行审查。同时规范性文件的“条款”本身也有一定的解释空间，既可能是被申请行政行为所依据的具体条款，也可能包括规范性文件的全部条款。

3. 行政复议机关认为相关条款合法的，在行政复议决定书中一并告知。行政复议机关经过审理认为，规范性文件相关条款合法的，可以在行政复议决定书中阐述，并且告知当事人。对于申请人提出的附带审查规范性文件的请求，行政复议机关“应当”进行阐述，并且在赋予决定书中一并告知；对于申请人并未提出附带审查规范性文件请求，行政复议机关主动审查规范性文件的，“可以”在行政复议决定书当中阐述。同时，为了增强行政复议决定的说服力，应当在行政复议决定书中告知当事人。

4. 行政复议机关认为相关条款超越权限或者违反上位法的，决定停止该条款的执行，并责令制定机关予以纠正。本条参照行政诉讼法第 64 条的规定，明确了“规范性文件不合法”的情形，包括相关条款超越权限或者违反上位法。对于“规范性文件不合法”的情形，可以参照《行诉解释》第 148 条第 2 款的规定执行。即“规范性文件不合法”包括：超越制定机关的法定职权或者超越法律、法规、规章的授权范围的；与法律、法规、规章等上位法的规定相抵触的；没有法律、法规、规章依据，违法增加公民、法人和其他组织义务或者减损公民法人和其他组织合法权益的；未履行法定批准程序、公开发布程序，严重违反制定程序的；其他违反法律、法规以及规章规定的情形。可见，从字面意义上讲，在行政诉讼中对于规范性文件不合法的情形，要大于行政复议所规定的规范性文件不合法的情形。一般认为，基于行政复议内部层级监督的原理，行政复议所审查的对象范围要广于行政诉讼审查的对象。因此，对于本条“规范性文件不合法”情形的规定要作广义上的理解。即除了法定的超越授权范围、与上位法的规定相抵触之外，对于未履行法定批准、程序公开发布程序，严重违反制定程序等违反法律法规以及规章规定的情形，均应当判断为“规范性文件不合法”。同时，在复议决定中明确停止该条款的执行，并责令制定机关予以纠正。“停止该条款的执行”是具有形成效力的内容，不仅适用于本案，也适用于其他案件。在决定停止该条款执行的同时，还应当责令制定机关，特别是下级行政机关通过修改、废止规范性文件等方式予以纠正。

第八讲　行政复议决定

行政复议决定是行政复议机关对行政行为进行审查之后的法律结论。本次行政复议法修订，以实质性化解行政争议为目标，主要就行政复议决定的程序、行政复议决定的类型、调解协议和和解、行政复议意见书、行政复议决定的履行和公开等作了全新的规定。本讲就有关问题作一阐释。

一、行政复议决定的作出程序

修订后的行政复议法明确了行政复议机构的法律地位和职责，经由行政复议机构审查之后，最终以行政复议机关名义作出决定。行政复议决定作出的原则程序主要包括以下几个方面：

（一）行政复议机构审查、提出意见、报批程序

行政复议案件受理之后，行政复议机关就行政行为进行审查和提出拟订的决定。作出行政复议决定的工作具体由行政复议机构负责。修订前的行政复议法第 3 条第 1 款规定了行政复议机构的职责，包括受理行政复议申请、向有关组织和人员调查取证，查阅文件和资料、审查申请行政复议的行政行为是否合法适当，拟订行政复议决定、处理或者转送对本法第 7 条所列有关规定的审查申请、对行政机关违反本法规定的行为依照规定的权限和程序提出处理建议、办理因不服行政复议决定提起行政诉讼的应诉事项等。《行政复议法实施条例》第 3 条规定，行政复议机构除应当依照行政复议法第三条的规定履行职责

外，还应当履行下列职责：依照行政复议法第18条的规定转送有关行政复议申请；办理行政复议法第29条规定的行政赔偿等事项；按照职责权限，督促行政复议申请的受理和行政复议决定的履行；办理或者组织办理未经行政复议直接提起行政诉讼的行政应诉事项；研究行政复议工作中发现的问题，及时向有关机关提出改进建议，重大问题及时向行政复议机关报告。修订后的行政复议法第4条第2款规定，行政复议机关办理行政复议事项的机构是行政复议机构。可见，有关行政复议决定的具体工作是由行政复议机关的内设机构承担。据此，修订后的行政复议法第61条第1款规定：

> 行政复议机关依照本法审理行政复议案件，由行政复议机构对行政行为进行审查，提出意见，经行政复议机关的负责人同意或者集体讨论通过后，以行政复议机关的名义作出行政复议决定。

本款内容，主要包括以下几个方面：

1. 行政复议机构对行政行为进行审查

审查主要包括审查程序和实体审查。行政复议机构应当按照行政复议法规定的程序进行审查，确保程序合法。同时，行政复议机构还应当对行政行为的合法性和适当性进行审查。通过审查，确保案件认定事实清楚、证据充分、依据正确，如果涉及规范性文件附带审查，还应当审查规范性文件的合法性等等。

2. 行政复议机构提出审查意见

经过审查之后，行政复议机构应当综合在案的证据、依据，形成案件的初步审查意见。初步审查意见是作出决定的基础。

3. 经过报批程序

行政复议机关实行行政首长负责制。行政复议机构提交的审查意见须经行政复议机关负责人同意，才能形成行政复议机关对外发生法律效果的最终意见。如果行政复议机关负责人认为需要通过集体讨论，在集体讨论之后，行政复议机关负责人再根据讨论情况作出结论。

4. 以行政复议机关名义作出决定

行政复议机构是具体承担审查工作的内设机构，这是其作为内设机构的职责。行政复议机构并非行政机关，亦非法律法规规章授权组织，因此，对外发生法律效力的行政复议决定应当是以行政复议机关的名义。

（二）案卷排他规则

案卷排他规则是指，行政机关作出行政行为必须根据案卷载明的事实理由作出，不得以案卷之外的事实理由作出。这主要是保障行政相对人在行政程序发表意见的权利。相对人在行政程序中发表的意见如果没有被行政机关记录，就会质疑行政行为的合法性；如果行政机关没有依据记录的事实理由作出，就会质疑相关事实理由是否未经考虑。案卷排他规则不仅体现在行政程序（包括行政复议程序）中，也体现在诉讼程序中。在行政诉讼中，人民法院对行政行为的合法性审查也局限在行政案卷中记载的事实理由，除非官方认知等例外情况，人民法院一般不采纳案卷之外的证据。我国法律中第一次明确案卷排他规则的是行政许可法。行政许可法第 48 条规定，行政机关应当根据听证笔录，作出行政许可决定。行政处罚法第 64 条第 8 款规定行政处罚的听证程序，明确听证应当制作笔录；笔录应当交当事人审核无误后签字或者盖章。第 65 条规定，听证结束后，行政机关依照本法第五十七条的规定作出决定。修订后的行政复议法第 50 条和第 51 条规定重大、疑难、复杂案件行政复议机关应当组织听证。据此，行政复议法第 61 条第 2 款规定：

经过听证的行政复议案件，行政复议机关应当根据听证笔录、审查认定的事实和证据，依照本法作出行政复议决定。

理解本款规定需要注意的是：第一，行政复议机关作出行政复议决定应当根据听证笔录。听证笔录记载了当事人的意见。行政复议机关作出行政复议决定时必须以听证笔录作为依据。如果依据听证笔录以外的事实理由，或者完全不考虑听证笔录记载的事实理由作出行政复议决定，在行政诉讼中可能被人民法院认定为根据行政诉讼法第 70 条的规定认定为“主要证据不足”。同时，也可能被人民法院认为行政复议机关应当考虑相关因素而未考虑，或者不应当考虑相关因素而考虑相关因素，从而构成行政诉讼法第 70 条规定的“滥用职权”。第二，行政复议机关应当在审查认定事实和证据的基础上作出行政复议决定。行政复议机关应当根据听证笔录作出复议决定，是指行政复议机关必须完整记录当事人的意见理由，但不等于行政复议机关不对事实和证据进行审查。行政复议机关审查的过程就是“考虑相关因素”的过程，而“相关因素”是记载于听证笔录中的。因此，两者并不矛盾。

（三）咨询意见参考规则

修订后的行政复议法第 52 条规定了行政复议委员会的组成和职责、应当提请行政复议委员会提出咨询意见的情形。之所以提请行政复议委员会提出咨询意见，主要是由于以下原因：一是所涉案情重大、疑难、复杂。对于重大、疑难、复杂案件，需要提请行政复议委员会提供论证意见，确保行政复议案件合法稳妥。二是所涉问题专业性、技术性强。行政复议案件审理中涉及许多专业性、技术性强的事项，需要依托有关专家提供咨询意见，确保案件事实认定准确。三是涉及省级政府的行政行为。省级政府的行政行为往往具有一定普遍性，影响面较大，案件处理可能涉及今后类似案件的处理。四是行政复议机构认为有必要。行政复议案件如有其他情形，需要提请行政复议委员会提供咨询意见的，行政复议机构可以根据案件的具体情况酌定。对于行政复议委员会提出的咨询意见，行政复议机构应当准确详细记录。咨询意见代表了行政复议委员会的判断，构成了行政复议决定作出时的考量因素，因此，行政复议法第 52 条第 3 款规定，行政复议机构应当记录行政复议委员会的咨询意见。由于提请行政复议委员会提出咨询意见的案件重要性非一般案件可比，行政复议机构应当充分尊重咨询意见。据此，行政复议法第 61 条第 3 款规定：

> 提请行政复议委员会提出咨询意见的行政复议案件，行政复议机关应当将咨询意见作为作出行政复议决定的重要参考依据。

需要注意的是，第一，这里的“应当”，意味着对于经过行政复议委员会讨论形成的咨询意见，行政机关有义务在作出行政复议决定时充分考虑。特别是，咨询意见构成行政案卷的重要组成部分。第二，这里的“重要参考依据”，意味着行政复议机关作出行政复议决定时，咨询意见只是“参考依据”，而不是“唯一依据”或者“直接依据”。行政复议机关是否采纳行政复议委员会的咨询意见，具有裁量余地和空间。“重要”意味着，除非行政复议机关有足够证据、充分理由能够推翻、削弱行政复议委员会的咨询意见，一般情况下应当采纳该咨询意见。

（四）审理期限

为了确保行政复议工作公正、高效、为民、便民，行政复议法第 62 条规定了行政复议审理期限：

适用普通程序审理的行政复议案件，行政复议机关应当自受理申请之日起六十日内作出行政复议决定；但是法律规定的行政复议期限少于六十日的除外。情况复杂，不能在规定期限内作出行政复议决定的，经行政复议机构的负责人批准，可以适当延长，并书面告知当事人；但是延长期限最多不得超过三十日。

适用简易程序审理的行政复议案件，行政复议机关应当自受理申请之日起三十日内作出行政复议决定。

这一内容是从修订前行政复议法第 31 条的规定修改而来。基本内容保持一致，增加了简易程序的审理期限。本条可以从以下几个方面来理解：

1. 行政复议审理的一般期限是 60 日

行政复议机关自受理申请之日起须在 60 日内完成整个行政复议工作。审理期限的起算点是“受理申请之日”。在 60 日内，行政复议机关应当完成受理、听取意见、审查被申请行政行为的依据和证据、查明事实和依据、提出审查意见、行政复议机关负责人决定或者集体讨论后决定等工作。与行政诉讼案件中，人民法院应当在立案之日起 6 个月内作出第一审判决相比，这个期限是比较短的。需要注意的是，如果行政复议案件需要转送其他行政机关处理的，接收转送的行政机关对于属于自身管辖范围内的申请，收到转来的申请之日属于“受理申请之日”。根据行政复议法第 88 条的规定，行政复议期间的计算和行政复议文书的送达，本法没有规定的，依照《中华人民共和国民事诉讼法》关于期间、送达的规定执行。本法关于行政复议期间有关“三日”“五日”“七日”“十日”的规定是指工作日，不含节假日。但是，期间最后一日为法定节假日的，以节假日之后第一日为最后一日。

2. 行政复议审理的特别期限由法律规定

在规定了审理的一般期限之后，行政复议法规定了特别期限。即法律规定的行政复议期限少于60日的除外。这就意味着，其一，如果法律规定行政复议期限少于60天的，是对行政复议机关更高、更严的要求，也是对申请人更快捷、更高效的期限保护，行政复议法规定的一般期限就不再适用。其二，如果法律规定的行政复议期限多于60日的，按照行政复议法一般期限计算。这是因为，行政复议法规定的一般期限是为了保障申请人的复议请求得到快捷高效的处理。如果法律规定的行政复议期限多于60日的，就失去了行政复议快捷高效的优势，不利于行政复议机关及时办理复议案件。其三，如果法律以下的规范性文件规定了较短的行政复议期限的，应当分别情况处理。法律以下规范性文件一般不能也没有必要规定行政复议期限。但是，如果法律以下规范性文件规定了少于60日的较短行政复议期限，属于行政机关对于自身更高的期限要求。这类案件如果进入诉讼，原告（原行政复议申请人）认为被告（原行政复议被申请人）应当在较短期限内作出复议决定的，人民法院可以行政复议机关的自我约束为由予以认可；原告（原行政复议申请人）未提出被告（原行政复议被申请人）应当在较短期限内作出复议决定的，人民法院亦可不主动审查被告是否遵守该较短期限，按照行政复议法规定的一般期限确定被告是否遵守行政复议期限。

3. 延长期限有一定限制

如果情况复杂，不能在规定期限内作出行政复议决定的，可以适当延长。“情况复杂”包括案件事实认定过程复杂、法律适用问题疑难等。延长期限须“经行政复议机构的负责人批准”，而非“行政复议机关负责人批准”，这主要是为了提高复议审理工作的效率。“适当延长”是指根据案件具体情况确定合适的期限，可以选择5天、10天等。但是，“延长期限最多不得超过三十天”，包括不能一次延长超过30

天，也不能数次累计延长超过30天，这主要是为了防止多次延长变相延长复议期限。同时，延长期限应当“书面告知当事人”，包括书面告知申请人、被申请人、第三人等。告知应当说明理由以及延长的期限。延长期限属于行政复议机关的内部工作期限，当事人不能也不必就此提出异议。法律规定行政复议机关可以延长一定的期限，本身就授权行政复议机关可以根据案件具体情况决定是否延长期限。

4. 适用简易程序审理行政复议案件的期限是30日

行政复议法第四章第四节规定了简易程序。适用简易程序的行政案件一般是事实清楚、权利义务关系明确、争议不大的案件，行政复议机关审查内容、审查时间相比适用普通程序的案件更为简单、快捷，行政复议法确定适用简易程序审理案件的期限为30日。30日的审理期限较行政诉讼简易程序审理期限的45日也要短。

二、行政复议决定的类型

行政复议决定的类型与行政复议申请人的请求类型直接相关。行政复议发挥化解行政争议主渠道作用，应当首先在“化解行政争议”方面有所突破。“化解”既需要行政复议机关对行政行为的合法性、适当性作出评断，也需要关注申请人的申请和请求。“行政争议”既需要行政复议机关对行政法律行为进行审查，还需要针对申请人的申请请求，对行政事实行为、履行法定职责请求、给付请求等作出回应。同时，也要注意行政复议和行政诉讼的区别。不同于基于司法权对行政权的外部监督关系，行政复议主要是内部监督和上下级监督，对于职权划分没有行政诉讼那么严格。因此，在适用行政复议法作出行政复议决定时，也和行政诉讼有着较大的区别。

修订前的行政复议法规定了维持决定、撤销决定、履行法定职责决定、变更决定、确认违法五种决定。《行政复议法实施条例》则增加了驳回原告诉讼请求决定形式。行政复议法高度强调行政复议的客观法功能，特别是强调了行政复议机关通过行政复议活动对行政行为的保障和监督。行政复议法明确，行政复议机关对行政行为进行合法性和适当性审查。与此相适应，行政复议机关的职责是针对“行政行为的合法性和适当性”而不是“申请人的复议请求”作出决定。修订前行政复议法第 28 条的主语均是“被申请人作出具体行政行为”。在逻辑上，既然行政复议机关的审理活动是围绕行政行为合法性和适当性展开的，那么行政复议机关在决定中必须对行政行为的合法性和适当性状况作出判断，即合法适当的就维持，违法不当的就撤销。这一思路在行政复议法修订前后均无太大变化。

（一）变更决定

变更决定是行政复议机关对被申请的行政行为进行审查之后，直接改变被申请行政行为内容、依据等的决定。变更决定是行政复议机关作出的各类决定中最严厉、最具有形成效力的决定。行政复议机关此时居于类似被申请人的法律地位，直接对被申请的行政行为进行调整。这种决定也被称为“替代决定”。行政复议机关行使变更的权力，来源于宪法第 108 条的规定。宪法第 108 条规定，县级以上的地方各级人民政府领导所属各工作部门和下级人民政府的工作，有权改变或者撤销所属各工作部门和下级人民政府的不适当的决定。修订前的行政复议法第 28 条第 1 款第 3 项规定，具体行政行为有下列情形之一的，决定撤销、变更或者确认该具体行政行为违法；决定撤销或者确认该具体行政行为违法的，可以责令被申请人在一定期限内重新作出具体行政行为：（1）主要事实不清、证据不足的；（2）适用依据错误的；（3）违反法定程序的；（4）超越或者滥用职权的；（5）具体行政行为明显不当的。根据这一规定，适用撤销、变更或者确认违法决定的情形一致，具体适用何种决定，由行政复议机关决定。但是，从行政复议实践来看，一般认为，对于“违反法定程序”“超越或者滥用职权”的情形，不适用变更决定。对于违反法定程序而言，其违反程序的行为已经发生，无法通过变更决定实现变更；对于超越或者滥用职权而言，该违法情形应当通过有权机关以撤销决定等方式予以纠正，如果采用变更决定等于认可了超越或者滥用职权的行为。同时，可以看出，修订前的行政复议法将撤销、变更、确认三种决定统一适用，不够科学，也不准确。据此，《行政复议法实施条例》作了进一步的规定。该条例第45条首先重述了行政复议法的规定：“具体行政行为有行政复议法第二十八条第一款第（三）项规定情形之一的，行政复议机关应当决定撤销、变更该具体行政行为或者确认该具体行政行为违法；决定撤销该具体行政行为或者确认该具体行政行为违法的，可以责令被申请人在一定期限内重新作出具体行政行为。”之后，《行政复议法实施条例》第47条规定了独立适用“变更决定”的情形，即具体行政行为有下列情形之一，行政复议机关可以决定变更：（1）认定事实清楚，证据确凿，程序合法，但是明显不当或者适用依据错误的；（2）认定事实不清，证据不足，但是经行政复议机关审理查明事实清楚，证据确凿的。条例规定了适用变更决定的两种情形：一种是“事证明确”情形下的变更决定。也就是说，如果原行政行为所认定的事实不清，证据不够充分，行政复议机关经审理仍无法查明事实的，则不宜作出变更决定，因为复议机关不能在事实不清、证据不足的情况下准确判断原行政行为应如何变更。也就是说，变更决定的前提是该案件事实清楚、证据确凿，如果不是事实清楚，证据确凿，则复议机关一般应当撤销该行政行为，或者撤销后一并责令原机关重新作出行政行为。在原行政行为已经查明事实、掌握确凿证据、实用程序合法，行政复议机关可以根据查清的事实和确凿的证据，直接对原行政行为予以处理，变更其中明显不当和适用依据错误部分，既提高了行政复议效率，又能客观公正处理申请人和被申请人之间的行政争议。[1]另一种是"事证瑕疵"情形下的变更决定。对于被申请人的行政行为认定事实不清、证据不足的，行政复议机关审查后查明事实、补充完善证据后，可以直接处理申请人和被申请人之间的行政争议，对原行政行为予以变更。修订后的行政复议法对此作了规定。行政复议法第63条规定：

行政行为有下列情形之一的，行政复议机关决定变更该行政行为：

（一）事实清楚，证据确凿，适用依据正确，程序合法，但是内容不适当；

（二）事实清楚，证据确凿，程序合法，但是未正确适用依据；

（三）事实不清、证据不足，经行政复议机关查清事实和证据。

行政复议机关不得作出对申请人更为不利的变更决定，但是第三人提出相反请求的除外。

理解上述条文，需要注意以下几个方面的问题：

1."事证明确"类变更决定的条件

"事证明确"类变更决定的条件包括三个：事实清楚；证据确凿；程序合法。一般而言，构成合法适当的行政行为的条件包括：事实清楚、证据确凿、程序合法、适用法律法规规章正确、不存在超越或者滥用职权。违反一个条件，行政复议机关可以作出撤销决定。但是，在原行政行为事实清楚、证据确凿、程序合法的情况下，原行政行为在事实认定、证据采信、程序遵守方面已经具备了复议机关变更原行政行为的条件。也有的观点认为，应当增加"不存在超越或者滥用职权"的条件。但是，考虑到在表述上比较烦琐，没有增加这一内容。

1 郜凤涛主编、国务院法制办公室行政复议司编写：《中华人民共和国行政复议法实施条例释解与应用》，人民出版社2007年版，第182页。

2."事证明确"类变更决定适用的两类情形

"事证明确"具备了行政复议机关重新作出决定的条件。我国台湾地区学者也认为:"变更原行政处分,系指事证已臻明确,原行政处分确有违法或不当,且不涉原处分机关之第一次判断权时为之,通常以变更金额部分、附款期限部分(如缩短停业期限)较为常见,本于人民权益救济及诉讼经济之原则,受理诉愿机关既经查明事证,应可径行变更原行政处分,应较具实益。惟受理诉愿机关变更原行政处分,不啻自为行政处分,而受理诉愿机关并无个别作用法所定应为处分机关之权限,同时基于机关权限相互尊重之原则,亦宜由原处分机关为第一次之判断"。[1] 根据行政复议法的规定,原行政行为在事实清楚、证据确凿、程序合法的前提下,复议机关可以基于两种理由变更决定:其一,适用依据正确,但是内容不适当。复议机关经过对原行政行为审查,认为事实清楚、证据确凿、程序合法、适用依据正确、内容合法的,可以作出维持决定。但是,复议机关发现原行政行为虽然合法,但是不适当,可以对原行政行为进行调整和纠正。这是复议机关基于"拟制的作出机关"的身份所具有的酌处权。其二,未正确适用依据。复议机关经过对原行政行为审查,认为事实清楚、证据确凿、程序合法,但是未正确适用依据。"未正确适用依据"包括违法适用依据和不当适用依据。违法适用依据包括违反上位法优于下位法、特别法优于一般法、后法优于前法、应当适用未予适用等;不当适用依据包括适用依据正确但援引法条错误等。"未正确适用依据"的条件比"错误适用依据"的条件低。《行政复议法实施条例》第47条第1项规定的就是"适用依据错误"。但如果仅规定错误适用依据,就不能包括不当适用依据的不合理情形,也会束缚行政复议机关的酌处权限。这样规定,有利于提高行政效率,也有利于实质化解行政纠纷。

3."事证瑕疵"类变更决定适用条件

一般来说,行政复议机关认为原行政行为事实不清、证据不足,

1 张自强、郭介恒:《诉愿法释义与实务》,瑞与图书2008年版,第340~341页。

属于违法的情形，应当作出撤销决定。但是，原行政行为撤销后，行政法律关系不复存在，在特定情形下，有重新处理的必要。如行政相对人违法事实和后果是清楚的，被申请人在作出行政处罚决定时，认定事实不清、收集的证据不充分。行政复议机关撤销该决定，违法行为没有得到处理；责令被申请人重作可能不符合行政效率要求。此时，行政复议机关可以在调查取证后，“治愈”原行政行为。根据行政复议法第 45 条第 1 款的规定，行政复议机关有权向有关机关和个人调查取证，查阅、复制、调取有关文件和资料，向有关人员进行询问。行政复议机关具有调查取证的权力，且没有不得为证明原行政行为合法性而调取证据的限制，意味着行政复议机关可以基于其与被申请人的行政隶属关系，代替被申请人行使行政职权。有的观点认为，对于行政复议机关不具有的专属于被申请人职权的，行政复议机关不能“越俎代庖”。对于这一问题，根据宪法第 108 条的规定，上级行政机关有权改变或者撤销下级行政机关的不适当的决定。可见，行政复议法规定的行政复议机关作出变更决定的宪法依据是充分的。

4. 变更决定适用范围和变更判决适用范围

行政诉讼中的变更判决与行政复议中的变更决定，都属于有权机关行使形成权，但是两者的适用范围存在较大差别。行政诉讼法第 77 条规定：“行政处罚明显不当，或者其他行政行为涉及对款额的确定、认定确有错误的，人民法院可以判决变更。”这一规定赋予了法院有限变更的权力。之所以这样规定，主要原因是：行政权和审判权之间具有界限，行政机关熟悉主管的行政事务，行政行为是否适当，一般由行政机关决定。该条主要解决行政处罚明显不当的问题。行政处罚存在“三多”（实施行政处罚的机关多；行政处罚种类多；行政处罚数量多），对相对人的权益影响较大。其他行政行为涉及对款额的确定、认定确有错误的，人民法院基于司法裁量权，可以对相关款额直接调整。可见，人民法院变更判决的适用范围远远小于行政复议变更决定的适用范围。主要原因是，行政复议机关对原行政行为的变更，是基于上下级领导关系所作的调整，不涉及外部权力的监督问题。通过变更决定纠正违法或者不当的原行政行为，也符合行政效率和及时救济原则。

5. 行政复议中禁止不利变更的适用

行政复议法没有规定变更决定只能理解为减轻而不能加重。但是，考虑到申请人提起行政复议的目的无非是为了免除、减轻行政行为给予的处罚或者其他负担，如果行政复议机关加重对其的处罚，就会导致申请人在提起行政复议时存在着“不可测”的风险。行政复议法的宗旨之一是保护公民、法人和其他组织合法权益。被申请人作出行政行为后，申请人不服提起行政复议，行政复议机关对行政行为的审查，属于对法律的第二次适用。从这个意义上讲，申请人提起行政复议，类似于在诉讼中提起上诉，而在上诉程序中，要受到“上诉不加刑原则”的约束。上诉不加刑原则，是指第二审人民法院审判只有被告人一方提出上诉的案件，不得以任何理由加重被告人刑罚的审判原则。刑事诉讼法第237条规定：“第二审人民法院审理被告人或者他的法定代理人、辩护人、近亲属上诉的案件，不得加重被告人的刑罚。第二审人民法院发回原审人民法院重新审判的案件，除有新的犯罪事实，人民法院补充起诉的以外，原审人民法院也不得加重被告人的刑罚。”“人民检察院提出抗诉或者自诉人提出上诉的，不受前款规定的限制。”上诉不加刑原则有利于消除被告人因担心加重刑罚而不愿、不敢提出上诉的思想顾虑，使被告人能够毫无顾忌地行使上诉权，保障被告人的诉讼地位不会因上诉而恶化，以使其充分行使法律所赋予的辩护权。上诉不加刑原则的理论基础主要在于：刑事诉讼保护的是国家利益，诉讼过程中起诉方代表的国家公权与被告私权主要是人身自由权的极不对称；以及刑事诉讼涉及社会个体人身自由权的极端重要性。为了获得一种矫正的平衡，刑事诉讼法在二审程序对刑事被告人通过上诉不加刑原则给予被告人为上诉人以特殊保护。

“行政复议机关不得作出对申请人更为不利的变更决定”是指，复议决定与原行政行为相比，不能加重义务或者减损权利。加重义务，是指行政复议机关对被申请人作出行政处罚予以加重的情形。主要包括以下几种情形：(1) 对于可以并处的行政处罚，不能加重行政处罚的数量。如根据治安管理处罚法第 50 条的规定，对于阻碍国家机关工作人员依法执行公务的，处 5 日以上 10 日以下拘留，可以并处 500 元以下罚款。行政机关作出拘留 5 日的决定后，相对人提起诉讼。法院经过审理认为，相对人的行为已经构成情节严重，应当并处 500 元罚款。此时，法院不能判决并处罚款。(2) 不得加重改变行政处罚的种类。如将警告变更为罚款。当然，对于行政处罚的轻重，可能也是一个比较有争议的问题。以治安管理处罚法为例，有的违法行为既可以处以 5 日拘留，还可以处以 2000 元罚款。对于“5 日拘留”和“2000 元罚款”孰轻孰重，不同地区、不同职业、不同收入水平的相对人可能有着不同的判断。行政复议机关在作出变更决定时，可以根据案件具体情况，在征求当事人意见的基础上，作出相应的判断。(3) 不得延长限制人身自由的期限。(4) 不得增加罚款数额。(5) 不得将暂扣许可证、执照变更为吊销许可证、执照。(6) 不得对行政机关未予处罚的人直接给予处罚等。

加重义务和减损权利，是一个问题的两个方面。对于课予义务的行政处罚来讲，行政复议机关不能加重对其的处罚；对于赋予权利的行政行为来讲，行政复议机关也不能减损其权益。如行政复议机关不能决定行政机关支付少于申请人已经得到的抚恤金的数额。比较疑难的问题是，在课予义务的行政处罚中，作为受害人的申请人是否具有“不得减轻或者加重侵害人处罚”的权利。也就是说，行政复议机关如果决定减轻加害人处罚的，是否属于“减损权利”？如在一起打架斗殴的治安案件中，侵害人甲殴打了受害人乙，公安机关给予甲罚款500元的处罚。受害人乙不服，向人民法院提起诉讼。行政复议机关经过审理认为公安机关对甲罚款500元的处罚过重，同等情况下一般应当罚款100元。如果行政复议机关将罚款500元变更为100元，是否属于“减损权利”？一般认为，禁止不利变更保护的是申请人的申请权利。行政复议机关经过审理认为，侵害人的行为属于轻微情形并作出从轻处罚，并不减损申请人的权益。不能说罚款1000元就是增加了申请人的权利，罚款100元就是减损申请人的权利。

根据本款规定，禁止不利变更原则的例外是“第三人提出相反请求的除外。”禁止不利变更原则主要是用于请求相对立的两造之间。如果行政复议程序中，既有申请人、被申请人，也有第三人，第三人具有独立的申请权利，对于第三人提出相反请求要求减损申请人权利或者增加申请人义务的，不适用禁止不利变更原则。以行政处罚案件为例，被处罚人和受害人同为利害关系人，一方为申请人，一方为第三人。如行政机关作出处罚后，被处罚人认为过重，受害人认为过轻。被处罚人和受害人之间的复议请求完全相反，存在相逆的利益。行政复议机关为了保障受害人的权益，可以作出加重被处罚人的处罚。

比较疑难的问题是，数个受害人同为申请人，是否适用禁止不利变更原则。即如果数个受害人同为申请人，且复议请求相反，是否可以加重被处罚人的处罚呢？如行政机关作出行政处罚之后，数个受害人中，有的认为行政机关处罚过重，有的认为行政机关处罚过轻，同时提起诉讼。申请人的复议请求完全相反。根据本款规定，法院可以判决作出对被处罚人更重的处罚。此外，本款规定的禁止不利变更原则，表述为不得作出对“申请人”更为不利的决定，没有针对第三人的禁止不利变更，也可以佐证以上结论。

此外，本款规定适用于“第三人”提出相反请求的除外。那么，如果共同申请人提出相反请求，适用本款规定？如在行政处罚案件中，加害人和受害人都提起行政复议，加害人认为处罚太重，受害人认为处罚太轻。行政复议机关此时认为处罚确实轻的，可以作出更重的处罚决定。这就意味着，本款规定的“第三人”，真正的含义是行政行为的利害关系人，而非狭义上的“第三人”。

（二）撤销决定

撤销决定是最重要的行政复议决定方式。撤销是行政复议机关撤除、废弃、取消原行政行为，并从撤销之日原行政行为不复存在。由于涉及到可能的行政赔偿的问题，因此，被撤销的原行政行为从行政行为作出之时就没有效力。行政复议法第 64 条规定：

> 行政行为有下列情形之一的，行政复议机关决定撤销或者部分撤销该行政行为，并可以责令被申请人在一定期限内重新作出行政行为：
>
> （一）主要事实不清、证据不足；
>
> （二）违反法定程序；
>
> （三）适用的依据不合法；
>
> （四）超越职权或者滥用职权。
>
> 行政复议机关责令被申请人重新作出行政行为的，被申请人不得以同一事实和理由作出与被申请行政复议的行政行为相同或者基本相同的行政行为，但是行政复议机关以违反法定程序为由决定撤销或者部分撤销的除外。

本条主要包括以下内容：

1. 主要事实不清、证据不足

规定本项内容的主要目的在于贯彻“以事实为根据，以法律为准绳”原则。证据是人民法院认定案件事实的基础，只有查明事实，才能正确运用法律。主要事实不清、证据不足必须从质和量两个方面进行把握。“质”的方面要求证据必须确实；“量”的方面要求证据必须充分，足以证明待证事实。如果主要事实不清、主要证据不足，则行政行为在质或者量上均不能证明行政行为合法，法院可以判决撤销。主要事实不清、证据不足是行政机关作出的行政行为缺乏基本的事实和根据。如果收集的证据已能认定基本事实情况，即使缺少一些枝节情况的证据，也不能认为是主要事实不清、证据不足。主要事实不清、证据不足作为行政行为合法性的要件，有利于提高行政机关的证据意识和行政执法水平。

2. 违反法定程序

违反法定程序是行政行为违法的重要形式。这里的“法定程序”不仅包括法律法规规章明确规定的程序，也包括正当法律程序。我国尚未制定行政程序法，但是，对于涉及公民、法人或者其他组织重大权益的，应当遵循正当的行政程序。行政复议法规定了许多法定的程序，但其中也有一些正当程序。如行政复议法第 50 条规定，审理重大、疑难、复杂的行政复议案件，行政复议机构应当组织听证。行政复议机构认为有必要听证，或者申请人请求听证的，行政复议机构可以组织听证。这里的“应当组织听证”属于法律规定的行政程序；“认为有必要听证”属于正当法律程序。此外，从行政程序一般的原理来讲，通知程序和评论程序是两个必备的程序。行政机关在作出行政行为时，应当保障公民、法人或者其他组织的知情权、陈述权、辩论权和申辩权。不得未经正当程序作出对公民、法人或者其他组织不利的行政行为。如行政许可机关变更或者撤回行政许可的，应当保障公民的陈述权和申辩权，行政许可机关不得因行政许可法没有规定这一程序而拒绝履行该行政程序。这一程序是行政机关作出任何不利行政行为的必要程序，即便法律没有规定，也不能认为法律允许缺乏这一程序。

3. 适用的依据不合法

行政复议法第 37 条的规定，行政复议机关依照法律、法规、规章审理行政复议案件。行政复议机关审理民族自治地方的行政复议案件，同时依照该民族自治地方的自治条例和单行条例。据此，这里的“依据”是指法律、法规和规章。适用的依据不合法，包括依据本身不合法，即不符合上位法优于下位法、特别法优于普通法的法律适用规则等。对于是否构成本项规定的撤销事由，主要观察适用的依据不合法的原因。有的是因为对事实的认定错误，有的是属于忽略事实的有关情节，有的是属于对于法律法规的理解错误，有的因为长期错误适用某一低层级的法律法规，有的是因为对法律法规不熟悉或者工作马虎等。行政复议机关在审查时应当充分考虑被申请人在适用依据时的主观心理状态，对于有意片面适用法律法规规章、曲解法律法规规章原意的，要依法决定撤销；对于某些技术性的错误（如纯属于行政记录笔误的情形），不宜依照此项条件撤销。

4. 超越或者滥用职权

超越职权，是指行政行为超出了该机关由法律明确文规定的职责权限。超越职权既涉及行政机关与其他国家机关的问题，也涉及行政机关行使其他行政机关职权的问题。是否超越职权一般应当从对象、事项、条件、手段、程序、时间、地域等方面综合判定。

滥用职权，是指行政机关在自己权限范围内，行使行政裁量权的行为。滥用职权情形下，行政机关虽然在自己权限范围内作出行政行为，但是却不符合行政行为行使的目的。滥用职权强调了行政机关在主观方面的过错。即必须有违反法律规定的目的的情况存在，包括出于私人利益、部门利益，考虑不相关因素、不考虑相关因素、同等情况不同对待、不同情况同等对待、畸轻畸重等不符合法律授予职权的目的的情形。

5. 责令重作决定

行政复议机关在作出撤销或者部分撤销决定的同时，还可以责令被申请人在一定期限内重新作出行政行为。重作决定适用的条件主要有：第一，行政复议机关已经认定原行政行为违法并且已被行政复议机关撤销。这是由重作决定依附（或称补充）性质所决定的。第二，原行政行为需要得到重新处理。如原告行为违法必须通过行政机关予以行政制裁；撤销原行政行为之后，法律关系仍然处于未定或者不稳定状态，需要将行政机关行政行为予以恢复。第三，有重作的现实性。即重作事项必须属于现时能够重作。如果在行政行为中作为相对人的一方已经死亡等，即不宜作出重作决定。第四，重作决定不应当带来新的侵权或者损失。即行政复议机关应当充分考虑重作决定可能对国家利益、公共利益或者他人合法权益造成的损害。

行政复议机关可以责令被申请人"在一定期限内"重新作出行政行为。那么，如何确定"一定期限内"呢？一般可以采取以下方法：法律、法规、规章对期限有明确规定的，此期限为重作决定可以限定的最长期限。没有法律、法规、规定的，可以参照作出行政行为的通常时间。"通常时间"一般应当参考其他规范性文件或者行政机关的内部办事规则；如果没有办事规程规定时限，则应当参照被告以往处理同类案件所需要的时间。如果没有通常时间的，可以根据行政行为适用的不同程序确定相应的时限，如适用简易程序的，以 1 月为宜；适用普通程序的，以 2 月为宜；适用听证程序的，以 3 月为宜。对于情况紧急，不立即作出行为可能对国家利益、公共利益或者他人合法利益造成不可弥补的损害的，应当决定立即重作。同时也要注意设定的时间可能对原告造成的权利损害、被告现实情况等因素。

6. 不得以同一事实和理由作出与原行政行为相同的行政行为

一般情况下，行政复议机关在作出撤销并重作决定时，应当对撤销并重作决定的理由作详细的说明，指明其违法之处。同时，行政复议机关应当根据案件具体情况，确定重新作出行政行为的条件和期限。涉及事实不清，宜作附条件的决定；如果事实已经清楚，只涉及定性或者适用法律方面的问题，宜作附期限的决定，以避免被申请人久拖不决。被申请人如果在行政复议机关已经有明确的决定意旨的情况下仍然以同一的事实和理由作出与原行政行为基本相同的行政行为，实际上是藐视行政复议机关的决定，应当承担相应的不利后果。据此，为了尊重被申请人的判断权，同时为了限制被申请人的判断权，法律一般规定被申请人不得作出原行政行为“相同”或者“基本相同”的行政行为。

例外的是，如果行政复议机关以违反法定程序为由决定撤销的，不在此限。行政复议机关对原行政行为实行全面的合法性审查，由于原行政行为违反法定程序被撤销的，说明原行政行为在认定事实、适用法律等方面符合法律规定，因此，行政复议机关没有对其作出撤销决定的理由。从行政复议法第 64 条第 2 款的规定来看，主要是禁止行政机关在实体认定、理由阐述以及行政行为结果上出现与行政复议机关旨意不一致。对于违反法定程序的违法行为，行政复议机关作出撤销决定后，其合法性已经得到否定。如果被申请人再行违反法定程序，以同一事实和理由作出基本相同的行政行为，行政复议机关仍然可以决定撤销该对抗行政复议机关旨意的行政行为。需要注意的是，被申请人因违反法定程序被行政复议机关决定撤销之后，对于被申请人在原行政程序中经过合法程序收集的证据等，仍可以作为重新作出的行政行为的依据。对于可以补正的瑕疵，行政机关亦可以就相关程序进行纠正、无须机械地重新履行行政程序。

（三）确认违法决定

与行政诉讼判决相类似，确认违法决定在各类行政复议决定中具有基础性的地位。无论是撤销决定、课予义务决定，还是一般给付决定，都隐含着一个确认决定。按照不同的标准，确认决定有着不同的分类。如按照确认决定针对的对象分，可将确认决定分为确认行政行为合法性的决定和确认行政行为效力性的决定的判决。

行政复议法第 65 条规定了确认违法的决定情形：

> 行政行为有下列情形之一的，行政复议机关不撤销该行政行为，但是确认该行政行为违法：
>
> （一）依法应予撤销，但是撤销会给国家利益、社会公共利益造成重大损害；
>
> （二）程序轻微违法，但是对申请人权利不产生实际影响。
>
> 行政行为有下列情形之一，不需要撤销或者责令履行的，行政复议机关确认该行政行为违法：
>
> （一）行政行为违法，但是不具有可撤销内容；
>
> （二）被申请人改变原违法行政行为，申请人仍要求撤销或者确认该行政行为违法；
>
> （三）被申请人不履行或者拖延履行法定职责，责令履行没有意义。

理解本条内容，主要涉及以下几个方面的讨论：

1. 行政行为依法应予撤销，但是撤销会给国家利益、社会公共利益造成重大损害

这是关于情势决定的规定。这一内容参考了行政诉讼法关于情况判决的规定。行政诉讼法第 74 条第 1 款规定，行政行为依法应当撤销，但撤销会给国家利益、社会公共利益造成重大损害的，人民法院判决确认违法，但不撤销行政行为。情况判决是法益衡量的产物。情况判决属于确认判决，是指法院在对行政行为合法性审查之后，认为行政行为违法，符合作出否定判决的条件时，参酌可能有国家利益

以及公共利益遭受损失的可能性，而作出的确认违法或者驳回原告诉讼请求的判决。

情势决定与情况判决适用的条件类似，主要包括两个方面：一是行政行为违法。即完全满足撤销决定的条件。在一般情况下，被申请的行政行为符合撤销的条件，应当撤销。二是撤销被申请行政行为将会给国家利益或者公共利益造成重大损失。特别是在一些重大工程建设中，如果撤销批准文件，公共工程将面临着巨大的损失，国家利益或者社会公共利益将会受损。在这种情况下，行政复议机关可以根据案件具体情况作出确认行政行为违法的决定。这一决定形式实际上是撤销决定的“变体”决定。

按照我国行政复议法的规定，在决定主文中明确被申请的行政行为违法应当撤销，最终作出确认被申请行政行为违法的决定。应该说，显示了行政复议机关作为内部监督机关，对被申请行政行为在合法性上的否定，而没有决定驳回申请人请求或者维持原行政行为。这个规定也和我国行政复议法具有“客观法”的特性相呼应，强调了对行政机关依法行使行政职权的监督作用。

2. 行政行为程序轻微违法，但是对申请人权利不产生实际影响

本项内容是来源于行政诉讼法第 74 条第 1 款的规定，即行政行为程序轻微违法，但对原告权利不产生实际影响的，人民法院不撤销行政行为，判决确认该行政行为违法。本项内容也作了同样的规定。一般来说，行政行为如果符合撤销决定中“违反法定程序”的条件，应当予以撤销。行政程序由于环节众多，有的程序是为了保障当事人合法权益的，有的程序是为了提高行政效率的，有的程序是为了规范行政管理流程等，其设立目的并不相同。对于涉及当事人合法权益的程序，法律一般规定了严格的条件、形式和流程。如行政处罚法和行政许可法规定的听证程序，其中的“通知”程序和“听证”程序就属于对原告合法权益有实际影响的程序。再比如，行政机关强制执行程序

中的催告程序等。违反了这些程序，将直接影响申请人的合法权益，行政复议机关应当决定撤销。但是也有一些程序，如行政决定书超过了送达时间，但是并未影响申请人权益等。在这种情况下，行政复议机关经审查认为该程序瑕疵并不对申请人产生实际影响，可以确认其违法但保持行政行为的效力。这一决定形式也是撤销决定的“变体”决定，属于广义上的情势决定。

3. 行政行为违法，但是不具有可撤销内容

这一内容也是借鉴了行政诉讼法的相关规定。行政诉讼法第 74 条第 2 款规定，行政行为违法，但不具有可撤销内容的，人民法院判决确认违法。一般认为，本项内容是针对事实行为（例如，殴打等暴力行为、强制拆除等执行行为）的规定。由于这类行为已经实施完毕，行政复议机关经过审查认为该类行为违法，但是无法撤销这类行为。“不具有可撤销内容”，是指对于撤销的对象而言，一般须是行政法律行为，行政事实行为不具有可撤销的内容。从实际情况来讲，这类行为已经完成，且并无行为载体，也不具有撤销的现实性。之所以出现这种情况，主要是由于申请人申请行政复议时，应当请求行政复议机关确认违法，但是其错误选择了请求行政复议机关撤销原行政行为。对于殴打等事实行为而言，既没有行为的载体，且已实施完毕，“不具有可撤销内容”在提起行政复议时就已经知道。如果通过行政复议程序救济，适当的方式应当是请求行政复议机关决定确认被诉行为违法并给予赔偿。即通过一个确认决定来解决保障自身合法权益的问题。从这个角度来讲，如果在提起行政复议时，行政复议机关给予必要的指导，申请人就能通过确认原行政行为违法的快捷方式得到救济。

4. 被申请人改变原违法行政行为，申请人仍要求撤销或者确认该行政行为违法

这一内容借鉴了行政诉讼法关于继续确认判决的有关规定。继

续确认判决与继续确认诉讼相关。继续确认诉讼，又称为事后确认诉讼，是指公民、法人或者其他组织请求确认已经执行完毕或者因其他事由归于消灭的行政行为为违法的诉讼。继续确认诉讼不是一个独立的诉讼类型，而是根据不同的诉讼类型（形成诉讼、给付诉讼和确认诉讼）引起的代替性的、补充性、最后选择式的诉讼。有的行政行为需要经历一个比较长的过程，有的行政行为可能经历时间很短甚至是即时完成的，特别是在诉讼过程中，被诉的行政行为可能已经不复存在、已经改变，法院在事实上已经失去了撤销的标的。原告可能因此蒙受冤屈并未因被诉行政行为的消失而获得救济，因此法院必须继续对被诉行政行为的合法性作出判断。据此行政诉讼法第 74 条第 2 款第 2 项规定，被告改变原违法行政行为，原告仍要求确认原行政行为违法的，人民法院判决确认违法。本项规定完全借鉴了行政诉讼法关于继续确认判决的内容。

在特定情况下，原行政行为在行政复议程序中已经不复存在。“不复存在”的情形主要是：①原行政行为已经改变。改变包括撤销和变更。原行政行为可能由其自身或者上级行政机关撤销、变更而不复存在。这种情形属于“法律上的终结”。②原行政行为因事实上的原因而不复存在。如有期限的行政行为因期限的经过而结束；涉案房屋已经倒塌；竞争权人已经死亡等。这种情形属于“事实上的终结”。③拟制的终结。这种终结包括：行政行为已经执行完毕；行政行为已经得到自愿遵守等。

原行政行为不复存在，行政复议机关对其合法性进行继续确认的理由是，行政行为虽已消失，但因其引发的争议仍然存在。也就是说，申请人仍然具有确认利益。申请人的确认利益可能是：①申请人要讨说法。即申请人要求消除不利影响。行政行为特别是课予义务的行政行为，对申请人的名誉、商誉已经造成了一定的影响，这种影响使得申请人在社会中处于被关注、被歧视的地位。如巨额的行政处罚使企业生产经营受到了严重影响，即便行政机关已经退还罚款，撤销罚款决定，但是不利后果已经造成。申请人要求对行政行为的合法性作出确认，减轻行政处罚带来的影响。②申请人要保证。即申请人要求行政机关避免重犯。根据行政复议法第 64 条第 2 款的规定，行政复议机关责令被申请人重新作出行政行为的，被申请人不得以同一事实和理由作出与原行政行为基本相同的行政行为，但是行政交议机关以违反法定程序为由决定撤销或者部分撤销的除外。在这种情况下，如果行政复议机关不确认原行政行为违法，行政机关就有可能作出同样的行政行为。行政复议机关作出确认行政行为违法的决定后，申请人实际上获得了行政机关不得重犯的保证。③申请人要索赔。原行政行为虽然已经消失，但是其损害后果还将继续存在。根据国家赔偿法的规定，行政赔偿的前提是原行政行为违法。行政复议机关对原行政行为作出确认违法的决定，属于有权机关对于原行政行为违法的确认，具备了行政赔偿的前提，有利于申请人取得行政赔偿。

在理解本项规定时，需要注意以下几个问题：一是必须是被申请人在行政复议过程中改变原违法行政行为。如果被申请人在提起行政复议之前就已经改变原行政行为，申请人应当就改变后的行政行为提起行政复议。这里的“改变”可以是撤销，也可以是变更。此外，被改变的行政行为还须是“违法”的。这就意味着，行政复议机关已经审查认定原行政行为违法。如果行政复议机关经审查认为原行政行为是合法的，不适用本项的规定。二是必须是申请人“仍”要求撤销或者确认原行政行为违法。一般来说，申请人在被申请人改变行政行为的情况下，已经达到自己的复议目的，可以申请撤回复议申请。但是，如果申请人坚持认为原行政行为已经对其造成了伤害或者基于其他原因，仍然要求对其违法性确认的，行政复议机关决定确认行政行为违法。三是对于不作为案件仍然参照适用。也就是说，原告提起复议要求被申请人履行法定职责或者给付义务的，被申请人在行政复议中作出行政行为，申请人不撤回复议申请，仍要求对不作为违法性作出确认的，行政复议机关应当作出确认不作为行为违法的决定。

5. 被申请人不履行或者拖延履行法定职责，责令履行没有意义

本项规定借鉴了行政诉讼法第 74 条第 2 款第 3 项内容，即被告不履行或者拖延履行法定职责，判决履行没有意义的，人民法院应当作出确认行政行为违法的判决。这种情况主要适用于，原告请求法院判决行政机关履行法定职责，但人民法院经过审查认为，行政机关已经履行或者时过境迁根本没有履行的必要和可能的，为了保证原告能够得到赔偿，人民法院应当判决确认不履行或者拖延履行法定职责的行为违法。行政复议法作了几乎相同的规定。如申请人要求公安机关履行保障其人身安全的法定职责，行政复议机关经审查认为目前作出履行决定没有实际意义。这里的“时过境迁”也是指提起行政复议后发现的事实。如果提起行政复议前就发现“履行没有意义”的，应当提出确认不作为违法的复议请求。即为了便于申请人索赔，行政复议机关直接确认行政机关不作为行为违法。

（四）履行决定

履行决定属于给付决定的重要类型。履行决定是指行政复议机关对被申请人不履行或者拖延履行法定职责的，作出的要求其在一定期限内履行的决定。修订前的行政复议法第 28 条第 1 款第 2 项规定，被申请人不履行法定职责的，决定其在一定期限内履行。行政机关为了实现行政管理的职能，均有其特定职责，行使特定的职权。行政机关不履行或者拖延履行法定职责的，属于失职行为。行政复议机关可以决定被申请人作出特定行政行为或者行政行为。“作出特定行政行为”的决定属于要求具体履行决定。基于行政复议机关一般是被申请人的上级机关，在事实和法律适用比较明确的情况下，也就是“裁量空间缩减为零”的，直接而非经由被申请人作出具有具体内容的行政

行为。如行政复议机关认为被申请人应当颁发许可证照没有颁发的，可以代替被申请人的裁量或者判断，直接决定被申请人颁发证照。“作出行政行为”的决定属于要求概括履行决定。如果行政复议机关认为被申请人对特定职责存在裁量空间，需要进一步斟酌的，可以作出笼统的、概括的要求被申请人作出行政行为的决定。如行政复议机关认为被申请人要求被申请人履行行政许可的理由成立，但颁发许可证照需要被申请人进行审查，即被申请人存在“裁量空间”的，行政复议机关可以决定被申请人作出行政许可行为，具体内容由被申请人把握。同时为了被申请人及时履行法定职责，行政复议机关应决定被申请人“在一定期限内履行法定职责”。据此，行政复议法第66条规定：

> 被申请人不履行法定职责的，行政复议机关决定被申请人在一定期限内履行。

理解这一条文，需要注意以下几个问题：

1.“法定职责”应当作广义解释

从字面意思上看，法定职责似乎只是“法律规定的职责”之意。按照我国法律的位阶，从宪法、基本法律、法律、行政法规、地方性法规、规章等，广义上都可以称为“法律”。法定职责的含义不能局限于“法律规定的职责”，还应当包括“法律认可的职责”。也就是说，既包括法律、法规、规章和其他规范性文件规定的职责，也包括法律认可的行政机关基于行政协议、先行行为、信赖利益等名义的履行职责。从这个意义上讲，行政复议法第66条的履行决定条款属于给付决定的统摄条款。法定职责的来源主要是：

第一，法律法规明确规定的履行义务。这是最狭义的理解。法律法规规定的履行义务是行政机关履行法定职责的主要来源。这类规定有两种：一种是有相对明确和详尽的规定。如《婚姻登记条例》规定，婚姻登记机关对当事人符合结婚条件的，应当当场予以登记，发给结婚证。另一种是概括式的规定。法律法规对特定行政事项采取了一揽子的、相对空泛和抽象的规定。如法律规定，公民可以对行政管理事项进行举报，行政机关有权查处。行政复议法第 11 条第 10 项规定，“申请行政机关依法给付抚恤金、社会保险待遇或者最低生活保障等社会保障，行政机关没有依法给付”属于行政复议受案范围。“行政机关没有依法给付”属于广义上的“不依法履行法定职责”。行政复议机关针对被申请人不依法履行抚恤金、社会保险待遇或者最低生活保障等社会保障给付义务的，可以作出要求被申请人履行给付义务决定。

第二，特定行政机关的履行义务。特定行政机关的履行义务，是指行政机关由于从事某项特定的公共服务，申请人可以依法要求履行的职责。如公安机关有保护人民生命、财产安全的行政作为义务；消防机关有扑灭火灾的行政作为义务等。这些履行义务实际上也是由法律法规规定的，但是由于其具有的特殊性而成为独特的行政机关的作为义务来源。这种特殊性表现在：这种职责通常涉及公民重大的健康权利和财产权利；这种职责即使没有法律规定亦应当积极行使；履行这种职责的行政机关通常具备其他行政机关不具备的专业和人员优势。如根据人民警察法的规定，人民警察的任务是维护国家安全，维护社会治安秩序，保护公民的人身安全、人身自由和合法财产，保护公共财产，预防、制止和惩治违法犯罪活动。如某公民因举报行为受到人身威胁，要求公安机关提供保护，公安机关以法律没有明确规定、警力不足为由拒绝作出保护措施，结果某公民不幸遇害。公安机关作为最有能力保护公民生命安全的行政机关，其不作为行为（实质意义上）与某公民的遇害有相当因果关系，应当承担行政赔偿责任。行政机关不能因法律没有明确规定而拒绝履行作为义务。法律明确规定通常是当事人处于合法或者无辜状态（例如，公民上下班途中受到匪徒劫持），对于当事人存在违法状态的保护却是没有规定，此时要不要保护公民的生命、财产权呢？如某人因盗窃高层住宅处于急迫之中、某人扬言自杀而矗立于高层建筑物顶端等。此时，因公安机关本身的特殊行业性质，纵然法律没有规定警察在此种情形下有作为义务，公安机关亦有保护之义务。

第三，行政协议、行政承诺等合意行为产生的履行义务。广义上讲，行政协议等合意行为的履行义务也属于法律认可的履行义务。与法律法规规定的履行义务不同，行政协议中的履行义务通常在订立行政协议中发生。我国的行政协议立法大多强调通过单行法律明确授予行政机关订立行政协议权的倾向。但现代国家一般强调行政协议的合同功能，除法律对于缔约有特别的限制外，对于符合行政目标且属于公权力范畴的事项，均得允许缔结行政协议。此谓行政协议的容许性。如德国行政程序法第 54 条规定，“公法领域的法律关系可通过合同确立、变更和撤销（公法合同），但法律规定不准许时除外。对利害关系人本应作出行政行为的，行政机关亦可与之签订公法合同以代替行政行为”。行政复议法第 11 条第 13 项规定，“认为行政机关不依法订立、不依法履行、未按照约定履行或者违法变更、解除政府特许经营协议、土地房屋征收补偿协议等行政协议”，“不依法订立、不依法履行、未按照约定履行”亦属于本条广义上的“不依法履行法定职责”情形。当然，行政复议范围的规定属于列举式、择要式的规定，目的是明确具体的行政复议范围，相互之间存在交叉内容在所难免。在作出履行决定时，对于被申请人的履行义务，可以援引更加直接明确的条款。

行政承诺实际上不是一个学术上的专有名称。在合同法理论中存在要约和承诺两个阶段的过程。但是，在行政法学上，行政承诺既可以由相对人的申请产生，也可以由行政机关的单方行为作出。如税务机关发布公告对举报偷税漏税行为的公民给予奖励。行政机关的此种行为类似民法上的要约邀请，但在行政法上这种行为通常被认为是公民只要有属实的举报行为，行政机关的承诺就应当兑现。否则也属于行政机关的不作为。行政机关的这种义务是基于契约或者合意产生的。值得注意的是，这里的契约性义务并不包括行政机关签订的民事合同。

第四，先行行为引起的履行义务。先行行为是大陆法系国家的一个重要概念。所谓先行行为的义务，是指行政机关因自己的行为导致产生一定危害结果的危险而负有采取积极措施防止危害结果发生的行政义务。与一般的被诉行政行为的审查标准不一样，对先行行为的审查不在于此行为是否违法，而在于先行行为产生的结果是否超出了合理的范围并且增加了行为之外的危险。先行行为即使合法，也存在防止危险发生的行政义务。如行政机关依法拆除违章建筑，使用爆破手段对周围的房屋造成了损害而产生的恢复原状的行政义务；公立医院的医生在救治过程中发现病人情况严重而放弃治疗而产生的继续治疗的义务。也有一部分先行行为是由于违法行为产生的。如公安机关违法采取限制人身自由措施后发现违法，将受害人置于离限制人身自由地点几百公里的派出所等。先行行为在行政法学上是一个不易理解的概念，主要是由于传统的行政复议主要研究行政机关的合法性和适当性问题，即主要判断行政机关是否依法或者适当履行行政职责，对于行政机关其他的行政义务如对危险源的监督义务等缺乏关注。由先行行为导致的危险源监督义务主要包括三个方面：一是危险的先行行为产生了对他人的危险，对于此种危险，先行行为人有消除的义务；二是对于行政管理范围之内的危险源，可产生危险源监督义务的产生；三是行政机关对于受其监督人的行为进行监督的义务。由先行行为导致的危险源监督义务主要是第一种情形。

第五，信赖利益引发的履行义务。信赖利益是行政法学上的重要概念，主要是指公民基于对行政机关的公益性和作出行为的先定性而产生的合理期待和信赖。信赖利益实际上来源于民法上的诚信原则，诚信原则被视为实现公平正义的最高指导原则。这种诚信是基于民事主体之间的平等关系和意思自治。行政法上的信赖原则是基于一个假定，行政机关被假设为公益代表。行政权力的设置要求将公民对于行政机关的信任置于头等位置。当然，信赖利益本身不是行政义务，而是因信赖利益而产生的给付义务和附随义务。这种附随义务不是双方义务，而是单指行政机关的单方义务。行政机关与相对人之间发生法律关系后，行政机关即负有作为义务和不作为义务。该义务可以分为给付义务和附随义务。给付义务可以分为主给付义务和从给付义务。附随义务可以分为解释义务（包括解释义务、通知义务、指示义务、建议义务、开导义务、公开义务和警告义务等）、保护义务（包括保守秘密义务、竞业禁止义务、检查义务等）。信赖利益通常是基于行政机关的作为行为而产生的。如根据行政许可法的规定，行政机关核发了行政许可证照，次年年审时，行政机关无故拒绝年审，正常情况下应当予以年审，对于不履行年审义务的，构成基于信赖利益的不履行法定职责。行政机关已经准许相对人通过竞争方式从事某项独占性活动，后行政机关又准许其他相对人进入该领域，公民要求排除此妨碍，行政机关予以拒绝。行政机关在作出某项行政行为时，与相对人之间已经形成了信赖。行政机关对于公民合法的信赖利益负有作为之义务。

2.“不履行”

行政复议法规定的“不履行”是一个含义广泛的概念，主要包括以下几种形态：

第一，拒绝履行。拒绝履行，是指被申请人以明示的方式拒绝履行法定职责。但是，拒绝履行因行政行为的不同样态而有所不同。对于有法定期限行政行为，被申请人只有超出法定期限拒绝履行的，才属于拒绝履行；对于没有法定期限，但是有合理期限的，被申请人只有超出合理期限拒绝履行的，才属于拒绝履行。这是因为，被申请人虽然有拒绝行为，但是如果被申请人在法定或者合理期限内履行的，法律仍然是认可的。

第二，部分履行。被申请人履行法定职责，应当遵循全面履行的原则。部分履行，是指被申请人虽然履行部分义务，但是没有履行全部义务。如申请人向被申请人提出数个申请，只有部分申请获得核准。

第三，拖延履行。拖延履行，是指被申请人在法定或者合理的期限内以不作为的方式不履行行政义务。

需要注意的是，还有以下几种“不履行”的情况需要讨论：一是履行不能。如果被申请人由于特定原因，事实上已不可能履行法定职责。如被申请人收到申请人的申请之后，由于机构改革，不再承担相应的法定职责，事实上不可能履行法定职责。对于履行不能的，申请人可以申请继续行使其职权的行政机关履行法定职责。“履行不能”不属于本条规定的不履行。二是预期不履行。预期不履行，是指被申请人在法定期限或者合理期间届满之前，明确表示或者以自己的行为表示将不履行法定职责的行为。对于行政机关履行法定职责有法定期限或者合理期限的，行政机关即便明确表示将不履行法定职责，但由于其仍在期限内，其表示并不具有最终效力。“预期不履行的”亦不属于本条规定的不履行。三是不适当履行。被申请人具有法定职责的，负有适当履行的义务。不适当履行，又称为瑕疵履行，是指被申请人虽然实施了履行法定职责的行为，但是没有达到履行目的的情形。如公安机关接到报警称某出租房内可能有人自杀，公安机关查看后认为没有异样随后离去，公安机关走后有人自杀。对于不适当履行，应当属于广义上的“不履行”。

3."一定期限"

为了确保被申请人及时履行法定职责，行政复议机关在作出履行决定时，应当明确履行期限。履行期限包括法定履行期限和指定履行期限。法定期限是指法律、法规、规章明确规定的期限；指定期限是指法律、法规、规章没有明确的履行期限的情况下，行政复议机关指定的适当履行期限。需要注意的是，对于法定履行期限，下位法只能规定比上位法更长的履行期限。如果下位法规定的履行期限长于上位法的，应当执行上位法的规定。对于指定履行期限，行政复议机关可以按照履行特定法定职责的合理期限确定。对于合理期限的判定，行政复议机关可以参照适用行政诉讼法第47条"2个月"的规定，"公民、法人或者其他组织申请行政机关履行保护其人身权、财产权等合法权益的法定职责，行政机关在接到申请之日起两个月内不履行的，公民、法人或者其他组织可以向人民法院提起诉讼。"此外，对于情况紧急，需要被申请人即时履行，行政复议机关可以参照行政诉讼法第47条第2款的规定，作出立即（零期限）履行法定职责的决定。

（五）确认无效决定

确认无效决定借鉴了行政诉讼法关于确认无效判决的规定。行政诉讼法第75条规定，行政行为有实施主体不具有行政主体资格或者没有依据等重大且明显违法情形，原告申请确认行政行为无效的，人民法院判决确认无效。无效的行政行为，在法律上是无效的，但因其具有行政行为的外观，可能对人民的合法权益造成侵害，因此允许申请人对此提起行政复议。无效的行政行为不同于违法的行政行为。无效行政行为的"无效"具有如下特征：一是自始无效。即行政行为从作出之时起就没有法律上的约束力。如果不从作出之时就否定其效力，对可能的行政赔偿的起算点就会出现偏差。二是当然无效。即该行政行为无效不是由于行政复议机关的决定导致的，而是其本身就无效，行政复议机关的确认只是对该事实予以宣告而已。三是绝对无效。即该行政行为所包含的意思表示完全不被法律承认。行政复议机关宣告无效，如同该行政行为从来没有存在过。无效行政行为因其脱离了一般理性人的判断，达到“匪夷所思”的地步，其根本不具有任何效力，任何机关和个人都可以无视它的存在。这就将“无效行政行为”与一般意义上的“违法的行政行为”区别开来。

在大陆法系国家，对于无效行政行为一般规定在行政程序法中。我国的法律没有对无效行政行为的实体规定。德国行政程序法第 44 条第 2 款规定了六种法定无效的情形：应当以书面形式作出但没有注明作出机关的行为；通过颁发证书作出但没有遵守形式规定的行为；违反针对不动产等有关地域管辖规定作出的行为；因客观原因无法实施的行为；要求实施将导致犯罪或者处罚的行为；违背善良风俗的行为。这六种情形即使没有达到“重大且明显”的标准，其也是无效的。此外，该法还规定一些行政行为只有达到“明显”的标准，才是无效的。主要包括内容瑕疵、管辖权瑕疵、形式瑕疵和程序瑕疵。具体包括：行政行为没有任何法律依据；违反法律禁止性规定；没有行政管辖权；僭越行政管辖权；无事务管辖权；未遵守法定的行政行为形式的规定；不遵守硬性的行政程序规定；不遵守行政行为关于明确性的规定。总体而言，大陆法系国家均将“重大且明显”已经成为无效行政行为的标准。借鉴行政诉讼法，行政复议法第 67 条规定：

> 行政行为有实施主体不具有行政主体资格或者没有依据等重大且明显违法情形，申请人申请确认行政行为无效的，行政复议机关确认该行政行为无效。

理解这一条文，应当注意以下几个方面：

1. 本条采取了列举具体表现情形的方式

与大陆法系国家的做法不同，行政复议法借鉴了行政诉讼法的规定，采取了对“重大且明显”进行列举的方式，也就是说，列举的情形就属于“重大且明显”。而在域外，“行政行为有实施主体不具有行政主体资格或者没有依据”尚需符合“重大且明显”的标准。行政复议法对重大且明显作出的客观的列举方式，有利于行政复议机关正确审查和准确认定。

2. 对“实施主体不具有行政主体资格”的理解

行政主体，是指具有行使行政管理职能，能够以自己名义作出行政行为和独立承担法律后果的行政机关或者法律法规规章授权组织。一般认为，“行政机关”和“法律、法规、规章授权的组织”是适格的行政主体。对于行政机关而言，是否具有行政主体资格，主要是看有关法律规定和是否符合编制。如果甲行政机关行使了乙行政机关的行政职权，属于“超越职权”的情形。如根据药品管理法的规定，对于销售假劣药的行为，属于药品监督管理机关的职权，工商机关行使该项职权的，属于超越职权，而不能认定该行政机关没有行政主体资格。在极个别的情况下，如果工商机关对相对人采取了限制人身自由的措施，相对人不能认为工商机关行使了公安机关的权力，工商机关没有相应行政主体资格。这种违法是如此的重大且明显，属于无效行为。实施主体不具有行政主体资格，更多的是指法律法规规章授权组织的行为。对于授权组织而言，法律法规规章一般赋予其特定的职权，授权组织在授权范围内才具有行政主体资格。如行政机关的内设机构、派出机构或者其他组织，如果行使法律法规规章授权的职权，其具有行政主体资格；该组织如果超出该授权范围作出行政行为，该行政行为将被认定为无效。

值得注意的是，本条规定的“实施主体”是指“作出主体”之意。大多数行政机关既是作出主体也是实施主体。但是，在特定情形下，作出主体与实施主体并不一致。如城乡规划法第68条规定，城乡规划主管部门作出责令停止建设或者限期拆除的决定后，当事人不停止建设或者逾期不拆除的，建设工程所在地县级以上地方人民政府可以责成有关部门采取查封施工现场、强制拆除等措施。可见，行政行为的作出主体是“城乡规划主管部门”，而实施主体则是“县级以上人民政府”“有关部门”等。

3. 对“行政行为没有依据”的理解

行政行为没有依据，是指行政主体作出行政行为时没有法律、法规、规章等规范性文件的依据。“行政行为没有依据”主要分为以下几种情况：(1) 行政行为毫无依据。即行政机关在作出行政行为时，缺乏任何法律依据，包括缺乏各个层级的规范性文件。也就是说，行政行为在作出之时，已经达到恣意妄为的程度。(2) 行政行为虽然有规范性文件的依据，但是该规范性文件与上位法直接、明显抵触，视为没有依据。不同的行政行为，对于法律依据的要求不同。如根据行政处罚法的规定，限制人身自由的行政处罚，只能由法律设定。如果法律之下的规范性文件设定限制人身自由的处罚，即便有该规范性文件，依此作出的该行政处罚也属于没有依据。

4.“重大且明显违法”不仅限于列举的两类情形

本条列举规定了“行政行为有实施主体不具有行政主体资格”“没有依据”两种“重大且明显违法情形”。除此之外，只要属于“行政行为重大且明显违法”的，均属于无效行政行为。在适用时，可以参照《行诉解释》第99条的规定，即有下列情形之一的，属于行政诉讼法第75条规定的“重大且明显违法”：(1) 行政行为实施主体不具有行政主体资格；(2) 减损权利或者增加义务的行政行为没有法律规范依据；(3) 行政行为的内容客观上不可能实施；(4) 其他重大且明显违法的情形。再如，行政机关要求行政相对人作出违反法律规定的行为；行政机关的行为违反公序良俗、违反法律禁止性规定、违反保障相对人权益的重大程序（例如听证程序）等。

5. 须经申请人申请

一般情况下，申请人不会直接提起确认无效的行政复议。这是因为，无效行政行为与一般违法行政行为之间既是不同的，也具有一定的相似性。无效行政行为的标准是存在“重大且明显”的瑕疵，应当提起确认行政行为的行政复议；对于一般的瑕疵，应当提出撤销原行政行为的行政复议。但是，当事人可能并不知道行政行为的瑕疵状况。行政复议机关经过审查后，认为存在无效情形的，可以转换作出确认行政行为无效决定。可见，这里的“申请人申请”包含两种情况：一种情形是，申请人在提起行政复议时，就要求确认行政行为无效。另一种情形是，申请人在提出撤销原行政行为的行政复议时，行政复议机关对行政行为经过审查后认为，行政行为存在重大且明显违法的，且申请人转而申请确认行政行为无效，行政复议机关可以针对申请人的申请作出相应决定。

（六）维持决定

如前所述，行政复议机关对被申请的行政行为的合法性和适当性审查之后，要作出法律判断。在行政程序中，被申请人作出行政行为是第一次法律适用，行政复议机关对行政行为的合法性、适当性审查是第二次法律适用。两者的关系类似于一审法院和二审法院的关系。因此，行政复议机关对于合法适当的行政行为，可以作出维持决定。修订前后的行政复议法关于维持决定的内容保持一致。《行政复议法实施条例》第43条规定，依照行政复议法第28条第1款第1项规定，具体行政行为认定事实清楚，证据确凿，适用依据正确，程序合法，内容适当的，行政复议机关应当决定维持。行政复议法第68条规定：

> 行政行为认定事实清楚，证据确凿，适用依据正确，程序合

法，内容适当的，行政复议机关决定维持该行政行为。

事实清楚，是指被申请人的行政行为认定的事实是客观清晰存在的；证据确凿，是指被申请人的行政行为认定的事实有证据充分证明是可靠的；适用依据正确，是指被申请人在作出行政行为时，认定事实与适用依据之间涵摄关系，具有对应性和联系性；程序合法，是指被申请人按照法律法规规章规定的方式、形式、手续、顺序和时限作出行政行为；内容适当，是指被申请的行政行为载明的权利义务关系不仅合法，而且合理，符合一般理性人的判断。从本条的规定来看，上述五个方面包括了被申请行政行为合法性和适当性的要件，即符合上述条件的，被申请的行政行为即可判定为合法适当。

在适用本条规定时，需要注意以下几个问题：

1. 复议维持决定和诉讼驳回原告诉讼请求判决的适用条件不同

前已述及，行政复议法的立法宗旨明确，“防止和纠正违法的或者不当的行政行为”是行政复议法的首要宗旨。行政复议是行政机关内部纠错和上下级监督的重要法律机制。通过行政复议案件的审理，展示行政行为的合法适当状态，从而防止违法不当的行政行为，表明了行政复议制度具有“客观法”的属性。因此，行政行为合法适当的，行政复议机关作出维持原行政行为的决定。相比之下，修改后的行政诉讼法第 69 条没有继续规定针对行政行为合法性的“维持判决”，而是规定了针对原告诉讼请求的“驳回原告诉讼请求判决”。之所以这样规定，主要原因是：维持判决与法院的中立性、裁决性的地位不符，容易让社会产生“官官相护”的误解；维持判决让原告很难接受；行政行为的效力无须通过法院的裁判予以确定；维持判决也给行政机关自我纠错带来障碍。因此，行政诉讼法第 69 条规定，行政行为证据确凿，适用法律、法规正确，符合法定程序的，人民法院判决驳回原告的诉讼请求。同时，立法者明确：“以驳回原告诉讼请求判决取代维持判决，本意不是改变我国行政诉讼是客观诉讼的定位，而是为了解决司法实践中的实际问题而作的修改。作出驳回原告诉讼请求判决，法院仍要坚持对被诉行政行为合法性审查和由被告负举证责任，而不能将审查对象转为原告诉讼请求和提出的证据，更不能以原告诉讼请求和提出的证据不成立就直接判决驳回原告诉讼请求。”[1] 这一阐述实际上是在提示行政诉讼属于客观诉讼，坚持对行政行为合法性审查的原则不变。行政诉讼维持判决和行政复议维持决定有相似的地方，即法院或者行政复议机关须对行政行为合法性或者适当性作出“必须的认定”。因此，为了防止行政机关转向审查原告或者申请人的请求，法院或者行政复议机关有义务对行政行为进行审查，并且作出处理。这是其制度价值所在。行政诉讼法规定的驳回原告诉讼请求判决，虽然立法者不断强调不能审查原告诉讼请求，必须审查行政行为合法性，但是，司法实践中确实出现了有的法院滥用该类判决、该类判决比例增长的苗头。据此，本次行政复议法修订，明确行政复议机关须在满足认定事实清楚、证据确凿、适用依据正确、程序合法、内容适当的条件下，才能作出维持决定，表明立法者对行政复议机关审查职权的规范和限制。这是与行政诉讼法规定的驳回原告诉讼请求判决不同的地方。

2. 维持决定不适用于给付类请求

以复议请求论，申请人的请求分为形成类请求、给付类请求、确认类请求三类。形成类请求包括申请人请求撤销或者变更行政行为，该类行政行为往往是行政法律行为。对于该类案件的审理，重在表达行政复议机关对行政行为合法性、适当性的态度，所以，行政复议机关作出维持决定彰显行政行为合法适当，达到预防减少行政争议的客观法效果。给付类请求包括申请人请求行政机关作出一定的行政行为或者给予一定的物、事实行为等。对于该类案件的审理，重在回应申请人的请求，具有强烈的主观法的特征。所以，行政复议机关应当

1 袁杰主编：《中华人民共和国行政诉讼法解读》，中国法制出版社2014年版，第192页。

针对申请人的请求作出相应的决定。确认类请求包括申请人请求行政机关确认行政法律关系是否存在以及行政行为的效力等。对于该类案件的审理，如果涉及行政行为合法性、有效性、适当性的评断，一般具有客观法的特征；如果涉及行政法律关系是否存在的评断，一般具有主观法的特征。如上所述，如果申请人请求行政机关履行法定职责或者给付义务，针对的是行政机关的不作为，不作为行为往往并非采用五个方面的合法适当要件审查，所以维持决定就不是合适的形式。如果申请人的请求成立，行政复议机关应当作出相应的履行法定职责决定或者给付决定；如果申请人的请求不能成立，行政复议机关可以作出驳回申请人请求的决定。

（七）驳回决定

修订前的行政复议法没有规定驳回复议请求的决定。《行政复议法实施条例》第 48 条规定了驳回复议申请的决定形式："有下列情形之一的，行政复议机关应当决定驳回行政复议申请：（一）申请人认为行政机关不履行法定职责申请行政复议，行政复议机关受理后发现该行政机关没有相应法定职责或者在受理前已经履行法定职责的；（二）受理行政复议申请后，发现该行政复议申请不符合行政复议法和本条例规定的受理条件的。上级行政机关认为行政复议机关驳回行政复议申请的理由不成立的，应当责令其恢复审理。"对于第一种情形，如果行政复议机关受理后发现该行政机关没有相应法定职责或者在受理前已经履行法定职责，说明申请人认为行政机关不履行法定职责的理由不能成立，行政复议机关可以作出驳回行政复议申请的决定以便终结行政复议案件。"受理前已经履行法定职责"意味着被申请的不作为之前就不存在。如果受理之后行政机关履行法定职责，申请人仍然不撤回申请的，行政复议机关应当继续审理。对于第二种情形，行政复议机关受理行政复议申请后，发现该行政复议申请不符合行政复议法和本条例规定的受理条件，则说明申请人的复议申请不成立，如果在受理行政复议申请之前发现，应当作出不予受理决定；如果在受理行政复议之后发现，因其仍然不符合受理条件，行政复议机关可以作出驳回复议申请的决定。

这个条文在行政复议实践中还存在较大争议。主要是，第一种情形是一种实体审理，行政复议机关对被申请人是否具有法定职责以及是否已经履行法定职责等作了审理；后一种情形则是一种程序审查，行政复议机关仅仅对被申请人的申请是否符合法定的受理条件作了审查。第一种情形类似于行政诉讼中的“驳回原告诉讼请求判决”，后一种则是类似于行政诉讼中的“驳回起诉裁定”。对于这个问题，在《行诉解释》起草过程中就有一定的研究。《行诉解释》第 133 条对此进行了区分：“行政诉讼法第二十六条第二款规定的‘复议机关决定维持原行政行为’，包括复议机关驳回复议申请或者复议请求的情形，但以复议申请不符合受理条件为由驳回的除外。”也就是说，只有实体上驳回复议请求而非程序上的驳回申请决定，才属于广义上的“维持原行政行为”。本次行政复议法修订，采取了与《行诉解释》一致的方法，将复议申请不符合受理条件为由驳回的情形排除在外。行政复议法第 69 条规定：

> 行政复议机关受理申请人认为被申请人不履行法定职责的行政复议申请后，发现被申请人没有相应法定职责或者在受理前已经履行法定职责的，决定驳回申请人的行政复议请求。

理解这一条文，需要注意以下几个问题：

1. 法定职责应当作扩大解释

本条规定的“法定职责”需要作扩大解释。行政复议法第 11 条第 11 项规定“申请行政机关履行保护人身权利、财产权利、受教育权利等合法权益的法定职责，行政机关拒绝履行、未依法履行或者不予答复”属于行政复议受案范围。据此，行政复议机关经审理认为申请人没有相应法定职责或者在受理前已经履行法定职责的，可以决定驳回申请人的请求。不依法履行法定职责是行政不作为的典型形态。但是，行政不作为并非仅仅包括“不依法履行法定职责”。因此，对于法定职责应当作扩大理解。在修法过程中，笔者曾经建议将本条“受理前已经履行法定职责”修改为“受理前已经履行法定职责或者给付义务”，以便扩大本条的适用范围。立法机关认为，为了简化表述，对于“履行法定职责”可以作广义解释。综上，对于行政机关基于法律法规规章规定、行政协议约定、先行行为、信赖利益等事由履行相应的职责的，均属于广义上的“已经履行法定职责”。如申请人根据行政复议法第 11 条第 12 项的规定，申请社会保障部门发放最低生活保障费，社会保障部门在受理前已经发放的，行政复议机关也可以作出驳回申请人复议请求的决定。

2. 驳回复议请求决定和驳回复议申请决定不同

前已述及，驳回复议请求决定是对申请人实体权利主张的否定。驳回复议申请则是行政复议机关在受理后经过审查发现申请不符合受理条件，从程序上予以驳回。这个做法属于通行做法。如我国台湾地区“诉愿法”第 77 条规定，对于诉愿程式不合法的，受理诉愿机关可以作出不受理的决定；第 79 条规定，经审查认为“诉愿无理由者，受理诉愿机关应以决定驳回之”。诉愿无理由包括诉愿人对原行政行为违法或者不当，在法律上及事实上的主张均不成立而言。行政复议法的规定与此类似。行政复议法第 31 条规定，行政复议机关受理行政复议申请后，发现行政复议申请不符合本法第 30 条第 1 款规定的，应当决定驳回申请并说明理由。行政复议法第 30 条第 1 款规定：“行政复议机关收到行政复议申请后，应当在五日内进行审查。对符合下列规定的，行政复议机关应当予以受理：（一）有明确的申请人和符合本法规定的被申请人；（二）申请人与被申请行政复议的行政行为有利害关系；（三）有具体的行政复议请求和理由；（四）在法定申请期限内提出；（五）属于本法规定的行政复议范围；（六）属于本机关的管辖范围；（七）行政复议机关未受理过该申请人就同一行政行为提出的行政复议申请，并且人民法院未受理过该申请人就同一行政行为提起的行政诉讼。”可见，如果行政复议申请不符合行政复议受理条件，如果在受理之前，行政复议机关发现行政复议申请不符合受理条件的，可以根据行政复议法第 30 条第 2 款的规定，作出不予受理决定；如果在受理之后，行政复议机关发现行政复议申请不符合受理条件的，可以根据行政复议法第 33 条的规定，作出驳回申请决定。两者类似于行政诉讼中“不予立案裁定”和“驳回起诉裁定”的关系。适用的条件均为不符合受理条件，但是由于行政复议机关发现时所处的阶段不同，作出的决定也不同。

（八）证据失权情形下的决定

证据失权是举证期限制度的核心，是指申请人丧失提出证据的权利，实质是丧失证明权。申请人如果丧失了证明权，就意味着无法行使主张权和陈述权，进而导致在行政复议中产生不利后果。修订前的行政复议法没有对证据失权作出规定。本次修订，借鉴行政诉讼法的规定作了明确。行政诉讼法第 34 条第 2 款规定，被告不提供或者无正当理由逾期提供证据，视为没有相应证据。但是，被诉行政行为涉及第三人合法权益，第三人提供证据的除外。借鉴这一内容，行政复议法第 70 条规定：

被申请人不按照本法第四十八条、第五十四条的规定提出书面答复、提交作出行政行为的证据、依据和其他有关材料的，视为该行政行为没有证据、依据，行政复议机关决定撤销、部分撤销该行政行为，确认该行政行为违法、无效或者决定被申请人在一定期限内履行，但是行政行为涉及第三人合法权益，第三人提供证据的除外。

对于本条，要从以下两个方面理解：

1. 被申请人逾期未依法履行提交相关材料、证据义务

行政复议法第 48 条规定了普通程序中被申请人提交相关材料和证据的义务。即行政复议机构应当自行政复议申请受理之日起 7 日内，将行政复议申请书副本或者行政复议申请笔录复印件发送被申请人。被申请人应当自收到申请书副本或者申请笔录复印件之日起 10 日内，提出书面答复，并提交作出行政行为的证据、依据和其他有关材料。第 54 条规定了简易程序中被申请人的提交相关材料和证据的义务。即适用简易程序审理的案件，行政复议机构应当自受理行政复议申请之日起 3 日内，将行政复议申请书副本或者行政复议申请笔录复印件发送被申请人。被申请人应当自收到申请书副本或者申请笔录复印件之日起 5 日内，提出书面答复，并提交作出行政行为的证据、依据和其他有关材料。根据这两条的规定，被申请人如逾期不提交相关材料和证据，即不管事实上被申请人是否有证据和依据，只要拒绝提供或者逾期提供，在法律上就视同没有相应的证据和依据。即被申请人超出普通程序规定的 10 日、简易程序的 3 日，即便过期再行提交了相关材料和证据的，亦不属于按期履行相关义务，拟制该行政行为没有证据、依据。此时，行政复议机关可以决定撤销、部分撤销该行政行为，确认该行政行为违法、无效或者决定被申请人在一定期限内履行，即被申请人要承担证据失权的不利后果。

值得注意的是，有观点认为，被申请人逾期不提交相关材料和证据包括“被告拒不提交”“无正当理由逾期提交”两种。前者是一种故意行为，后者是一种过失行为。实际上，“无正当理由逾期提交”包

含了“拒不提交”。被申请人“拒不提交”只有在逾期的前提下才有意义。被申请人虽然表示不提交，但是仍然在举证期限内，并不构成实质意义上的“不提供证据”。因为被申请人完全可能在举证期限届满之日前举证。

2. 证据失权的例外

一般而言，行政行为的合法性、适当性的举证责任在被申请人。行政行为经常会涉及第三人的合法权益。一般情况下，第三人虽然不承担举证责任，但是如果被申请人不履行举证责任，可能导致第三人合法权益受到损害。在行政复议实践中，有的行政机关与申请人联合起来恶意进入复议程序，申请人作为申请人提起行政复议后，行政机关故意不提供或者无正当理由逾期提供证据，以使行政复议机关作出撤销生效行政行为的决定，从而转嫁矛盾，利用行政复议程序损害第三人的合法权益。第三人在案件审理过程中，具有提出相关证据主张自己权益的权利。对于第三人提供证据能够证明行政行为合法性的，行政复议机关应当客观公正作出评断，而不应当直接认定该行政行为没有证据、依据。

在行政复议实践中，需要注意以下两个方面的问题：

第一，对本条中“第三人”应当作狭义的理解。行政复议法第 16 条第 1 款规定：“申请人以外的同被申请行政复议的行政行为或者行政复议案件处理结果有利害关系的公民、法人或者其他组织，可以作为第三人申请参加行政复议，或者由行政复议机构通知其作为第三人参加行政复议。”根据这一规定，行政复议中的第三人有两种：“同被申请行政复议行政行为有利害关系”的第三人和“同案件处理结果有利害关系”的第三人。前者属于错过行政复议或者没有行政复议的申请人；而后者的情形则比较复杂，包括了与行政行为合法性有关系的行政机关等。以行政许可为例，第三人既可能是对行政许可享有权利的公民、法人或者其他组织，也可能是与行政许可行为相关的行政机关（类似被告地位的第三人）。本条规定针对的是前者，对于后者没有规定。行政机关作为第三人，由于其与被诉行政许可行为不具有合法权益（一般是行政机关之间的权力关系），一般不适用本条规定。

第二，第三人提供证据，广义上也包括第三人申请行政复议机关调取证据或者行政复议机关主动调取的情形。如果与本案有关的证据，第三人不能自行收集的，可以申请行政复议机关调取。本法第 45 条规定，行政复议机关有权向有关单位和个人调查取证、查阅、复制、调取有关文件和资料，向有关人员进行询问。在行政复议中，行政复议机关调取的证据能够证明行政行为合法的，允许作为原行政行为合法性的依据，基于行政机关的层级监督关系，属于对原行政行为的矫正，法律上是允许的。

（九）行政协议案件决定

行政复议法第 11 条第 11 项规定行政协议属于行政复议受案范围。行政复议法第 71 条借鉴行政诉讼法第 78 条关于行政协议判决方式的规定明确了行政协议复议案件的决定类型：

> 被申请人不依法订立、不依法履行、未按照约定履行或者违法变更、解除行政协议的，行政复议机关决定被申请人承担依法订立、继续履行、采取补救措施或者赔偿损失等责任。
>
> 被申请人变更、解除行政协议合法，但是未依法给予补偿或者补偿不合理的，行政复议机关决定被申请人依法给予合理补偿。

对于这一条文，应当从以下几个角度理解：

1. 依法订立

前已述及，对被申请人是否依法订立行政协议，属于行政复议审查的重要方面。行政机关的订立行为属于行政行为还是事实行为，决定了请求判决行政机关依法或者按照约定订立行政协议的请求属于课予义务诉讼或者一般给付诉讼性质的问题。订立协议的行为，是行政协议当事人意思表示一致的体现。如果法律规定行政机关应当依法订立行政协议的，行政机关具有订立行政协议的义务；如果行政协议当事人约定订立行政协议的，在订立行政协议的条件成就时，行政机关也具有订立行政协议的义务。对于后者，行政机关的义务是行政协议项下的义务，该订立行为属于事实行为，人民法院可以作出要求行政机关依照协议约定订立行政协议的一般给付判决。对于前者，行政机关的义务是由法律所明确，行政机关的订立行为属于法定职责。该订立行为仅仅是完成行政协议的一个环节，也并不能构成行政行为，因此，人民法院也可以作出要求行政机关依照法定义务订立行政协议的一般给付判决。

2. 继续履行

民法典第 577 条规定，当事人一方不履行合同义务或者履行合同义务不符合约定的，应当承担继续履行、采取补救措施或者赔偿损失等违约责任。本条参照上述规定对继续履行作了规定。一般情况下，为了维护公共利益和实现公共服务目标，行政复议机关应当尽可能保证行政协议的有效性，尽可能使行政协议得到继续履行。因此，继续履行是首先要考虑的违约承担方式。这就是行政法上的“第一次权利保护”优先原则。当公民、法人或者其他组织在行政法上的权利受到侵害时，应当首先考虑如何将侵害排除，使其权利不再受到侵害。如果公民、法人或者其他组织所遭受的权利侵害，已经形成无法除去的财产或者精神上的损害，则应当由“第二次权利保护”补偿其财产或者精神上的损害。第二次权利保护的主要功能在于填补既成之损害。据此，本条规定，被申请人不依法订立、不依法履行、未按照约定履行或者违法变更、解除协议的，行政复议机关可以决定继续履行协议。决定继续履行协议，是指行政复议机关决定被申请人继续履行行政协议约定的义务。如在政府特许经营协议中，政府可以承诺与特许经营项目有关的土地使用、相关城市基础设施的提供、防止不必要的竞争性项目建设、必要合理的补贴等内容，如果被申请人未履行相应的约定义务的，行政复议机关可以决定由被申请人继续履行协议。

在行政复议实践中，需要注意两个方面的问题：

第一，为了便于被申请人继续履行，行政复议机关应当审查被申请人不依法履行、未按照约定履行的具体情况，对应当继续履行的具体内容进行明确，不能笼而统之要求被申请人按照约定履行。如行政机关与被征收人签订征收补偿协议，约定回迁具体的房屋，被征收人搬入房屋居住多年后，行政机关仍没有协助办理房屋产权变更登记手续，此时，相对人提起行政复议要求行政机关履行协议，行政复议机关在查明事实的基础上，应当直接决定被申请人协助相对人办理房屋产权变更登记手续。

第二，在三方协议或者多方协议中，行政复议机关还可以对行政协议中的第三人作出继续履行协议的决定。如《海南省土地征收补偿安置管理办法》第 25 条规定，土地出让合同约定用地单位有招工义务的，用地单位应当按照约定招收被征地农民就业；不按照约定招收的，应当承担违约责任。如果行政协议中的第三人“用地单位”未按照约定解决被征地农民就业的问题，行政复议机关可以决定由第三人继续履行约定义务。

3. 采取补救措施

补救措施，是指在行政协议有效的前提下，行政机关采取的消除争议或者缓解矛盾的措施。如《海南省土地征收补偿安置管理办法》规定，土地被征收后被征地集体的剩余土地不能满足生产需要的，市、县、自治县人民政府应当按照便利、就近的原则，安排一定数量的土地给被征地集体发展农业生产；被征地集体用征地补偿安置费用发展生产、安置劳动力就业确有困难的，市、县、自治县人民政府应当从土地有偿出让收入中提取一定资金补助被征地集体发展生产、安置劳动力；省和市、县、自治县人民政府每年安排的再就业专项资金中应当有一定比例的资金用于培训被征地农民，提高其再就业能力。具体实施办法由省人事劳动保障部门会同有关部门制定。这些“安排一定数量的土地给被征地集体发展农业生产”“补助被征地集体发展生产、安置劳动力”“培训被征地农民”的内容，如果没有进入土地征收补偿协议中成为协议的一部分，则行政复议机关可以作为行政复议决定中“采取相应的补救措施”的内容。此外，如果被申请人履行行政协议不适当、无法继续履行或者继续履行已无实际意义的，还可以采取民法典规定的修理、更换、重作、退货、减少价款报酬等补救措施。

4. 赔偿损失

被申请人不依法订立、不依法履行、未按照约定履行或者违法变更、解除行政协议，给申请人造成损失的，行政复议机关可以决定予以赔偿。申请人合法权益因被申请人的“不依法履行、未按照约定履行”“单方变更、解除协议”行为，应当予以赔偿。

一般来说，对于决定赔偿损失，应当根据不同的违约状态，遵循不同的确定赔偿规则，主要包括三种情形：一是要保证申请人得到充分赔偿。被申请人在订立或者履行行政协议过程中，有违法失职行为，致使申请人合法权益受到损害的，应当视为行政侵权行为，并由被申请人承担赔偿责任。行政协议对赔偿有约定的，依其约定；如果依照国家赔偿法的赔偿数额高于协议约定的，依照国家赔偿法的规定。二是要保证合理赔偿。民法典第584条规定，当事人一方不履行合同义务或者履行合同义务不符合约定，造成对方损失的，损失赔偿额应当相当于因违约所造成的损失，包括合同履行后可以获得的利益；但是，不得超过违约一方订立合同时预见到或者应当预见到的因违约可能造成的损失。在被申请人违约的情况下，如果一些损失是申请人在订立合同时能够预见的，这部分损失应当适当扣减。三是要保证善意赔偿。损害发生之时，可能主要是由于被申请人违法或者违约行为所致，但是申请人也不能完全置身事外，而应当采取积极措施避免损失扩大。即在被申请人违法违约并造成损害以后，申请人必须采取合理措施以防止损害的扩大，否则，申请人应对扩大部分的损害负责，被申请人此时也有权请求从损害赔偿金额中扣除本可以避免的损害部分。四是要保证比例赔偿。在双方均存在违约的情况下，可以参照民法典第 592 条“当事人都违反合同的，应当各自承担相应的责任。当事人一方违约造成对方损失，对方对损失的发生有过错的，可以减少相应的损失赔偿额”的规定。即双方当事人都存在违约行为造成的损害，双方可以冲抵相应的赔偿责任。这就是损益相抵原则。申请人基于损害发生的同一原因而获得利益时，应将所受利益从所受损害中扣除，以确定损害赔偿范围。即被申请人仅就其差额部分进行赔偿。

对于赔偿问题，我国一些行政法律规范作了大量规定，对于行政法律规范的规定，属于特别规定，应当优先适用。如《市政公用事业特许经营管理办法》第 29 条规定，主管部门或者获得特许经营权的企业违反协议的，由过错方承担违约责任，给对方造成损失的，应当承担赔偿责任。再比如，《建设部关于印发城镇供热、城市污水处理特许经营协议示范文本的通知》中规定了甲方（即建设部门）的违约责任：甲方对乙方的特许经营权构成妨碍的，应当及时改正，并应赔偿乙方因此而遭受的经济损失；甲方不将其投资建设的供热设施交付乙方使用或擅自处置其投资建设的供热设施的，应当及时改正，并应赔偿乙方因此而遭受的经济损失；甲方违反有关价格法规及本协议定价、调价程序，给乙方造成经济损失的，应当及时按照有关规定补偿乙方因此受到的经济损失；甲方基于对获得特许经营者的监管的权力采用非正当行为对乙方实施罚款、吊销营业执照、撤销特许经营权，经法定程序（如行政复议、法院判决等）证明其行为错误时，应当改正其行为，并赔偿乙方因此受到的经济损失。行政复议机关在作出赔偿决定时，可以参照有关行政法律规范的规定。

5. 合理补偿

本条第 2 款还规定了行政机关的补偿义务。根据行政法的一般原理，补偿的前提是行政行为合法。在行政复议实践中，很少出现申请人在认可行政行为合法的情况下要求补偿的情形。因此，这种复议请求比较少见。大多数情况下是行政复议机关认定被申请的行政行为合法但申请人受有损失。行政复议机关经审理认为被申请人作出的单方变更、解除行政协议的行政行为合法，但是未依法给予补偿或者补偿不合理的，行政复议机关应当根据申请人受到损害的程度，直接作出给予合理补偿的决定。当然，考虑到补偿事项涉及申请人实体权益的保护，在作出决定时应当听取申请人和被申请人的意见。

需要注意是，也不排除申请人在被申请人的行政行为合法的前提下，要求行政复议机关决定给予合理补偿的情形。如在土地房屋征收过程中，在被申请人单方变更解除行为合法的情况下，申请人认可被申请行政行为合法，但是认为没有补偿或者补偿不合理，此时申请人在行政复议中可以要求给予合理补偿。

（十）行政赔偿决定

被申请的行政行为违法并对申请人合法权益造成损害的，行政复议机关应当决定予以赔偿。行政复议法第 72 条规定：

> 申请人在申请行政复议时一并提出行政赔偿请求，行政复议机关对依照《中华人民共和国国家赔偿法》的有关规定应当不予赔偿的，在作出行政复议决定时，应当同时决定驳回行政赔偿请

求；对符合《中华人民共和国国家赔偿法》的有关规定应当给予赔偿的，在决定撤销或者部分撤销、变更行政行为或者确认行政行为违法、无效时，应当同时决定被申请人依法给予赔偿；确认行政行为违法的，还可以同时责令被申请人采取补救措施。

申请人在申请行政复议时没有提出行政赔偿请求的，行政复议机关在依法决定撤销或者部分撤销、变更罚款，撤销或者部分撤销违法集资、没收财物、征收征用、摊派费用以及对财产的查封、扣押、冻结等行政行为时，应当同时责令被申请人返还财产，解除对财产的查封、扣押、冻结措施，或者赔偿相应的价款。

本条规定主要包括了行政复议机关在申请人提出赔偿请求和没有提出赔偿请求情况下的处理方式。主要是：

1. 申请人在申请行政复议时一并提出行政赔偿请求

一般而言，申请人在申请行政复议时，如果认为合法权益受到损害，有权一并提出行政赔偿请求。国家赔偿法第 9 条第 2 款规定，赔偿请求人要求赔偿，应当先向赔偿义务机关提出，也可以在申请行政复议或者提起行政诉讼时一并提出。行政复议机关在对被申请的行政行为进行审查的同时，应当回应申请人的行政赔偿请求。主要分为以下情形：（1）申请人在申请行政复议时一并提出行政赔偿请求，行政复议机关对依照国家赔偿法的有关规定应当不予赔偿的，在作出行政复议决定时，应当同时决定驳回行政赔偿请求。一般而言，不予赔偿的情况主要是国家赔偿法第 5 条规定的，行政机关工作人员与行使职权无关的个人行为；因公民、法人和其他组织自己的行为致使损害发生的；法律规定的其他情形。广义上，申请人的行政复议申请不符合行政复议法第 29 条第 1 款的规定，在对行政复议申请决定驳回的同时，应当驳回申请人的行政赔偿请求。（2）对符合国家赔偿法的有关规定应当给予赔偿的，在决定撤销或者部分撤销、变更行政行为或者确认行政行为违法、无效时，应当同时决定被申请人依法给予赔偿；确认行政行为违法的，还可以同时责令被申请人采取补救措施。对于被申请的行政行为违法并且给申请人合法权益造成损害的，应当同时决定给予赔偿。“决定撤销或者部分撤销、变更行政行为或者确认行政行为违法、无效”是指行政复议机关经过审查认定被申请的行政行为违法，这是赔偿的基础条件。此外，确认行政行为违法的，因被申请的行政行为的效力仍然存续，所以还可以同时责令被申请人采取补救措施，以弥补申请人的损失。(3) 本款适用的前提是行政赔偿适用国家赔偿法的情形，对于不适用国家赔偿法的情形还没有明确。根据国家赔偿法第 3 条、第 4 条的规定，目前行政赔偿范围仅限于人身权、财产权，只有符合这些条件才适用本款。此外，对于行政协议的赔偿参照民事法律规范的规定，适用定金条款和违约金条款，可能在赔偿范围上与国家赔偿法的规定也有一定差别。这是需要注意的。

2. 申请人在申请行政复议时没有提出行政赔偿请求

本条第 2 款赋予了行政复议机关直接就赔偿问题作出决定的权利和义务。申请人在申请行政复议时没有提出行政赔偿请求的，特别是针对财产权的行政行为，行政复议机关可以不经申请人申请直接作出相应的赔偿决定。主要是两种情形：(1) 依法决定撤销或者部分撤销、变更罚款；(2) 撤销或者部分撤销违法集资、没收财物、征收征用、摊派费用以及对财产的查封、扣押、冻结等行政行为。采取的赔偿方式主要是：责令被申请人返还财产（针对罚款、违法集资、没收财物、征收征用、摊派费用等）；解除对财产的查封、扣押、冻结措施（针对财产的查封、扣押、冻结措施）；赔偿相应的价款（针对前述方式不能弥补申请人损失的情况）。

三、调解与和解

一般来说，行政复议的结案方式主要包括行政复议决定和调解处理两种方式。所谓调解，是指在行政复议机关的主持下，申请人和被申请人就争议的实体权利和义务自愿协商，达成协议，解决纠纷的活动。行政复议法第 5 条规定，行政复议机关办理行政复议案件，可以进行调解。调解应当遵循合法、自愿的原则，不得损害国家利益、社会公共利益和他人合法权益，不得违反法律、法规的强制性规定。行政复议的调解是放在行政复议法的总则中规定，表明了调解是行政复议的基本原则，这是和行政诉讼存在差异的地方。

（一）调解协议和调解书

行政复议法对当事人达成调解协议后，如何制作行政复议调解书作了规定。行政复议法第 73 条规定：

> 当事人经调解达成协议的，行政复议机关应当制作行政复议调解书，经各方当事人签字或者签章，并加盖行政复议机关印章，即具有法律效力。
>
> 调解未达成协议或者调解书生效前一方反悔的，行政复议机关应当依法审查或者及时作出行政复议决定。

本条主要包括以下内容：

1. 行政复议机关调解书的制作义务和内容

行政复议机关经过调解后，对于当事人双方自愿达成，内容不违反法律禁止性规定的调解协议，应当予以认可并且依照调解协议制作行政复议调解书。此时，制作行政复议调解书是行政复议机关的义务而非权力。对于经调解未达成协议的，行政复议机关应当结束调解程序，依法审查并及时作出行政复议决定。调解协议是行政复议机关制作调解书的前提和基础。调解书的法律效力在于确定当事人之间的行政法律关系，结束行政争议和赋予强制执行的效力。当事人不履行调解书确定的义务的，另一方当事人有权依照调解书向人民法院申请强制执行。调解书的内容包括复议请求、案件事实和调解结果三个方面。调解书分为首部、正文和尾部三个部分。首部包括行政复议机关的名称、案号，当事人基本情况，案由和复议请求。正文包括案件事实和调解结果。尾部由行政复议人员署名，加盖行政复议机关印章，送达当事人。

2. 调解书制作完成后，须经双方当事人签字或者盖章，并加盖行政复议机关印章后，即具有法律效力

调解书不能强行送达，不适用留置送达和公告送达，也不适用于邮寄送达和有关单位转交，而是须由当事人签收。调解书须经双方当事人签收后才生效，如果仅一方当事人签收，调解书还未发生效力。调解书不能当场送达双方当事人的，应当以最后收到调解书的当事人签收的日期为调解书生效日期。签收之前，当事人有权就调解达成的协议反悔。如果当事人在签收调解书前反悔，法院应当及时判决。

（二）和解和撤回申请

和解与调解不同。和解是行政复议当事人之间通过互谅互让，最终达成意思一致的活动；调解则是在行政复议机关主持下，行政复议当事人达成意思一致的活动。由于和解是当事人之间的活动，其和解是否符合法律规定，是否准许，均由行政复议机关决定。行政复议法第 74 条规定：

> 当事人在行政复议决定作出前可以自愿达成和解，和解内容不得损害国家利益、社会公共利益和他人合法权益，不得违反法

律、法规的强制性规定。

当事人达成和解后，由申请人向行政复议机构撤回行政复议申请。行政复议机构准予撤回行政复议申请、行政复议机关决定终止行政复议的，申请人不得再以同一事实和理由提出行政复议申请。但是，申请人能够证明撤回行政复议申请违背其真实意愿的除外。

本条包括以下几个方面内容：

1. 当事人在行政复议决定作出前可以自愿达成和解，由申请人向行政复议机构撤回行政复议申请

撤回行政复议申请，是指在行政复议机关对案件作出决定之前，申请人以一定的行为主动撤回行政复议请求，申请行政复议机关终止行政复议程序的行为。当事人在行政复议程序中可以达成和解。和解可以是口头和解，也可以是书面的和解。由于和解的内容并未经过行政复议机关的审查，不能当然终结行政复议程序。

2. 和解内容的限制

行政复议机关对行政行为进行监督，必须以申请人的申请为前提。同样，如果申请人合法地放弃行政复议救济的权利，行政复议机关就丧失了对被申请行政行为的监督权限。行政复议机关在对撤回申请进行审查时，实际上是在对撤回申请的理由，也就是和解内容的合法性进行审查。根据本条的规定，和解内容和申请撤回复议申请的行为必须符合法律规定。即申请撤回复议申请不能规避法律，损害国家利益、社会公共利益或者他人合法权益。如果行政复议机关在审查中发现申请人和被申请人恶意串通，损害国家利益、社会公共利益和他人合法权益，应当决定不予准许。

3. 一事不再理及例外

行政复议申请人申请撤回复议申请，尽管不是对其实体权利的处

分，但是属于对其权利的处分行为。这种处分行为一经行政复议机关批准，就是一种生效的法律行为。这种行为的实质是，申请人放弃了请求行政复议救济的权利。只要这种行为是当事人真实的意思表示并且符合法律的相关规定，就应当具有恒定的法律效力。任何实体权利本身都包含着，当这种权利受到侵害时请求特定机关保护的权利。但是，如同任何实体权利一样，这种请求行政复议机关保护的权利也可由申请人的自愿、合法地处分而消灭。在申请人自愿、合法地申请撤回复议申请的情况下，尽管其实体权利仍然存在，但是请求行政复议机关保护的权利已经被处分。如果允许其以同一事实和理由再行提起行政复议申请，那就意味着已经被处分的权利可以失而复得。如果这样，行政法律关系将无法保持稳定。

申请人撤回行政复议申请不能简单地等同于行政复议程序没有发生，或者视同没有提起复议。申请人申请复议和行政复议机关批准撤回复议申请作为两个法律事实，应当引起相应的法律后果。前者意味着对自身实体权利的处分。后者意味着因行政复议机关决定准予撤回行政复议申请而引起新的行政法律关系，如已经裁定停止执行的行政行为可能因撤回申请而执行；利害关系人可能因为撤回申请的行为已经将相应的财产作了重新分配等。可见，撤回行政复议申请作为一种法律事实，它有可能引起一系列的法律关系的发生、变更或者消灭。如果允许申请人重新提起行政复议，势必引起相关联的法律关系的再度紊乱，从而引发新的行政纠纷。但是，申请撤回行政复议申请的行为是申请人自觉自愿的行为，不能采取强迫或者其他法外压力强行使申请人撤回行政复议申请。申请人能够证明撤回行政复议申请违背其真实意思表示的，可以再次提出复议申请。“违背其真实意思表示”一般包括两种情形：一是重大误解、受欺诈、虚假串通。重大误解通常是导致意思表示不真实的重要原因。如申请人因他人的解释或者劝说，将违法的行政行为当作合法的行政行为。所谓欺诈，是指故意将不真实的情况当作真实情况来表示，旨在使他人发生错误，并且迎合自己作出意思表示的行为。欺诈的情形主要包括，申请人听信行政机关工作人员的花言巧语或者根本不准备兑现的虚假承诺、申请人因他人的蒙蔽而误以为复议结果将更加于己不利等。所谓串通虚假行为，是指表意人与相对人串通合谋实施的与其内心意思不一致的意思表示。如行政机关与他人合谋，由他人游说申请人撤回行政复议申请的行为。申请人在这种情况下的申请撤回复议申请，是申请人对行政行为的合法性状况、性质、撤回申请行为或者复议结果的发生重大误解或者受欺诈情况下的一种错误选择，不是申请人真实的意思表示。二是受胁迫。申请人的意思表示可以因外来的压力，诸如威逼、胁迫、恐吓等而陷入不真实。所谓胁迫，是指由于他人不正当预告危害而陷入恐怖从而作出的有瑕疵的意思表示。行政复议机关在审查申请人是否因外在压力而意思表示不真实的时候，还应当注意以下问题：其一，须有申请人以外的人施加压力行为的存在。如有他人的威逼、胁迫、恐吓等行为存在。如果没有压力的存在，而仅仅是申请人自己担心行政机关报复，或者害怕造成更加不利的后果等不构成意思表示不真实的根据。其二，压力行为不一定来自行政机关，还可能是行政机关请托的人、其他利害关系人，还可能是申请人的亲属。只要存在不法压力，不论该压力系何人实施，均可认定为意思表示不真实。

四、行政复议决定的效力和强制执行

（一）行政复议决定的形式和效力

对于行政复议决定的形式和效力，修订前行政复议法第 31 条第 2 款和第 3 款作了规定。本次修订基本保留了原有规定。行政复议法

第 75 条规定：

> 行政复议机关作出行政复议决定，应当制作行政复议决定书，并加盖行政复议机关印章。
>
> 行政复议决定书一经送达，即发生法律效力。

本条主要包括以下两个方面的内容：

1. 行政复议决定书

行政复议机关作出决定须以书面形式，不能采取口头方式。行政复议机关作出行政复议决定，制作行政复议决定书是其法定义务。行政复议决定书一般包括以下内容：一是申请人、被申请人以及第三人的自然情况。包括自然人姓名、出生年月日、居所、法人名称、营业所等情况，表明权利义务主体状况。二是申请人申请行政复议的主要请求和理由。三是行政复议机关认定的事实、依据和理由。针对行政复议当事人提供的证据、依据，行政复议依法作出认定，并阐明相应理由和法律依据。四是复议决定最终结论。即明确被申请行政行为合法性、适当性，并根据案件具体情况、申请人请求和行政复议法规定的决定形式，作出相应的决定。五是交代诉权。告知申请人和第三人如不服行政复议决定，可以在特定期限内向人民法院提起行政诉讼。除法律另有规定外，一般的起诉期限为 15 日。六是作出行政复议决定的年月日。行政复议决定书应当加盖行政复议机关印章。

2. 行政复议决定书的法律效力

行政复议决定书一经送达，即发生法律效力。法律效力主要体现在以下几个方面：一是确定力。即行政复议决定书确定了行政法律关系主体的权利义务关系，非经法定程序，不得自行改变。比如，申请人不得再次就同一事实和理由申请行政复议。二是拘束力。即行政复议决定书对当事人各方都产生拘束力。三是执行力。即申请人、被申请人和第三人都有义务执行行政复议决定。申请人不服行政复议决定，可以向人民法院提起行政诉讼，但是，申请人不能不执行行政复议决定。如果申请人在法定期限内拒不履行行政复议决定确定的义务，也不提起诉讼的，行政机关可以依法强制执行或者申请人民法院强制执行。

（二）被申请人对行政复议决定等法律文书的履行义务

行政复议决定作出之后，一经送达就产生法律效力。修订前的行政复议法第 32 条也规定了被申请人对行政复议决定的履行义务。本次修订，扩大了被申请人应当履行行政复议法律文书确定义务的范围，同时，加大了对被申请人负责人的法律责任。行政复议法第 77 条规定：

> 被申请人应当履行行政复议决定书、调解书、意见书。
>
> 被申请人不履行或者无正当理由拖延履行行政复议决定书、调解书、意见书的，行政复议机关或者有关上级行政机关应当责令其限期履行，并可以约谈被申请人的有关负责人或者予以通报批评。

本条包括两个方面的内容：

1. 被申请人的履行义务

一般来说，行政复议机关是被申请人的上级机关。被申请人对于行政复议机关作出的行政复议决定书、调解书、意见书，都具有服从义务。大多数情况下，由于层级监督关系，被申请人都会主动履行前述行政法律文书确定的义务。但是，考虑到被申请人也是行政复议机关法律文书针对的义务承担人，基于行政复议当事人地位平等的原则，也考虑到维护行政复议机关权威，被申请人应当履行行政复议决定。履行的方式与行政复议法律文书的内容有关。例如，如果行政复议决定是撤销、变更被申请人的行政行为，则直接形成行政法律关系，无须被申请人履行义务；如果行政复议决定是确认被申请行政行为违法、无效或者行政法律关系，则没有履行的内容，亦无须被申请人履行义务；如果行政复议决定书是责令被申请人履行法定职责、履行给付义务、履行赔偿义务，则被申请人应当予以履行。

2. 被申请人不履行义务的法律责任

被申请人即便对行政复议机关作出的行政复议决定、行政复议调解书、行政复议意见书有异议，也应当及时、完全履行，而不应当拒不履行或者无正当理由拖延履行。基于行政复议机关的对下监督指导职能，对于被申请人拒不履行或者无正当理由拖延履行，可以直接采取措施直接责令其限期履行，而无须申请人民法院强制执行。如果行政复议机关不具备相关职能的，可以由有关上级行政机关责令其履行。同时，如果行政复议机关或者有关上级机关采取前述责令履行措施，被申请人仍不履行的，考虑到行政机关实行首长负责制，应当对约谈被申请人的有关负责人，还可以对被申请人的有关负责人提出通报批评。

（三）申请人、第三人不履行行政复议决定义务的强制执行

行政复议当事人均有履行行政复议决定的义务。行政复议法第77条规定了被申请人的履行义务。本条规定了申请人、第三人的履行义务以及强制执行措施。本条来源于修订前行政复议法第33条的规定。行政复议法第78条规定：

> 申请人、第三人逾期不起诉又不履行行政复议决定书、调解书的，或者不履行最终裁决的行政复议决定的，按照下列规定分

别处理：

（一）维持行政行为的行政复议决定书，由作出行政行为的行政机关依法强制执行，或者申请人民法院强制执行；

（二）变更行政行为的行政复议决定书，由行政复议机关依法强制执行，或者申请人民法院强制执行；

（三）行政复议调解书，由行政复议机关依法强制执行，或者申请人民法院强制执行。

本条可以从以下四个方面理解：

1. 强制执行的适用条件

强制执行的适用主体包括申请人、第三人，不包括被申请人。被申请人不履行行政复议法律文书义务，适用第 77 条的规定。强制执行适用情形是“逾期不起诉又不履行行政复议决定书、调解书的，或者不履行最终裁决的行政复议决定的”。逾期不起诉，意味着行政复议决定已经不具备可诉性，同时不履行义务，适用行政诉讼法和行政强制法有关非诉行政执行的规定。

2. 维持决定的强制执行

行政复议机关经审查认为被申请的行政行为合法的，可以作出维持被申请行政行为的决定。维持决定肯定了被申请的行政行为的效力，被申请的行政行为明确申请人、第三人履行义务的，申请人、第三人有义务履行。申请人、第三人不履行的，行政机关依法强制履行或者申请人民法院强制执行。

3. 变更决定的强制执行

行政复议机关经审查认为被申请人的行政行为符合行政复议法第 63 条规定的变更决定情形的，可以决定变更。一般而言，变更决定属于形成决定，直接形成法律关系。但是，有的变更决定中明确了申请人、第三人的履行义务的，申请人、第三人有义务履行。申请人、第三人不履行的，行政机关依法强制履行或者申请人民法院强制执行。

4. 行政复议调解书的强制执行

行政复议调解书载明了申请人、第三人和被申请人之间的权利义务内容。申请人、第三人不履行行政复议调解书的，由行政复议机关依法强制执行，或者申请人民法院强制执行。

五、行政复议意见书

行政复议意见书是本次行政复议法修订增加的内容。行政复议意见书，是行政复议机关在审理行政复议案件过程中，发现被申请人或者其他下级行政机关的有关行政行为违法或者不当的，可以向被申请人或者其他下级行政机关制发的表明行政复议机关态度的法律文书。行政复议法第 76 条规定：

> 行政复议机关在办理行政复议案件过程中，发现被申请人或者其他下级行政机关的有关行政行为违法或者不当的，可以向其制发行政复议意见书。有关机关应当自收到行政复议意见书之日起六十日内，将纠正相关违法或者不当行政行为的情况报送行政复议机关。

本条包括以下几个内容：

1. 行政复议意见书的内容

行政复议意见书适用的前提是被申请的行政行为或者其他下级行政机关的行政行为违法或者不当。被申请的行政行为违法或者不当的，可以制发行政复议意见书自不待言。对于在行政复议过程中发现的非“申请的行政行为”的“有关行为”，行政复议机关也可以制发行政复议意见书。行政复议意见书的内容可以是被申请行政行为违法不当的有关情况，也可以是改变或者采取补救措施的意见，还可以是解决问题的依据和途径等。

2. 行政复议意见书是预防和化解行政纠纷的法律文书

行政复议意见书是行政复议机关采取间接手段促使被申请人、其他下级行政机关改正行政行为存在的问题，并引以为戒，预防类似行政纠纷的发生。

3. 行政复议意见书是具有法律效力的法律文书

行政复议意见书并非仅仅表明行政复议机关对被申请行政行为的态度，更多的是作出要求相关机关纠正行政行为的指示。有关机关应当自收到行政复议意见书之日起 60 日内，将纠正行政行为的情况报送行政复议机关。这就明确了行政复议意见书的法律效力。

中华人民共和国行政复议法

（1999 年 4 月 29 日第九届全国人民代表大会常务委员会第九次会议通过　根据 2009 年 8 月 27 日第十一届全国人民代表大会常务委员会第十次会议《关于修改部分法律的决定》第一次修正　根据 2017 年 9 月 1 日第十二届全国人民代表大会常务委员会第二十九次会议《关于修改〈中华人民共和国法官法〉等八部法律的决定》第二次修正 2023 年 9 月 1 日第十四届全国人民代表大会常务委员会第五次会议修订）

目　　录

第一章　总　则

第一条　为了防止和纠正违法的或者不当的行政行为，保护公民、法人和其他组织的合法权益，监督和保障行政机关依法行使职权，发挥行政复议化解行政争议的主渠道作用，推进法治政府建设，根据宪法，制定本法。

第二条　公民、法人或者其他组织认为行政机关的行政行为侵犯其合法权益，向行政复议机关提出行政复议申请，行政复议机关办理行政复议案件，适用本法。

前款所称行政行为，包括法律、法规、规章授权的组织的行政行为。

第三条　行政复议工作坚持中国共产党的领导。

行政复议机关履行行政复议职责，应当遵循合法、公正、公开、高效、便民、为民的原则，坚持有错必纠，保障法律、法规的正确实施。

第四条　县级以上各级人民政府以及其他依照本法履行行政复议职责的行政机关是行政复议机关。

行政复议机关办理行政复议事项的机构是行政复议机构。行政复议机构同时组织办理行政复议机关的行政应诉事项。

行政复议机关应当加强行政复议工作，支持和保障行政复议机构依法履行职责。上级行政复议机构对下级行政复议机构的行政复议工作进行指导、监督。

国务院行政复议机构可以发布行政复议指导性案例。

第五条　行政复议机关办理行政复议案件，可以进行调解。

调解应当遵循合法、自愿的原则，不得损害国家利益、社会公共利益和他人合法权益，不得违反法律、法规的强制性规定。

第六条 国家建立专业化、职业化行政复议人员队伍。

行政复议机构中初次从事行政复议工作的人员，应当通过国家统一法律职业资格考试取得法律职业资格，并参加统一职前培训。

国务院行政复议机构应当会同有关部门制定行政复议人员工作规范，加强对行政复议人员的业务考核和管理。

第七条 行政复议机关应当确保行政复议机构的人员配备与所承担的工作任务相适应，提高行政复议人员专业素质，根据工作需要保障办案场所、装备等设施。县级以上各级人民政府应当将行政复议工作经费列入本级预算。

第八条 行政复议机关应当加强信息化建设，运用现代信息技术，方便公民、法人或者其他组织申请、参加行政复议，提高工作质量和效率。

第九条 对在行政复议工作中做出显著成绩的单位和个人，按照国家有关规定给予表彰和奖励。

第十条 公民、法人或者其他组织对行政复议决定不服的，可以依照《中华人民共和国行政诉讼法》的规定向人民法院提起行政诉讼，但是法律规定行政复议决定为最终裁决的除外。

第二章 行政复议申请

第一节 行政复议范围

第十一条 有下列情形之一的，公民、法人或者其他组织可以依照本法申请行政复议：

（一）对行政机关作出的行政处罚决定不服；

（二）对行政机关作出的行政强制措施、行政强制执行决定不服；

（三）申请行政许可，行政机关拒绝或者在法定期限内不予答复，或者对行政机关作出的有关行政许可的其他决定不服；

（四）对行政机关作出的确认自然资源的所有权或者使用权的决定不服；

（五）对行政机关作出的征收征用决定及其补偿决定不服；

（六）对行政机关作出的赔偿决定或者不予赔偿决定不服；

（七）对行政机关作出的不予受理工伤认定申请的决定或者工伤认定结论不服；

（八）认为行政机关侵犯其经营自主权或者农村土地承包经营权、农村土地经营权；

（九）认为行政机关滥用行政权力排除或者限制竞争；

（十）认为行政机关违法集资、摊派费用或者违法要求履行其他义务；

（十一）申请行政机关履行保护人身权利、财产权利、受教育权利等合法权益的法定职责，行政机关拒绝履行、未依法履行或者不予答复；

（十二）申请行政机关依法给付抚恤金、社会保险待遇或者最低生活保障等社会保障，行政机关没有依法给付；

（十三）认为行政机关不依法订立、不依法履行、未按照约定履行或者违法变更、解除政府特许经营协议、土地房屋征收补偿协议等行政协议；

（十四）认为行政机关在政府信息公开工作中侵犯其合法权益；

（十五）认为行政机关的其他行政行为侵犯其合法权益。

第十二条　下列事项不属于行政复议范围：

（一）国防、外交等国家行为；

（二）行政法规、规章或者行政机关制定、发布的具有普遍约束力的决定、命令等规范性文件；

（三）行政机关对行政机关工作人员的奖惩、任免等决定；

（四）行政机关对民事纠纷作出的调解。

第十三条 公民、法人或者其他组织认为行政机关的行政行为所依据的下列规范性文件不合法，在对行政行为申请行政复议时，可以一并向行政复议机关提出对该规范性文件的附带审查申请：

（一）国务院部门的规范性文件；

（二）县级以上地方各级人民政府及其工作部门的规范性文件；

（三）乡、镇人民政府的规范性文件；

（四）法律、法规、规章授权的组织的规范性文件。

前款所列规范性文件不含规章。规章的审查依照法律、行政法规办理。

第二节 行政复议参加人

第十四条 依照本法申请行政复议的公民、法人或者其他组织是申请人。

有权申请行政复议的公民死亡的，其近亲属可以申请行政复议。有权申请行政复议的法人或者其他组织终止的，其权利义务承受人可以申请行政复议。

有权申请行政复议的公民为无民事行为能力人或者限制民事行为能力人的，其法定代理人可以代为申请行政复议。

第十五条 同一行政复议案件申请人人数众多的，可以由申请人推选代表人参加行政复议。

代表人参加行政复议的行为对其所代表的申请人发生效力，但是代表人变更行政复议请求、撤回行政复议申请、承认第三人请求的，应当经被代表的申请人同意。

第十六条　申请人以外的同被申请行政复议的行政行为或者行政复议案件处理结果有利害关系的公民、法人或者其他组织，可以作为第三人申请参加行政复议，或者由行政复议机构通知其作为第三人参加行政复议。

第三人不参加行政复议，不影响行政复议案件的审理。

第十七条　申请人、第三人可以委托一至二名律师、基层法律服务工作者或者其他代理人代为参加行政复议。

申请人、第三人委托代理人的，应当向行政复议机构提交授权委托书、委托人及被委托人的身份证明文件。授权委托书应当载明委托事项、权限和期限。申请人、第三人变更或者解除代理人权限的，应当书面告知行政复议机构。

第十八条　符合法律援助条件的行政复议申请人申请法律援助的，法律援助机构应当依法为其提供法律援助。

第十九条　公民、法人或者其他组织对行政行为不服申请行政复议的，作出行政行为的行政机关或者法律、法规、规章授权的组织是被申请人。

两个以上行政机关以共同的名义作出同一行政行为的，共同作出行政行为的行政机关是被申请人。

行政机关委托的组织作出行政行为的，委托的行政机关是被申请人。

作出行政行为的行政机关被撤销或者职权变更的，继续行使其职权的行政机关是被申请人。

第三节　申请的提出

第二十条　公民、法人或者其他组织认为行政行为侵犯其合法权益的，可以自知道或者应当知道该行政行为之日起六十日内提出行政复议申请；但是法律规定的申请期限超过六十日的除外。

因不可抗力或者其他正当理由耽误法定申请期限的，申请期限自障碍消除之日起继续计算。

行政机关作出行政行为时，未告知公民、法人或者其他组织申请行政复议的权利、行政复议机关和申请期限的，申请期限自公民、法人或者其他组织知道或者应当知道申请行政复议的权利、行政复议机关和申请期限之日起计算，但是自知道或者应当知道行政行为内容之日起最长不得超过一年。

第二十一条 因不动产提出的行政复议申请自行政行为作出之日起超过二十年，其他行政复议申请自行政行为作出之日起超过五年的，行政复议机关不予受理。

第二十二条 申请人申请行政复议，可以书面申请；书面申请有困难的，也可以口头申请。

书面申请的，可以通过邮寄或者行政复议机关指定的互联网渠道等方式提交行政复议申请书，也可以当面提交行政复议申请书。行政机关通过互联网渠道送达行政行为决定书的，应当同时提供提交行政复议申请书的互联网渠道。

口头申请的，行政复议机关应当当场记录申请人的基本情况、行政复议请求、申请行政复议的主要事实、理由和时间。

申请人对两个以上行政行为不服的，应当分别申请行政复议。

第二十三条 有下列情形之一的，申请人应当先向行政复议机关申请行政复议，对行政复议决定不服的，可以再依法向人民法院提起行政诉讼：

（一）对当场作出的行政处罚决定不服；

（二）对行政机关作出的侵犯其已经依法取得的自然资源的所有权或者使用权的决定不服；

（三）认为行政机关存在本法第十一条规定的未履行法定职责

情形;

(四)申请政府信息公开,行政机关不予公开;

(五)法律、行政法规规定应当先向行政复议机关申请行政复议的其他情形。

对前款规定的情形,行政机关在作出行政行为时应当告知公民、法人或者其他组织先向行政复议机关申请行政复议。

第四节　行政复议管辖

第二十四条　县级以上地方各级人民政府管辖下列行政复议案件:

(一)对本级人民政府工作部门作出的行政行为不服的;

(二)对下一级人民政府作出的行政行为不服的;

(三)对本级人民政府依法设立的派出机关作出的行政行为不服的;

(四)对本级人民政府或者其工作部门管理的法律、法规、规章授权的组织作出的行政行为不服的。

除前款规定外,省、自治区、直辖市人民政府同时管辖对本机关作出的行政行为不服的行政复议案件。

省、自治区人民政府依法设立的派出机关参照设区的市级人民政府的职责权限,管辖相关行政复议案件。

对县级以上地方各级人民政府工作部门依法设立的派出机构依照法律、法规、规章规定,以派出机构的名义作出的行政行为不服的行政复议案件,由本级人民政府管辖;其中,对直辖市、设区的市人民政府工作部门按照行政区划设立的派出机构作出的行政行为不服的,也可以由其所在地的人民政府管辖。

第二十五条　国务院部门管辖下列行政复议案件:

（一）对本部门作出的行政行为不服的；

（二）对本部门依法设立的派出机构依照法律、行政法规、部门规章规定，以派出机构的名义作出的行政行为不服的；

（三）对本部门管理的法律、行政法规、部门规章授权的组织作出的行政行为不服的。

第二十六条 对省、自治区、直辖市人民政府依照本法第二十四条第二款的规定、国务院部门依照本法第二十五条第一项的规定作出的行政复议决定不服的，可以向人民法院提起行政诉讼；也可以向国务院申请裁决，国务院依照本法的规定作出最终裁决。

第二十七条 对海关、金融、外汇管理等实行垂直领导的行政机关、税务和国家安全机关的行政行为不服的，向上一级主管部门申请行政复议。

第二十八条 对履行行政复议机构职责的地方人民政府司法行政部门的行政行为不服的，可以向本级人民政府申请行政复议，也可以向上一级司法行政部门申请行政复议。

第二十九条 公民、法人或者其他组织申请行政复议，行政复议机关已经依法受理的，在行政复议期间不得向人民法院提起行政诉讼。

公民、法人或者其他组织向人民法院提起行政诉讼，人民法院已经依法受理的，不得申请行政复议。

第三章 行政复议受理

第三十条 行政复议机关收到行政复议申请后，应当在五日内进行审查。对符合下列规定的，行政复议机关应当予以受理：

（一）有明确的申请人和符合本法规定的被申请人；

（二）申请人与被申请行政复议的行政行为有利害关系；

（三）有具体的行政复议请求和理由；

（四）在法定申请期限内提出；

（五）属于本法规定的行政复议范围；

（六）属于本机关的管辖范围；

（七）行政复议机关未受理过该申请人就同一行政行为提出的行政复议申请，并且人民法院未受理过该申请人就同一行政行为提起的行政诉讼。

对不符合前款规定的行政复议申请，行政复议机关应当在审查期限内决定不予受理并说明理由；不属于本机关管辖的，还应当在不予受理决定中告知申请人有管辖权的行政复议机关。

行政复议申请的审查期限届满，行政复议机关未作出不予受理决定的，审查期限届满之日起视为受理。

第三十一条 行政复议申请材料不齐全或者表述不清楚，无法判断行政复议申请是否符合本法第三十条第一款规定的，行政复议机关应当自收到申请之日起五日内书面通知申请人补正。补正通知应当一次性载明需要补正的事项。

申请人应当自收到补正通知之日起十日内提交补正材料。有正当理由不能按期补正的，行政复议机关可以延长合理的补正期限。无正当理由逾期不补正的，视为申请人放弃行政复议申请，并记录在案。

行政复议机关收到补正材料后，依照本法第三十条的规定处理。

第三十二条 对当场作出或者依据电子技术监控设备记录的违法事实作出的行政处罚决定不服申请行政复议的，可以通过作出行政处罚决定的行政机关提交行政复议申请。

行政机关收到行政复议申请后，应当及时处理；认为需要维持行政处罚决定的，应当自收到行政复议申请之日起五日内转送行政复议机关。

第三十三条 行政复议机关受理行政复议申请后，发现该行政复议申请不符合本法第三十条第一款规定的，应当决定驳回申请并说明理由。

第三十四条 法律、行政法规规定应当先向行政复议机关申请行政复议、对行政复议决定不服再向人民法院提起行政诉讼的，行政复议机关决定不予受理、驳回申请或者受理后超过行政复议期限不作答复的，公民、法人或者其他组织可以自收到决定书之日起或者行政复议期限届满之日起十五日内，依法向人民法院提起行政诉讼。

第三十五条 公民、法人或者其他组织依法提出行政复议申请，行政复议机关无正当理由不予受理、驳回申请或者受理后超过行政复议期限不作答复的，申请人有权向上级行政机关反映，上级行政机关应当责令其纠正；必要时，上级行政复议机关可以直接受理。

第四章　行政复议审理

第一节　一般规定

第三十六条 行政复议机关受理行政复议申请后，依照本法适用普通程序或者简易程序进行审理。行政复议机构应当指定行政复议人员负责办理行政复议案件。

行政复议人员对办理行政复议案件过程中知悉的国家秘密、商业秘密和个人隐私，应当予以保密。

第三十七条 行政复议机关依照法律、法规、规章审理行政复议案件。

行政复议机关审理民族自治地方的行政复议案件，同时依照该民族自治地方的自治条例和单行条例。

第三十八条 上级行政复议机关根据需要，可以审理下级行政复议机关管辖的行政复议案件。

下级行政复议机关对其管辖的行政复议案件，认为需要由上级行政复议机关审理的，可以报请上级行政复议机关决定。

第三十九条 行政复议期间有下列情形之一的，行政复议中止：

（一）作为申请人的公民死亡，其近亲属尚未确定是否参加行政复议；

（二）作为申请人的公民丧失参加行政复议的行为能力，尚未确定法定代理人参加行政复议；

（三）作为申请人的公民下落不明；

（四）作为申请人的法人或者其他组织终止，尚未确定权利义务承受人；

（五）申请人、被申请人因不可抗力或者其他正当理由，不能参加行政复议；

（六）依照本法规定进行调解、和解，申请人和被申请人同意中止；

（七）行政复议案件涉及的法律适用问题需要有权机关作出解释或者确认；

（八）行政复议案件审理需要以其他案件的审理结果为依据，而其他案件尚未审结；

（九）有本法第五十六条或者第五十七条规定的情形；

（十）需要中止行政复议的其他情形。

行政复议中止的原因消除后，应当及时恢复行政复议案件的审理。

行政复议机关中止、恢复行政复议案件的审理，应当书面告知当事人。

第四十条 行政复议期间，行政复议机关无正当理由中止行政复议的，上级行政机关应当责令其恢复审理。

第四十一条 行政复议期间有下列情形之一的，行政复议机关决定终止行政复议：

（一）申请人撤回行政复议申请，行政复议机构准予撤回；

（二）作为申请人的公民死亡，没有近亲属或者其近亲属放弃行政复议权利；

（三）作为申请人的法人或者其他组织终止，没有权利义务承受人或者其权利义务承受人放弃行政复议权利；

（四）申请人对行政拘留或者限制人身自由的行政强制措施不服申请行政复议后，因同一违法行为涉嫌犯罪，被采取刑事强制措施；

（五）依照本法第三十九条第一款第一项、第二项、第四项的规定中止行政复议满六十日，行政复议中止的原因仍未消除。

第四十二条 行政复议期间行政行为不停止执行；但是有下列情形之一的，应当停止执行：

（一）被申请人认为需要停止执行；

（二）行政复议机关认为需要停止执行；

（三）申请人、第三人申请停止执行，行政复议机关认为其要求合理，决定停止执行；

（四）法律、法规、规章规定停止执行的其他情形。

第二节 行政复议证据

第四十三条 行政复议证据包括：

（一）书证；

（二）物证；

（三）视听资料；

（四）电子数据；

（五）证人证言；

（六）当事人的陈述；

（七）鉴定意见；

（八）勘验笔录、现场笔录。

以上证据经行政复议机构审查属实，才能作为认定行政复议案件事实的根据。

第四十四条 被申请人对其作出的行政行为的合法性、适当性负有举证责任。

有下列情形之一的，申请人应当提供证据：

（一）认为被申请人不履行法定职责的，提供曾经要求被申请人履行法定职责的证据，但是被申请人应当依职权主动履行法定职责或者申请人因正当理由不能提供的除外；

（二）提出行政赔偿请求的，提供受行政行为侵害而造成损害的证据，但是因被申请人原因导致申请人无法举证的，由被申请人承担举证责任；

（三）法律、法规规定需要申请人提供证据的其他情形。

第四十五条 行政复议机关有权向有关单位和个人调查取证，查阅、复制、调取有关文件和资料，向有关人员进行询问。

调查取证时，行政复议人员不得少于两人，并应当出示行政复议工作证件。

被调查取证的单位和个人应当积极配合行政复议人员的工作，不得拒绝或者阻挠。

第四十六条 行政复议期间，被申请人不得自行向申请人和其他有关单位或者个人收集证据；自行收集的证据不作为认定行政行为合法性、适当性的依据。

行政复议期间，申请人或者第三人提出被申请行政复议的行政行为作出时没有提出的理由或者证据的，经行政复议机构同意，被申请人可以补充证据。

第四十七条 行政复议期间，申请人、第三人及其委托代理人可以按照规定查阅、复制被申请人提出的书面答复、作出行政行为的证据、依据和其他有关材料，除涉及国家秘密、商业秘密、个人隐私或者可能危及国家安全、公共安全、社会稳定的情形外，行政复议机构应当同意。

第三节 普通程序

第四十八条 行政复议机构应当自行政复议申请受理之日起七日内，将行政复议申请书副本或者行政复议申请笔录复印件发送被申请人。被申请人应当自收到行政复议申请书副本或者行政复议申请笔录复印件之日起十日内，提出书面答复，并提交作出行政行为的证据、依据和其他有关材料。

第四十九条 适用普通程序审理的行政复议案件，行政复议机构应当当面或者通过互联网、电话等方式听取当事人的意见，并将听取的意见记录在案。因当事人原因不能听取意见的，可以书面审理。

第五十条 审理重大、疑难、复杂的行政复议案件，行政复议机构应当组织听证。

行政复议机构认为有必要听证，或者申请人请求听证的，行政复议机构可以组织听证。

听证由一名行政复议人员任主持人，两名以上行政复议人员任听证员，一名记录员制作听证笔录。

第五十一条 行政复议机构组织听证的，应当于举行听证的五日前将听证的时间、地点和拟听证事项书面通知当事人。

申请人无正当理由拒不参加听证的，视为放弃听证权利。

被申请人的负责人应当参加听证。不能参加的，应当说明理由并委托相应的工作人员参加听证。

第五十二条 县级以上各级人民政府应当建立相关政府部门、专家、学者等参与的行政复议委员会，为办理行政复议案件提供咨询意见，并就行政复议工作中的重大事项和共性问题研究提出意见。行政复议委员会的组成和开展工作的具体办法，由国务院行政复议机构制定。

审理行政复议案件涉及下列情形之一的，行政复议机构应当提请行政复议委员会提出咨询意见：

（一）案情重大、疑难、复杂；

（二）专业性、技术性较强；

（三）本法第二十四条第二款规定的行政复议案件；

（四）行政复议机构认为有必要。

行政复议机构应当记录行政复议委员会的咨询意见。

第四节 简易程序

第五十三条 行政复议机关审理下列行政复议案件，认为事实清楚、权利义务关系明确、争议不大的，可以适用简易程序：

（一）被申请行政复议的行政行为是当场作出；

（二）被申请行政复议的行政行为是警告或者通报批评；

（三）案件涉及款额三千元以下；

（四）属于政府信息公开案件。

除前款规定以外的行政复议案件，当事人各方同意适用简易程序的，可以适用简易程序。

第五十四条 适用简易程序审理的行政复议案件，行政复议机构应当自受理行政复议申请之日起三日内，将行政复议申请书副本或者行政复议申请笔录复印件发送被申请人。被申请人应当自收到行政复议申请书副本或者行政复议申请笔录复印件之日起五日内，提出书面答复，并提交作出行政行为的证据、依据和其他有关材料。

适用简易程序审理的行政复议案件，可以书面审理。

第五十五条 适用简易程序审理的行政复议案件，行政复议机构认为不宜适用简易程序的，经行政复议机构的负责人批准，可以转为普通程序审理。

第五节 行政复议附带审查

第五十六条 申请人依照本法第十三条的规定提出对有关规范性文件的附带审查申请，行政复议机关有权处理的，应当在三十日内依法处理；无权处理的，应当在七日内转送有权处理的行政机关依法处理。

第五十七条 行政复议机关在对被申请人作出的行政行为进行审查时，认为其依据不合法，本机关有权处理的，应当在三十日内依法处理；无权处理的，应当在七日内转送有权处理的国家机关依法处理。

第五十八条 行政复议机关依照本法第五十六条、第五十七条的规定有权处理有关规范性文件或者依据的，行政复议机构应当自行政复议中止之日起三日内，书面通知规范性文件或者依据的制定机关就相关条款的合法性提出书面答复。制定机关应当自收到书面通知之日起十日内提交书面答复及相关材料。

行政复议机构认为必要时，可以要求规范性文件或者依据的制定机关当面说明理由，制定机关应当配合。

第五十九条 行政复议机关依照本法第五十六条、第五十七条的规定有权处理有关规范性文件或者依据，认为相关条款合法的，在行政复议决定书中一并告知；认为相关条款超越权限或者违反上位法的，决定停止该条款的执行，并责令制定机关予以纠正。

第六十条 依照本法第五十六条、第五十七条的规定接受转送的行政机关、国家机关应当自收到转送之日起六十日内，将处理意见回复转送的行政复议机关。

第五章 行政复议决定

第六十一条 行政复议机关依照本法审理行政复议案件，由行政复议机构对行政行为进行审查，提出意见，经行政复议机关的负责人同意或者集体讨论通过后，以行政复议机关的名义作出行政复议决定。

经过听证的行政复议案件，行政复议机关应当根据听证笔录、审查认定的事实和证据，依照本法作出行政复议决定。

提请行政复议委员会提出咨询意见的行政复议案件，行政复议机关应当将咨询意见作为作出行政复议决定的重要参考依据。

第六十二条 适用普通程序审理的行政复议案件，行政复议机关应当自受理申请之日起六十日内作出行政复议决定；但是法律规定的行政复议期限少于六十日的除外。情况复杂，不能在规定期限内作出行政复议决定的，经行政复议机构的负责人批准，可以适当延长，并书面告知当事人；但是延长期限最多不得超过三十日。

适用简易程序审理的行政复议案件，行政复议机关应当自受理申请之日起三十日内作出行政复议决定。

第六十三条 行政行为有下列情形之一的，行政复议机关决定变更该行政行为：

（一）事实清楚，证据确凿，适用依据正确，程序合法，但是内容不适当；

（二）事实清楚，证据确凿，程序合法，但是未正确适用依据；

（三）事实不清、证据不足，经行政复议机关查清事实和证据。

行政复议机关不得作出对申请人更为不利的变更决定，但是第三人提出相反请求的除外。

第六十四条 行政行为有下列情形之一的，行政复议机关决定撤销或者部分撤销该行政行为，并可以责令被申请人在一定期限内重新作出行政行为：

（一）主要事实不清、证据不足；

（二）违反法定程序；

（三）适用的依据不合法；

（四）超越职权或者滥用职权。

行政复议机关责令被申请人重新作出行政行为的，被申请人不得以同一事实和理由作出与被申请行政复议的行政行为相同或者基本相同的行政行为，但是行政复议机关以违反法定程序为由决定撤销或者部分撤销的除外。

第六十五条 行政行为有下列情形之一的，行政复议机关不撤销该行政行为，但是确认该行政行为违法：

（一）依法应予撤销，但是撤销会给国家利益、社会公共利益造成重大损害；

（二）程序轻微违法，但是对申请人权利不产生实际影响。

行政行为有下列情形之一，不需要撤销或者责令履行的，行政复议机关确认该行政行为违法：

（一）行政行为违法，但是不具有可撤销内容；

（二）被申请人改变原违法行政行为，申请人仍要求撤销或者确认该行政行为违法；

（三）被申请人不履行或者拖延履行法定职责，责令履行没有意义。

第六十六条 被申请人不履行法定职责的，行政复议机关决定被申请人在一定期限内履行。

第六十七条　行政行为有实施主体不具有行政主体资格或者没有依据等重大且明显违法情形，申请人申请确认行政行为无效的，行政复议机关确认该行政行为无效。

第六十八条　行政行为认定事实清楚，证据确凿，适用依据正确，程序合法，内容适当的，行政复议机关决定维持该行政行为。

第六十九条　行政复议机关受理申请人认为被申请人不履行法定职责的行政复议申请后，发现被申请人没有相应法定职责或者在受理前已经履行法定职责的，决定驳回申请人的行政复议请求。

第七十条　被申请人不按照本法第四十八条、第五十四条的规定提出书面答复、提交作出行政行为的证据、依据和其他有关材料的，视为该行政行为没有证据、依据，行政复议机关决定撤销、部分撤销该行政行为，确认该行政行为违法、无效或者决定被申请人在一定期限内履行，但是行政行为涉及第三人合法权益，第三人提供证据的除外。

第七十一条　被申请人不依法订立、不依法履行、未按照约定履行或者违法变更、解除行政协议的，行政复议机关决定被申请人承担依法订立、继续履行、采取补救措施或者赔偿损失等责任。

被申请人变更、解除行政协议合法，但是未依法给予补偿或者补偿不合理的，行政复议机关决定被申请人依法给予合理补偿。

第七十二条　申请人在申请行政复议时一并提出行政赔偿请求，行政复议机关对依照《中华人民共和国国家赔偿法》的有关规定应当不予赔偿的，在作出行政复议决定时，应当同时决定驳回行政赔偿请求；对符合《中华人民共和国国家赔偿法》的有关规定应当给予赔偿的，在决定撤销或者部分撤销、变更行政行为或者确认行政行为违法、无效时，应当同时决定被申请人依法给予赔偿；确认行政行为违法的，还可以同时责令被申请人采取补救措施。

申请人在申请行政复议时没有提出行政赔偿请求的，行政复议机关在依法决定撤销或者部分撤销、变更罚款，撤销或者部分撤销违法集资、没收财物、征收征用、摊派费用以及对财产的查封、扣押、冻结等行政行为时，应当同时责令被申请人返还财产，解除对财产的查封、扣押、冻结措施，或者赔偿相应的价款。

第七十三条 当事人经调解达成协议的，行政复议机关应当制作行政复议调解书，经各方当事人签字或者签章，并加盖行政复议机关印章，即具有法律效力。

调解未达成协议或者调解书生效前一方反悔的，行政复议机关应当依法审查或者及时作出行政复议决定。

第七十四条 当事人在行政复议决定作出前可以自愿达成和解，和解内容不得损害国家利益、社会公共利益和他人合法权益，不得违反法律、法规的强制性规定。

当事人达成和解后，由申请人向行政复议机构撤回行政复议申请。行政复议机构准予撤回行政复议申请、行政复议机关决定终止行政复议的，申请人不得再以同一事实和理由提出行政复议申请。但是，申请人能够证明撤回行政复议申请违背其真实意愿的除外。

第七十五条 行政复议机关作出行政复议决定，应当制作行政复议决定书，并加盖行政复议机关印章。

行政复议决定书一经送达，即发生法律效力。

第七十六条 行政复议机关在办理行政复议案件过程中，发现被申请人或者其他下级行政机关的有关行政行为违法或者不当的，可以向其制发行政复议意见书。有关机关应当自收到行政复议意见书之日起六十日内，将纠正相关违法或者不当行政行为的情况报送行政复议机关。

第七十七条 被申请人应当履行行政复议决定书、调解书、意见书。

被申请人不履行或者无正当理由拖延履行行政复议决定书、调解书、意见书的，行政复议机关或者有关上级行政机关应当责令其限期履行，并可以约谈被申请人的有关负责人或者予以通报批评。

第七十八条 申请人、第三人逾期不起诉又不履行行政复议决定书、调解书的，或者不履行最终裁决的行政复议决定的，按照下列规定分别处理：

（一）维持行政行为的行政复议决定书，由作出行政行为的行政机关依法强制执行，或者申请人民法院强制执行；

（二）变更行政行为的行政复议决定书，由行政复议机关依法强制执行，或者申请人民法院强制执行；

（三）行政复议调解书，由行政复议机关依法强制执行，或者申请人民法院强制执行。

第七十九条 行政复议机关根据被申请行政复议的行政行为的公开情况，按照国家有关规定将行政复议决定书向社会公开。

县级以上地方各级人民政府办理以本级人民政府工作部门为被申请人的行政复议案件，应当将发生法律效力的行政复议决定书、意见书同时抄告被申请人的上一级主管部门。

第六章 法律责任

第八十条 行政复议机关不依照本法规定履行行政复议职责，对负有责任的领导人员和直接责任人员依法给予警告、记过、记大过的处分；经有权监督的机关督促仍不改正或者造成严重后果的，依法给予降级、撤职、开除的处分。

第八十一条 行政复议机关工作人员在行政复议活动中，徇私舞弊或者有其他渎职、失职行为的，依法给予警告、记过、记大过的处分；情节严重的，依法给予降级、撤职、开除的处分；构成犯罪的，依法追究刑事责任。

第八十二条 被申请人违反本法规定，不提出书面答复或者不提交作出行政行为的证据、依据和其他有关材料，或者阻挠、变相阻挠公民、法人或者其他组织依法申请行政复议的，对负有责任的领导人员和直接责任人员依法给予警告、记过、记大过的处分；进行报复陷害的，依法给予降级、撤职、开除的处分；构成犯罪的，依法追究刑事责任。

第八十三条 被申请人不履行或者无正当理由拖延履行行政复议决定书、调解书、意见书的，对负有责任的领导人员和直接责任人员依法给予警告、记过、记大过的处分；经责令履行仍拒不履行的，依法给予降级、撤职、开除的处分。

第八十四条 拒绝、阻挠行政复议人员调查取证，故意扰乱行政复议工作秩序的，依法给予处分、治安管理处罚；构成犯罪的，依法追究刑事责任。

第八十五条 行政机关及其工作人员违反本法规定的，行政复议机关可以向监察机关或者公职人员任免机关、单位移送有关人员违法的事实材料，接受移送的监察机关或者公职人员任免机关、单位应当依法处理。

第八十六条 行政复议机关在办理行政复议案件过程中，发现公职人员涉嫌贪污贿赂、失职渎职等职务违法或者职务犯罪的问题线索，应当依照有关规定移送监察机关，由监察机关依法调查处置。

第七章　附　则

第八十七条 行政复议机关受理行政复议申请，不得向申请人收取任何费用。

第八十八条 行政复议期间的计算和行政复议文书的送达，本法没有规定的，依照《中华人民共和国民事诉讼法》关于期间、送达的规定执行。

本法关于行政复议期间有关“三日”、“五日”、“七日”、“十日”的规定是指工作日，不含法定休假日。

第八十九条 外国人、无国籍人、外国组织在中华人民共和国境内申请行政复议，适用本法。

第九十条 本法自2024年1月1日起施行。

跋

始吾居乡，纵目而骋，见四方之山，莫高于东山。东山有松，亭亭如盖，耸然入云。乡人谓松老弥坚，已阅千年，惊为神株。余尝帅子履巉岩，踏弦歌，足力疲乏，止息仰视。但见织云锦裳，伟岸摇曳，风中吟啸，若朱雀焉；白云左缭，龙华右洄，远山前绕，近崖后椅，若将息焉。此松美壮如此，虽金石不过矣，虽千载亦华年矣。俯瞰众生，白日烟火，月夜风清，真不朽也。余愿致仕之年，卧于此松之下，游息其间，投壶饮酒，风流啸咏，同销夙愁。

大疫三年，尘归故乡。芳草渐衰，枫叶欲红。伫于深檐，远眺东山。松已僵仆，乌炭焦黄。余大骇异。乡人喟曰，千年矍铄老松，须臾雷电劈亡。余深悲之，寸心难忍。若有思而无所思，此固天意使然矣。世间好物不坚牢，彩云易散玻璃脆。虽松柏之坚，历年之久，竟抑俄而销陨，况凡胎肉身乎？

壮岁以来，猥以空疏，强以骨梁，备员推事。断狱讼，决分争，草公牍，更制度，修律法，皆有预焉。有衒能之名，无干吏之实；有矜名之誉，无淳厚之谓。凡物必归于尽，凡气必销于无。恃物为固者，尤不可长；倚位长傲者，亦不有测。人之一世，气贯体身。寡求者养气，着力者伤身。凡欲求壅弊，必身形具销。从无中来，向无中去。无尘无埃，拈花微笑。苏子曰，着力即差。弘一法师言，华枝春满，天心月圆。此即无之境界，此即空之圣域。人世须臾电光，白驹惊鸿过郤。且弦且歌，行而相答；且诗且酒，乐而相酹。俯观月影移步，仰看乌鹊南飞。束大书于高阁，荷锄耒于庭圃。有远志而不徒悲，有近思而不婉转。有论策而不嚣喜，有能为而不着相。有小功而不窃喜，有大失而不自伤。看苍松旖旎，览山岳巍峨，观水波潋滟，望平塬广袤，世间静寂，播迁久远，无有纪极，作如是观。

维年月日仇犹龙华翁梁凤云夜坐书